高水平专业群教材建设专项项目
新时代新理念职业教育教材
"互联网+"新形态立体化教学资源特色教材

车辆检测与动态监控技术

主　编　包丽静　刘格成　王　选
副主编　李文久　曹立达　张　超
主　审　李肇启

北京交通大学出版社
·北京·

内 容 简 介

本书主要介绍了磁粉探伤技术、超声波探伤技术、货车运行安全动态监控系统、客车与动车组运行状态安全监测系统等内容。

本书以培养企业需求的高技能人才为目标，立足铁路行业，可以作为铁路高等职业院校相关专业的教材，也可以作为铁路检修企业职工的培训用书。

版权所有，侵权必究。

图书在版编目（CIP）数据

车辆检测与动态监控技术 / 包丽静，刘格成，王选主编；李文久，曹立达，张超副主编. —北京：北京交通大学出版社，2023.5

新时代新理念职业教育教材　高水平专业群教材建设专项项目

ISBN 978-7-5121-4896-3

Ⅰ. ① 车… Ⅱ. ① 包… ② 刘… ③ 王… ④ 李… ⑤ 曹… ⑥ 张… Ⅲ. ① 铁路车辆–检测–监控系统　Ⅳ. ① U279.3

中国国家版本馆 CIP 数据核字（2023）第 037292 号

车辆检测与动态监控技术
CHELIANG JIANCE YU DONGTAI JIANKONG JISHU

项目总策划：	陈　颖
责任编辑：	黎　丹

出 版 发 行：北京交通大学出版社　　　　电话：010-51686414　　http://www.bjtup.com.cn
地　　　　址：北京市海淀区高梁桥斜街 44 号　　邮编：100044
印　刷　者：三河市华骏印务包装有限公司
经　　　销：全国新华书店
开　　　本：185 mm×260 mm　　印张：14.5　　字数：362 千字
版　印　次：2023 年 5 月第 1 版　　2023 年 5 月第 1 次印刷
定　　　价：59.00 元

本书如有质量问题，请向北京交通大学出版社质监组反映。对您的意见和批评，我们表示欢迎和感谢。

投诉电话：010-51686043，51686008；传真：010-62225406；E-mail：press@bjtu.edu.cn。

前　言

职业教育是国家教育体系的重要分支,职业教育的高质量发展对于培养未来的大国工匠、技能大师等高素质人才有着直接的推动作用。本书为高等职业教育校企合作教材,以培养企业需求的高技能人才为目标,立足铁路行业,主要介绍铁路车辆无损探伤技术和车辆动态监控技术两大类铁路车辆检修作业技术。

在不损伤探伤对象的前提下,利用无损探伤技术可以探查出工件中存在的缺陷,探伤精度高,在铁路检修中对保证在役列车的运行安全具有重要意义。无损探伤技术在铁路运输中发挥着重要的作用,可以对重要的钢制零部件进行定期检查,以发现使用中所产生的疲劳裂纹等缺陷,防止设备在继续使用中发生灾害性事故。本书重点介绍了磁粉探伤技术和超声波探伤技术。车辆动态监控技术在保证铁路车辆运行安全,提高铁路车辆检修效率等方面发挥重要作用。目前铁路车辆动态监控系统主要有车辆轴温智能探测系统(THDS)、车辆运行品质动态监测系统(TPDS)、车辆滚动轴承故障轨边声学诊断系统(TADS)、货车运行故障动态图像检测系统(TFDS)、客车运行安全监控系统(TCDS)、动车组运行故障动态图像检测系统(TEDS)、客车故障轨旁图像检测系统(TVDS)、车辆轮对故障动态检测系统(TWDS)等。车辆动态监控技术部分重点阐述了各系统的功能、原理、运用管理、设备维修等内容。

本书由吉林铁道职业技术学院包丽静、刘格成,吉林农业科技学院王选担任主编,吉林铁道职业技术学院李文久、曹立达、张超担任副主编,中国铁路呼和浩特局集团有限公司包头车辆段李肇启担任主审。本书在编写过程中,还得到了中国铁路沈阳局集团有限公司龙潭山车辆段、沈阳车辆段相关人员的大力支持,在此表示衷心感谢。

限于作者的水平,书中难免有疏漏和不妥之处,敬请广大读者批评指正。

编　者

2023 年 2 月

目　　录

项目 1　磁粉探伤技术 ··· 1

　　任务 1.1　磁粉探伤物理基础 ·· 1

　　任务 1.2　磁化电流磁化方法 ·· 7

　　任务 1.3　磁粉探伤设备器材 ·· 13

项目 2　超声波探伤技术 ·· 19

　　任务 2.1　超声波探伤基础知识 ·· 19

　　任务 2.2　超声波探伤原理及方法 ·· 32

　　任务 2.3　超声波探伤设备及器材 ·· 40

　　任务 2.4　超声波探伤通用技术 ·· 60

　　任务 2.5　常见工件超声波探伤 ·· 76

　　任务 2.6　铁道车辆典型零件超声波探伤 ·································· 98

项目 3　货车运行安全动态监控系统 ··· 113

　　任务 3.1　货车运行故障动态图像检测系统 ····························· 113

　　任务 3.2　车辆滚动轴承故障轨边声学诊断系统 ···················· 134

　　任务 3.3　车辆轴温智能探测系统 ·· 161

　　任务 3.4　车辆运行品质动态监测系统 ··································· 181

项目 4　客车与动车组运行状态安全监测系统 ··································· 190

　　任务 4.1　客车运行安全监控系统 ·· 190

　　任务 4.2　客车故障轨旁图像检测系统 ··································· 210

　　任务 4.3　动车组运行故障动态图像检测系统 ······················· 217

参考文献 ·· 225

项目 1

磁粉探伤技术

知识目标

- 熟悉磁的基本特性；
- 掌握磁粉探伤中磁场来源和基本原理；
- 掌握不同磁化方法磁场分布规律；
- 熟悉磁粉探伤中用到的设备器材。

技能目标

- 能够熟知车轴磁粉探伤程序；
- 能够熟知车辆配件手工磁粉探伤过程；
- 会撰写车辆零件磁粉探伤报告；
- 掌握马蹄形磁粉探伤机性能检验。

素质目标

- 培养学生严谨认真的学习态度；
- 培养学生认真细致的实践能力；
- 培养学生爱岗敬业的工匠精神；
- 养成学生良好的现场操作习惯。

任务 1.1　磁粉探伤物理基础

1.1.1　磁粉检测中的相关物理量

1. 磁的基本现象

磁铁能够吸引铁磁性材料的性质叫磁性。凡能够吸引其他铁磁性材料的物体叫磁体，磁体是能够建立或有能力建立外加磁场的物体。磁体分为永磁体、电磁体和超导磁体等，永磁体是不需要力维持其磁场的磁体；电磁体是需要电源维持其磁场的磁体；超导磁体是用超导材料制成的磁体。

磁铁各部分的磁性强弱不同，磁铁两端磁力线密度大、磁性特别强、吸附磁粉特别多，被称为磁极，如图1-1所示。

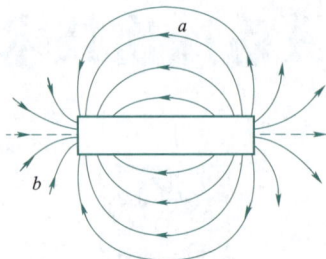

图1-1 条形磁铁周围磁场

磁极间相互排斥和相互吸引的力称为磁力。磁力的大小和方向是可以测定的，同一个磁体两个磁极的磁力大小相等，但方向相反。把一个磁体靠近原来没有磁性的铁磁性物体时，该物体不仅能被磁体吸引，还能被磁体磁化并具有了吸引其他铁磁性物体的性质。使原来没有磁性的物体得到磁性的过程叫磁化。

2. 磁场

磁体与磁体之间及磁体与铁磁性物体之间，即使不直接接触也有磁力吸引作用，这是由于磁体周围存在磁场，磁体间的相互作用是通过磁场来实现的，磁场是磁体或通电导体周围具有磁力作用的空间。磁场存在于磁体或通电导体的内部和周围，在导体表面的磁场最大。在磁场中，各点磁场大小相等、方向相互平行的磁场称为均匀磁场。

3. 磁力线

为了形象地描述磁场的大小、方向和分布情况，可以在磁场范围内，借助小磁针描述条形磁铁的磁场分布，画出许多条假想的连续曲线，称为磁力线，如图1-2所示。

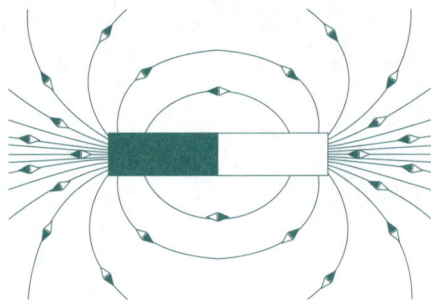

图1-2 条形磁铁磁力线分布

小磁针在磁力的作用下都有一定的取向，小磁针N极的指向就代表磁场的方向，顺着许多小磁针排列的方向，可以画出磁力线的分布。在磁力线上每点的切线方向代表磁场的方向，磁力线的疏密程度反映磁场的大小，在磁力线密的地方磁场大，在磁力线稀的地方磁场小。

磁力线具有以下特性：

① 磁力线是具有方向性的闭合曲线。在磁体内，磁力线是由S极到N极；在磁体外，

磁力线是由 N 极出发，穿过空气进入 S 极的闭合曲线。

② 磁力线互不相交。

③ 磁力线可描述磁场的大小和方向。

④ 磁力线沿磁阻最小路径通过。

4. 磁场强度

表征磁场大小和方向的物理量称为磁场强度。磁场强度用符号 H 来表示，在 SI 单位制中，磁场强度的单位是安/米（A/m），在 CGS 单位制中，磁场强度的单位是奥［斯特］（Oe），其换算关系为：

$$1\ A/m = 4\pi \times 10^{-3}\ Oe \approx 0.012\ 5\ Oe$$

$$1\ Oe = (1/4\pi) \times 10^{3}\ A/m \approx 80\ A/m$$

5. 磁通量

磁通量又称磁通，是指垂直穿过某一截面的磁力线条数（见图 1-3），用符号 Φ 表示。在 CGS 单位制中，磁通量的单位是麦［克斯韦］（Mx），1 Mx 表示通过 1 根磁力线，在 SI 单位制中，磁通量的单位是韦［伯］（Wb），其换算关系为：

$$1\ Wb = 10^{8}\ Mx,\quad 1\ Mx = 10^{-8}\ Wb$$

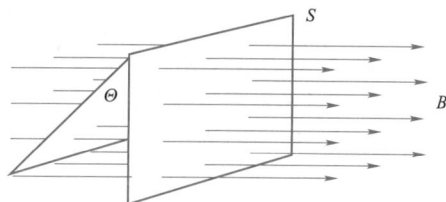

图 1-3　垂直通过某截面的磁力线条数

6. 磁通密度与磁感应强度

垂直穿过单位面积上的磁通量（或磁力线条数）称为磁通密度，用符号 B 表示。

$$B = \Phi/S \tag{1-1}$$

式中：B——磁通密度，T；

　　　Φ——磁通量，Wb；

　　　S——磁力线垂直穿过的单位面积，m^2。

将原来不具有磁性的铁磁性材料放入外加磁场内，便得到磁化，它除了原来的外加磁场外，在磁化状态下铁磁性材料自身还产生一个感应磁场，这两个磁场叠加起来的总磁场，称为磁感应强度，用符号 B 表示。磁感应强度和磁场强度一样具有大小和方向，可以用磁感应线表示。通常把铁磁性材料中的磁力线称为磁感应线。磁感应线上每点的切线方向代表该点的磁感应强度的方向，磁感应强度的大小也等于垂直穿过单位面积上的磁通量，所以磁感应强度又称为磁通密度。在 SI 单位制中，磁感应强度的单位是特［斯拉］（T）；在 CGS 单位制中，磁感应强度的单位是高［斯］（Gs），其换算关系为：

$$1\ T = 10^{4}\ Gs,\quad 1\ Gs = 10^{-4}\ T$$

在 CGS 单位制中，磁感应强度用垂直通过每平方厘米截面的磁感应线的条数来表示，如每平方厘米通过 1 根磁感应线称为 1 Gs。

磁场强度与磁感应强度不同的是磁场强度只与励磁电流有关，与被磁化的物质无关；而磁感应强度不仅与磁场强度有关，还与被磁化的物质有关，如与材料磁导率 μ 有关，因为 $B=\mu H$，所以铁磁性材料的磁感应强度（B）远大于磁场强度（H）。

7. 磁导率

磁感应强度与磁场强度的比值称为磁导率或称为绝对磁导率，用符号 u 表示。磁导率表示材料被磁化的难易程度，它反映了材料的导磁能力。在 SI 单位制中，磁导率的单位是亨/米（H/m）。磁导率不是常数，而是随磁场大小不同而改变的变量，有最大值和最小值。

在真空中，磁导率是一个不变的恒定值，称为真空磁导率，用 μ_0 表示，且 $\mu_0=4\pi\times10^{-7}$ H/m。在 CGS 单位制中，$\mu_0=1$。

为了比较各种材料的导磁能力，把任一种材料的磁导率和真空磁导率的比值叫作该材料的相对磁导率，用 μ_r 表示。μ_r 为一纯数，无单位。

$$\mu_r=\mu/\mu_0 \qquad\qquad (1-2)$$

式中：μ_r——相对磁导率；

$\quad\quad\ \mu$——磁导率，H/m；

$\quad\quad\ \mu_0$——真空磁导率，H/m。

1.1.2 铁磁性材料

1. 磁介质

能影响磁场的物质称为磁介质。各种宏观物质对磁场都有不同程度的影响，因此一般都是磁介质。

磁介质分为顺磁性材料（顺磁质）、抗磁性材料（抗磁质）和铁磁性材料（铁磁质），抗磁性材料又叫逆磁性材料。

顺磁性材料：相对磁导率 μ_r 略大于 1，在外加磁场中呈现微弱磁性，并产生与外加磁场同方向的附加磁场。顺磁性材料如铝、铬、锰，能被磁体轻微吸引（如铝的 $\mu_r=1.000\ 021$，空气的 $\mu_r=1.000\ 003\ 6$）。

抗磁性材料：相对磁导率 μ_r 略小于 1，在外加磁场中呈现微弱磁性，并产生与外加磁场反方向的附加磁场。抗磁性材料如铜、银、金，能被磁体轻微排斥（如铜的 $\mu_r=099\ 999\ 3$）。

铁磁性材料：相对磁导率 μ_r 远远大于 1，在外加磁场中呈现很强的磁性，并产生与外加磁场同方向的附加磁场。铁磁性材料如铁、镍、钴及其合金，能被磁体强烈吸引（如工业纯铁的 $\mu_r=5\ 000$）。

磁粉检测只适用于铁磁性材料。通常把顺磁性材料和抗磁性材料都列入非磁性材料。

2. 磁畴

任何物质都是由分子和原子组成的，原子是由带正电的原子核和绕核旋转的电子组成。电子不仅绕核旋转，而且还进行自旋，而电子自旋效应是主要的，能产生磁效应，相当一个非常小的电流环。原子、分子等微观粒子内电子的这些运动便形成了分子电流，这是物质磁性的基本来源。在铁磁性材料内部形成自发磁化的小区域，在每个小区域内分子电流的磁矩方向是相同的，所以把铁磁性材料内部自发磁化的小区域称为磁畴，其体积约为 10^{-3} cm^3。

当没有外加磁场作用时，铁磁性材料内各磁畴的磁矩方向相互抵消，对外显示不出磁性，如图 1-4（a）所示。

当把铁磁性材料放到外加磁场中时，磁畴就会受到外加磁场的作用，一是使磁畴磁矩转动，二是使畴壁（畴壁是相邻磁畴的分界面）发生位移，最后全部磁畴的磁矩方向转向与外加磁场方向一致，如图 1-4（b）所示，铁磁性材料被磁化。铁磁性材料磁化后，就变成磁体，显示出很强的磁性来。

去掉外加磁场之后，磁畴出现局部转动，但仍保留一定的剩余磁性，如图 1-4（c）所示。

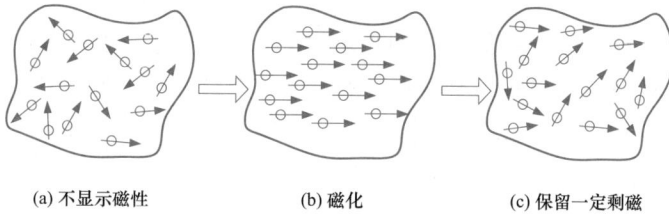

(a) 不显示磁性　　　(b) 磁化　　　(c) 保留一定剩磁

图 1-4　铁磁性材料的磁畴方向

永久磁铁中的磁畴，在一个方向上占优势，因而形成 N 和 S 极，能显示出很强的磁性。

在高温情况下，磁体中分子热运动会破坏磁畴的有规则排列，使磁体的磁性削弱。超过某一温度后，磁体的磁性也就全部消失而呈现顺磁性，实现了材料的退磁。铁磁性材料在加热时，磁性完全消失变成顺磁性的临界温度称为居里点或居里温度，如铁的居里点为 769℃。

3. 磁化曲线

磁化曲线是表征铁磁性材料磁特性的曲线，用于表示外加磁场强度（H）与磁感应强度（B）的变化的关系。

将铁磁性材料做成环形样品，绕上一定匝数的线圈，线圈经过换向开关 S 和可变电阻 R 接到直流电源上，其电路如图 1-5 所示。通过测量线圈中的电流 I，可以算出材料内部的磁场强度值。

用冲击检流计或磁通计测量此时穿过环形样品横截面的磁通量，从而算出磁感应强度值，由此可得到该材料的 $B-H$ 曲线，又称磁化曲线，如图 1-6 所示，它反映了材料磁化程度随外加磁场变化的规律。

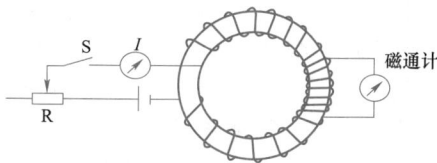

图 1-5　磁化曲线测量示意图

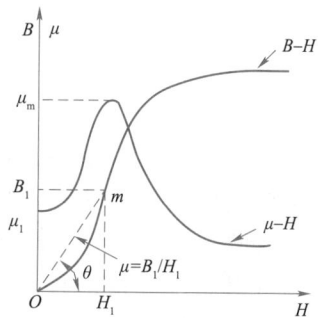

图 1-6　铁磁性材料磁化曲线

各种铁磁性材料的曲线都具有类似的形状。当外加磁场 $H=0$ 时，$B=0$，铁磁性材料未被磁化，所测出的磁导率称为起始磁导率，这一状态相应于坐标原点 O。当线圈中电流逐渐增加时，H 也增加，初始阶段 B 增加得很慢。随着 H 的增大，μ 值迅速增大，当磁场强度 H 增至 H_1 时，磁导率达到最大值 μ_m，称为最大磁导率，此时铁磁性材料被强烈磁化，$H=H_1$ 竖线与 B-H 曲线交于 m 点，对应的磁场强度为 H_1，其交点 m 称为 B-H 曲线的拐点。在拐点处它的斜率最大，即对应着 μ-H 曲线上最大磁导率 μ_m。磁化曲线的斜率表示磁导率值。继续增加 H 时，B 的增加缓慢下来，μ 值下降，当外加磁场再增加时，B 不再增加，铁磁性材料达到磁化饱和。在饱和点对应的磁场强度称为饱和磁场强度，对应的磁感应强度称为饱和磁感应强度。由此可以看出，铁磁性材料的磁感应强度是外加磁场与附加磁场强度的合成磁场强度。

4. 磁滞回线

描述磁滞现象的闭合磁化曲线叫磁滞回线，如图 1-7 所示。当铁磁性材料在外加磁场强度磁化到 1 点时，减小磁场强度到零，磁感应强度并不沿曲线 1—0 下降，而是沿曲线 1—2 降到 2 点，这种磁感应强度变化滞后于磁场强度变化的现象叫磁滞现象，它反映了磁化过程的不可逆性。

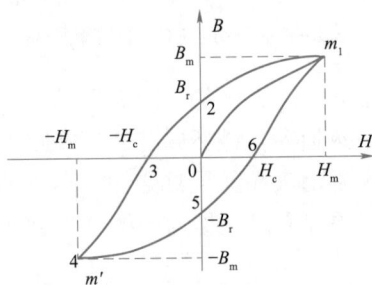

图 1-7　磁滞回线

当磁场强度增大到 1 点，磁感应强度不再增加，得到的 0—1 曲线称为初始（起始）磁化曲线。当外加磁场强度减小到零时，保留在材料中的磁性称为剩余磁感应强度，简称剩磁，用 B_r 表示，如图 1-7 中的 0—2 和 0—5。为了使剩磁减小到零，必须施加一个反向磁场强度，使剩磁降为零所施加的反向磁场强度称为矫顽力，用 H_c 表示，如图 1-7 中的 0—3 和 0—6。

如果反向磁场强度继续增加，材料就呈现与原来方向相反的磁性，同样可达到饱和点 m'，当 H 从负值减小到零时，材料具有反方向的剩磁 $-B_r$，即 0—5。磁场经过零值后再向正方向增加时，为了使 $-B_r$ 减小到零，必须施加一个反向磁场强度，如图中的 0—6，磁场在正方向继续增加时曲线回到点 1，完成一个循环，如图 1-7 中的 1—2—3—4—5—6—1，即材料内的磁感应强度是按照一条对称于坐标原点的闭合磁化曲线，称为磁滞回线。只有交流电才产生这种磁滞回线。

图 1-7 中，$\pm B_m$ 为饱和磁感应强度，表示工件在饱和磁场强度 $\pm H_m$ 磁化下达到饱和，不再随 H 的增大而增大，对应的磁畴全部转到与磁场方向一致。

根据上面阐述，可归纳出铁磁性材料具有以下特性：

① 高导磁性。能在外加磁场中强烈地磁化，产生非常强的附加磁场，它的磁导率很高，相对磁导率可达数百、数千，甚至更高。

② 磁饱和性。铁磁性材料由于磁化所产生的附加磁场，不会随外加磁场增加而无限增加，当外加磁场达到一定程度后，全部磁畴的方向都与外加磁场的方向一致，磁感应强度不再增加，呈现磁饱和。

③ 磁滞性。当外加磁场的方向发生变化时，磁感应强度的变化滞后于磁场强度的变化。当磁场强度减小到零时，铁磁性材料在磁化时所获得的磁性并不完全消失，而保留了剩磁。

1.1.3　漏磁场与磁粉探伤原理

1. 漏磁场检测

铁磁性材料工件被磁化后，在不连续性处或磁路截面变化处，磁力线离开和进入工件表面形成的磁场称为漏磁场。所谓不连续性，就是工件正常组织结构或外形的任何间断，这种间断可能会也可能不会影响工件的使用性能。通常把影响工件使用性能的不连续性称为缺陷。

磁力线逸出工件表面形成磁极并形成可检测的漏磁场，检测漏磁的方法称为漏磁场检测，包括磁粉检测和检测元件检测。其区别是：磁粉检测是利用铁磁性粉末——磁粉，作为磁场的传感器，即利用漏磁场吸附磁粉形成的磁痕（磁粉聚集形成的图像）来显示不连续性的位置、大小、形状和严重程度，所以磁粉检测的基础是不连续性处漏磁场与磁粉的磁相互作用。检测元件检测是利用磁带、霍耳元件、磁敏二极管或感应线圈作为磁场的传感器，检测不连续性处漏磁场的位置、大小和方向。

2. 磁粉检测原理

铁磁性材料工件被磁化后，由于不连续性的存在，使工件表面和近表面的磁力线发生局部畸变而产生漏磁场，吸附施加在工件表面的磁粉，在合适的光照下形成目视可见的磁痕，从而显示出不连续性的位置、大小、形状和严重程度，如图 1－8 所示。

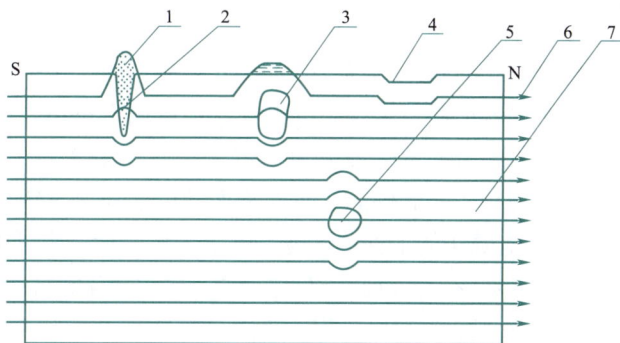

1—漏磁场；2—裂纹；3—近表面气孔；4—划伤；5—内部气孔；6—磁力线；7—工件。

图 1－8　不连续性处漏磁场分布

任务 1.2　磁化电流磁化方法

1.2.1　磁化电流

1. 磁化电流

为了在工件上产生磁场而采用的电流称为磁化电流。磁粉检测采用的磁化电流有交流电、整流电（包括单相半波整流电、单相全波整流电、三相半波整流电和三相全波整流电）、直流电和冲击电流 7 种。其中最常用的磁化电流有交流电、单相半波整流电和三相全波整流电 3 种。

2. 交流电

大小和方向随时间按正弦规律变化的电流称为正弦交流电,简称交流电,用符号 AC 表示。

交流电在任一瞬间的电流最大值叫峰值,用 I_m 表示。在工程上还应用有效值和平均值。交流电的有效值,是指在相同的电阻上分别通以直流电流和交流电流,经过一个交流周期时间,如果电阻上所损失的电能相等,则把该直流电流的大小作为交流电流的有效值,用 I 表示。从交流电流表上读出的电流值是有效值。交流电在半个周期内的范围内各瞬间的算术平均值称为交流电的平均值,用 I_d 表示。交流电的峰值和有效值、平均值的换算关系为:

$$I_m = \sqrt{2}I = 1.414I \tag{1-3}$$

$$I_d = (2/\pi) I_m \approx 0.637 I_m \tag{1-4}$$

(1)交流电趋肤效应

交变电流通过导体,导体表面电流密度较大而内部电流密度较小的现象称为趋肤效应(或集肤效应)。这是由于导体在变化着的磁场中因电磁感应而产生涡流,在导体表面附近,涡流方向与原来电流方向相同,使电流密度增大;而在导体轴线附近,涡流方向与原来电流方向相反,使导体内部电流密度减弱。当材料的电导率和相对磁导率增加时,或交流电的频率提高时,都会使趋肤效应更加明显。通常 50 Hz 的交流电,其趋肤深度,也称渗入深度(δ)大约为 2 mm。

(2)交流电的优点和局限性

在我国磁粉检测中,交流电被广泛应用,是由于它具有以下优点。

① 表面缺陷检测灵敏度高。由于趋肤效应在工件表面电流密度最大,所以磁通密度也最大,有助于表面缺陷产生漏磁场,从而提高了工件表面缺陷的检测灵敏度。

② 容易退磁。因为交流电磁化的工件,磁场集中于工件表面,所以用交流电容易将工件上的剩磁退掉,还因为交流电本身不断地换方向,从而使退磁方法变得简单又容易实现。

③ 电源易得,设备结构简单。由于电流电源能方便地输送到检测场所,交流探伤设备也不需要晶闸管整流装置,所以结构较简单。

④ 能够实现感应电流法磁化。根据电磁感应定律,交流电可以在磁路中产生交变磁通,而交变磁通又可以在回路中产生感应电流,对环形件实现感应电流法磁化。

⑤ 能够实现多向磁化。多向磁化常用两个交流磁场相互叠加来产生旋转磁场或用一个直流磁场和一个交流磁场矢量合成来产生摆动磁场。

⑥ 磁化变截面工件,磁场分布较均匀。用固定式电磁轭磁化变截面工件时,可发现用交流电磁化,工件表面上磁场分布较均匀。若用直流电磁化工件截面突变处,则有较多的泄漏磁场,会掩盖该部位的缺陷显示。

⑦ 有利于磁粉迁移。由于交流电的方向在不断变化,所产生的磁场方向也在不断改变,它有利于搅动磁粉,促使磁粉向漏磁场处迁移,从而使磁痕显示清晰可见。

⑧ 用于评价直流电(或整流电)磁化发现的磁痕显示。由于直流电磁化较交流电磁化发现的缺陷深,所以直流电磁化发现的磁痕显示,若退磁后用交流电磁化发现不了,说明该缺

陷不是表面缺陷，有一定的深度。

⑨　适用于在役工件的检验。用交流电磁化检验在役工件表面疲劳裂纹，灵敏度高，设备简单轻便，有利于现场操作。

⑩　交流电磁化时工序之间可以不退磁。

交流电的局限性如下。

①　剩磁法检验受交流电断电相位影响。剩磁大小不稳定或偏小，易造成质量隐患，所以使用剩磁法检验的交流探伤设备，应配备断电相位控制器。

②　探测缺陷深度小。对于钢件 $\phi1\ \mathrm{mm}$ 人工孔，交流电的探测深度，剩磁法约为 1 mm，连续法约为 2 mm。

3. 单相半波整流电

（1）单相半波整流电电流值换算

单相半波整流电主要配合干法探伤。单相半波整流电的峰值与未被整流的交流电的峰值相同，峰值（I_{m}）和有效值（I）、平均值（I_{d}）的换算关系为：

$$I_{\mathrm{m}} = \pi I_{\mathrm{d}} \tag{1-5}$$

$$I = 1.57 I_{\mathrm{d}} \tag{1-6}$$

对于所有整流电，电流值都是用测量平均值的电流表指示的。注意：有的电流表指示的是 2 倍平均值。

（2）单相半波整流电的优点和局限性

单相半波整流电的优点如下。

①　兼有直流电的渗入性和交流电的脉动性。单相半波整流电具有直流电能渗入工件表面下的性质，因此能检测工件表面下较深的缺陷。对于钢件 $\phi1\ \mathrm{mm}$ 的人工孔，单相半波整流电的探测深度，剩磁法约为 1.5 mm，连续法可达到 4 mm。又由于单相半波整流电的交流分量较大，它所产生的磁场具有强烈的脉动性，所以对表面缺陷检测也有一定的灵敏度。

②　剩磁稳定。单相半波整流电所产生的磁滞回线如图 1-9 所示，磁场 B 是同方向的，磁滞回线是非对称的。无论在何点断电，在工件上总会获得稳定的剩磁 B_{r}。

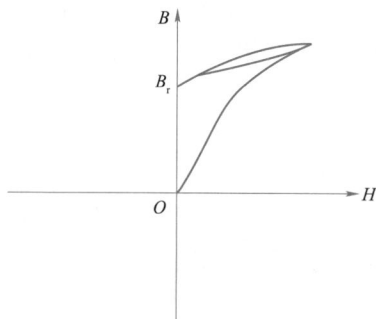

图 1-9　单相半波整流电流所产生的磁滞回线

③　有利于近表面缺陷的检测。单相半波整流电是单方向脉冲电流，能够搅动干磁粉，有利于磁粉的迁移，因此单相半波整流电结合干法，检验近表面气孔、夹杂和裂纹等缺陷效果

很好。

④ 能提供较高的灵敏度和对比度。单相半波整流电结合湿法检验，能对细小裂纹有一定的灵敏度。又由于磁场不过分地集中于表面，所以即使采用较严格的磁化规范，缺陷上的磁粉堆积量也不会大量增加，所以缺陷轮廓清晰，本底干净，便于缺陷的观察和分析。

单相半波整流电的局限性如下。

① 退磁较困难。由于电流渗入深度大于交流电，所以比交流电退磁困难。

② 检测缺陷深度不如三相全波整流电和直流电。

4. 三相全波整流电

交流电经过三相全波整流可得到三相全波整流电，使每相正弦曲线的负向部分都倒转为正向，产生一个接近直流电的整流电，用符号 FWDC 表示。

三相全波整流电峰值（I_m）与平均值（I_d）的换算关系为：

$$I_m = \frac{\pi}{3} I_d$$

三相全波整流电是磁粉检测最常用的磁化电流类型之一，具有以下优点。

① 具有很大的渗入性和很小的脉动性。三相全波整流电已接近直流电，磁场具有很大的渗入性，即可以检测近表面埋藏较深的缺陷，如用 3 400 A 三相全波整流电磁化直流标准试块，最多可以发现距试块边缘 16 mm 的第 9 孔的磁痕显示（孔径为 1.78 mm）。因为交流分量很小，所以只有很小的脉动性。

② 剩磁稳定。

③ 适用于检测焊接件、带镀层工件、铸钢件和球墨铸铁毛坯的近表面缺陷。

④ 设备需要输入的功率小。

三相全波整流电的局限性如下。

① 退磁困难。用三相全波整流电或直流电磁化的工件，如果用交流电退磁，只能将表层的剩磁去掉，内部仍然有剩磁存在。要彻底退磁，就要使用超低频或直流换向衰减退磁设备，设备较复杂，退磁效率也较低。

② 退磁场大。工件进行纵向磁化时，用三相全波整流电或直流电比用交流电产生的退磁场大，这是由于磁场渗入较深，磁化的有效截面比用交流电时大。

③ 变截面工件磁化不均匀。工件变化处会产生磁化不足或过量磁化，所以磁化不均匀。

④ 不适用于干法检验。

⑤ 周向和纵向磁化的工序间一般要退磁。

5. 直流电

直流电是磁粉检测应用最早的磁化电流，它的大小和方向都不变，用符号 DC 表示。使用蓄电池组需要经常充电，电流大小调节和使用也不方便，退磁又困难，所以现在磁检测很少使用。

直流电的平均值、峰值和有效值相等。

直流电的优点包括：磁场渗入深度大，在 7 种磁化电流中，检测缺陷的深度最大；剩磁稳定，剩磁能有力地吸住磁粉，便于磁痕评定；适用于镀铬层下的裂纹，闪光电弧焊中的近表面裂纹和焊接件根部的未焊透、未熔合的检验。

直流电的局限性包括：退磁最困难；不适用于干法检验；退磁场大；工序间要退磁。

6. 如何选用磁化电流

① 用交流电磁化湿法检验，对于工件表面微小缺陷，检测灵敏度高。

② 交流电的渗入深度不如整流电和直流电。

③ 交流电用于剩磁法检验时，应加装断电相位控制器。

④ 交流电磁化连续法检验主要与有效值电流有关，而剩磁法检验主要与峰值电流有关。

⑤ 整流电流中包含的交流分量越大，检测近表面较深缺陷的能力越小。

⑥ 单相半波整流电磁化干法检验，对于工件近表面缺陷，检测灵敏度高。

⑦ 三相全波整流电可检测工件近表面较深的缺陷。

⑧ 直流电可检测工件近表面最深的缺陷。

⑨ 冲击电流只能用于剩磁法检验和专用设备。

1.2.2　磁化方法

1. 磁场方向与发现缺陷的关系

磁粉检测的能力取决于施加磁场的大小和缺陷的延伸方向，还与缺陷的位置、大小和形状等因素有关。工件磁化时，当磁场方向与缺陷延伸方向垂直时，缺陷处的漏磁场最大，检测灵敏度最高。当磁场方向与缺陷延伸方向的夹角为 45°时，缺陷可以显示，但灵敏度降低。当磁场方向与缺陷延伸方向平行时，不产生磁痕显示，发现不了缺陷。由于工件中缺陷有各种取向，难以预知，故应根据工件的几何形状，采用不同的方法直接、间接或通过感应电流对工件进行周向、纵向或多向磁化，以便在工件上建立不同方向的磁场，发现所有方向的缺陷，于是发展了各种不同的磁化方法。

2. 各种磁化方法

在磁粉探伤中，通过外加磁场使工件具有磁性的过程称为工件磁化。常用的磁化方法有周向磁化法、纵向磁化法和多向磁化法。

（1）周向磁化法

周向磁化法的目的是：在工件中建立一个环绕工件并与工件轴线垂直的周向闭合磁场，用于发现与工件轴线平行的纵向缺陷，即与电流方向平行的缺陷。具体磁化方法如下。

① 轴向通电法。轴向通电法（见图 1-10）是将工件直接通电流，使工件周围和内部产生周向磁场。

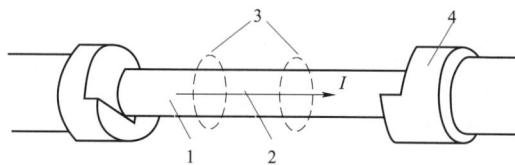

1—工件；2—电流；3—磁力线；4—电极。

图 1-10　轴向通电法

② 中心导体法。对于管件和环形工件的纵向缺陷，可采用中心导体法（见图 1-11）。

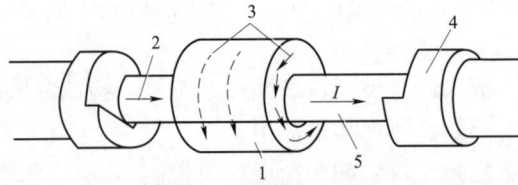

1—工件；2—电流；3—磁力线；4—电极；5—心杆。

图 1-11　中心导体法

③ 触头法。触头法是一种局部磁化法，如图 1-12 所示，它使用一对圆锥形的铜棒作为两个通电电极，铜棒的一端通过电缆与电源连接，另一端与工件接触。通电后，电流通过两个触头施加在工件表面，形成以触头为中心的周向磁场。

④ 平行电缆法。平行电缆法（见图 1-13）常用来对焊缝作周向磁化，以探测工件上的纵向裂纹。

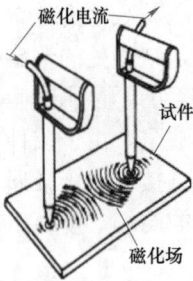

图 1-12　触头法

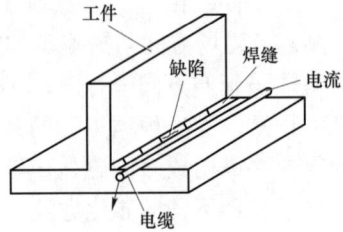

图 1-13　平行电缆法

（2）纵向磁化法

纵向磁化法是指在被检工件中建立沿其轴向分布的纵向磁场的磁化方法，其目的是检测与工件轴线垂直的缺陷。

① 线圈法。如图 1-14 所示，采用线圈法对工件进行磁化，所产生的磁力线与工件的轴线平行，常用来检测与工件或焊缝轴线垂直的缺陷。

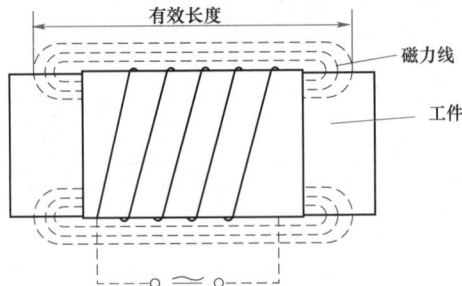

图 1-14　线圈法磁化

② 磁轭法。磁轭法用于检测焊缝中的纵向缺陷，适合于焊接件及各种大、中型工件的局

部检测，如图 1-15 所示。

③ 感应电流磁化法。即在薄壁环形工件内插铁芯并通交变磁场，变压器效应下工件中感应圆周电流，进而在工件中产生内、外表面纵向磁场和端面的径向磁场，检测各表面的周向缺陷，如图 1-16 所示。

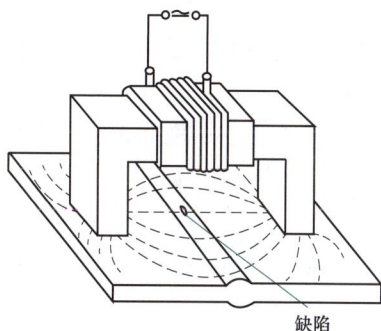

图 1-15 磁轭法

图 1-16 感应电流磁化法

（3）多向磁化法

多向磁化法是指通过复合磁场，在工件中产生一个大小和方向随时间成圆形、椭圆形或螺旋线变化的磁场，因为磁场的方向在工件上不断变化，所以可发现工件上所有方向的缺陷。多向磁化可以通过以下途径实现。

① 交叉磁轭复合磁化。

② 交叉线圈复合磁化。

③ 纵向直流磁化与周向交流磁化复合。

④ 纵向感应磁化与周向交流磁化复合。

注意：多向磁化不是简单的"纵向磁化+周向磁化"，目的是一次磁化能发现多个方向的缺陷，只能用于连续法，磁化复杂工件时要注意各方向磁场强度的匹配。

3. 选择磁化方法应考虑的因素

① 工件的尺寸。

② 工件的外形结构。

③ 工件的表面状态。

④ 根据工件过去断裂的情况和各部位的应力分布，分析可能产生缺陷的部位和方向，选择合适的磁化方法。

任务 1.3 磁粉探伤设备器材

1.3.1 磁粉探伤设备

按设备重量和可移动性，磁粉探伤设备可分为固定式、移动式和携带式 3 种；按设备的组合方式，磁粉探伤设备可分为一体型和分立型 2 种。一体型磁粉探伤机，是将磁化电源、螺管线圈、工件夹持装置、磁悬液喷洒装置、照明装置和退磁装置等部分组成一体的探伤机；

分立型磁粉探伤机，是将磁化电源、螺管线圈等各部分，按功能制成单独分立的装置，在探伤时组合成系统使用的探伤机。固定式探伤机属于一体型的，移动式探伤机和携带式探伤机属于分立型的，便于移动和在现场组合使用。

1. 固定式探伤机

固定式探伤机的体积和重量大，额定周向磁化电流一般为 1 000～10 000 A，能进行通电法、中心导体法、感应电流法、线圈法、磁轭法整体磁化或复合磁化等，带有照明装置、退磁装置和磁悬液搅拌、喷洒装置，有夹持工件的磁化夹头和放置工件的工作台及格栅，适用于对中小工件的探伤。固定式探伤机还常常备有触头和电缆，以便对搬上工作台有困难的大型工件进行探伤。

2. 固定式探伤机的结构组成

固定式探伤机一般包括以下几个主要组成部分：磁化电源、螺管线圈、工件夹持装置、指示装置、磁粉或磁悬液喷洒装置、照明装置等。

（1）磁化电源

磁化电源是磁粉探伤机的核心部分，它是通过调压器将不同的电压输送给主变压器，由主变压器提供一个低电压大电流输出，输出的交流电或整流电可直接通过工件或通过穿入工件内孔的中心导体，或者通入线圈，对工件进行磁化。

（2）螺管线圈

固定式探伤机上应有螺管线圈，以对工件进行纵向磁化，也可用于对工件退磁。

（3）工件夹持装置

固定式探伤机都有夹持工件的磁化夹头或触头。为了适应不同规格的工件，夹头的间距是可调的，调节可用电动、手动或气动等多种形式。电动调节是利用行程电机和传动机构使夹头在导轨上来回移动，由弹簧配合夹紧工件，限位开关会使可动磁化夹头停止移动。手动调节是利用齿轮与导轨上的齿条啮合传动，使磁化夹头沿导轨移动，或用手推动磁化夹头在导轨上移动，夹紧工件后自锁。气动夹持是将压缩空气通入气缸中，推动活塞带动夹紧工件。

有些探伤机的磁化夹头可沿轴旋转 360°，磁化夹头夹紧工件后一起旋转，保证工件周向各部位有相同的检测灵敏度。

在磁化夹头上应包有铅垫或铜编织网，防止打火和烧伤工件。

（4）指示装置

固定式探伤机的指示装置主要指电流表和电压表，还有磁通量表和磁场强度表。

电流表又称安培表，分为直流电流表和交流电流表。交流电流表与互感器连接，测量交流磁化电流的有效值。直流电流表与分流器连接，测量直流磁化电流的平均值。

（5）磁粉或磁悬液喷洒装置

固定式探伤机的磁悬液喷洒装置由磁悬液槽、电动泵、软管和喷嘴组成。磁悬液槽用于贮存磁悬液，并通过电动泵叶片将槽内磁悬液搅拌均匀，依靠泵的压力（一般为 0.02～0.03 MPa）使磁悬液通过软管从喷嘴喷洒到工件上。

在磁悬液槽的上方装有格栅，用于摆放工件和滴落回收磁悬液。为了防止铁屑等杂物进入磁悬液槽内，在回流口上装有过滤网。

（6）照明装置

非荧光磁粉检测时，在波长范围为 400～760 nm 的可见光下观察磁痕。可见光是指目视可见的光，即包括红、橙、黄、绿、青、蓝、紫 7 种颜色的光。荧光磁粉检测时，在波长范围为 320～400 nm 的黑光下观察磁痕，磁痕被黑光照射激发出波长范围为 510～550 nm 的黄绿色荧光。探伤中使用黑光灯作为荧光磁粉探伤的照明装置，黑光灯发出的光既包括不可见的紫外光，也包括可见光。不可见光峰值在 365 nm 附近，这正是激发荧光磁粉所需要的波长，而可见光和中波及短波紫外线则是不需要的。因为可见光影响荧光磁粉磁痕的识别，中波和短波紫外光对人眼有伤害。因此，采用滤光片将不需要的光线滤掉，仅让波长为 320～400 nm 的长波紫外线（UV－A 黑光）通过。黑光灯使用需注意以下事项。

① 黑光灯刚点燃，输出达不到最大值，所以检验工作应等 5 min 以后再进行。

② 要尽量减少灯的开关次数，频繁启动会缩短灯的寿命。

③ 黑光灯使用后，辐射能量下降，所以应定期测量黑光辐照度。

④ 电源电压波动对黑光灯影响很大。电压低，灯可能启动不了或使点燃的灯熄灭；当使用的电压超过灯的额定电压时，对灯的使用寿命又有较大影响，所以必要时应装稳压电源，以保持电源电压稳定。

⑤ 如果滤光片上有脏污，应及时清除，因为会影响黑光的发出。

⑥ 避免将磁悬液溅到黑光灯泡上而使灯泡炸裂。

⑦ 不要将黑光灯直对人的眼睛。

⑧ 如果滤光片有裂纹，应及时更新，因为裂纹会使可见光和中、短波紫外光通过。

3. 移动式探伤仪

移动式探伤仪的额定周向磁化电流一般为 500～8 000 A，其主体是磁化电源，可提供交流电和单相半波整流电的磁化电流。附件有触头、夹钳、开合和闭合式磁化线圈及软电缆等，能进行触头法、夹钳通电法和线圈法磁化。这类设备一般装有滚轮（可推动）或吊装在车上拉到检验现场，对大型工件进行探伤。

4. 携带式探伤仪

携带式探伤仪具有体积小、质量小和携带方便的特点，其额定周向磁化电流一般为 500～2 000 A。携带式探伤仪适用于现场、高空和野外探伤，一般用于检验锅炉压力容器和压力管道焊缝，以及对飞机、火车、轮船的原位探伤或对大型工件的局部探伤。常用的仪器有带触头的小型磁粉探伤仪、电磁轭、交叉磁轭或永久磁铁等。携带式探伤仪手柄上装有微型电流开关，用于控制通、断电和自动衰减退磁。

1.3.2　磁粉及探伤器材

1. 磁粉

磁粉是显示缺陷的重要手段，磁粉的质量和选择，将直接影响磁粉检测结果。所以，检测人员应对作为磁场传感器的磁粉进行全面了解和正确使用。磁粉的种类很多，按磁痕不同，磁粉可分为荧光磁粉和非荧光磁粉；按施加方式不同，磁粉可分为湿法用磁粉和干法用磁粉。

（1）荧光磁粉

在黑光下观察磁痕显示的磁粉称为荧光磁粉。荧光磁粉是以磁性氧化铁粉、工业纯铁粉或羰基铁粉为核心，在铁粉外面用树脂粘附一层荧光染料或将荧光染料化学处理在铁粉表面而制成。

磁粉的颜色、荧光亮度及与工件表面颜色的对比度等对磁粉检测灵敏度都有很大的影响。由于荧光磁粉在黑光照射下能发出波长范围在 510～550 nm 之间（人眼接受最敏感的）色泽鲜明的黄绿色荧光，而且与工件表面颜色的对比度也高，所以适用于任何颜色的受检表面。但荧光磁粉一般只适用于湿法检验。

（2）非荧光磁粉

在可见光下观察磁痕显示的磁粉称为非荧光磁粉。常用的非荧光磁粉有四氧化三铁（Fe_3O_4）黑磁粉和三氧化二铁（Fe_2O_3）红褐色磁粉。这两种磁粉既适用于湿法，又适用于干法。

湿法用磁粉是将磁粉悬浮在油或水载液中喷洒到工件表面；干法用磁粉是将磁粉在空气中吹成雾状喷洒到工件表面。

2. 载液

用来悬浮磁粉的液体称为载液。磁粉检测常用油基载液和水载液。油基载液是具有高闪点、低黏度、无荧光和无臭味的煤油、LPW-3 号油基载液，也可以使用变压器油或变压器油与 LPW-3 号油基载液的混合液，但绝对不允许使用低闪点的煤油载液。水载液是在水中添加润湿剂、防锈剂，必要时还要添加消泡剂，以保证水载液具有合适的润湿性、分散性、防锈性、消泡性和稳定性。

3. 磁悬液

磁悬液是指磁粉与载液混合的固液混合物，其重要的物理量为磁悬液浓度。

磁悬液浓度用每升磁悬液中所含磁粉的质量（g/L）或每 100 ml 磁悬液沉淀的磁粉体积（ml/100 ml）来表示，前者为磁悬液的配制浓度，后者为磁悬液的沉淀浓度。

磁悬液浓度对显示缺陷的灵敏度影响很大，浓度不同，检测灵敏度也不同。浓度太低，影响漏磁场对磁粉的吸附量，从而使磁痕不清晰而使缺陷漏检；浓度太高，会在工件表面滞留很多磁粉，形成过度背景，甚至会掩盖相关显示。

磁悬液浓度大小的选用与磁粉的种类、粒度、施加方式和工件表面状态有关，推荐的磁悬液浓度如表 1-1 所示。

表 1-1　磁悬液浓度

磁粉类型	配制浓度/（g/L）	沉淀浓度/（ml/100 ml）
非荧光磁粉	10～25	1.0～2.5
荧光磁粉	0.5～2.0	0.1～0.4

4. 反差增强剂

当对表面粗糙的焊接件或铸钢件等进行磁粉检测时，由于工件表面凹凸不平，或者由于磁粉颜色与工件表面颜色对比度很低，会使缺陷难以检出，从而造成漏检。为了提高缺陷磁痕与工件表面颜色的对比度，探伤前，可在工件表面上先涂上一层白色薄膜，厚度为 25～45 μm，干燥后再磁化工件，喷洒黑磁粉磁悬液，其磁痕就清晰可见了。这一层白色薄膜就叫作反差增强剂。探伤结束后需及时清除反差增强剂。

5. 标准试片

（1）用途

标准试片（以下简称试片），是磁粉检测的必备器材之一，它具有以下用途。

① 用于检验磁粉检测设备、磁粉和磁悬液的综合性能（系统灵敏度）。

② 用于检测被检工件表面的磁场方向、有效磁化区和大致的有效磁场强度。

③ 用于考察所用的探伤工艺规程和操作方法是否妥当。

④ 当无法计算复杂工件的磁化规范时，将小而柔软的试片贴在复杂工件的不同部位，可大致确定较理想的磁化规范。

（2）类型

我国使用的有 A_1 型、C 型、D 型和 M_1 型 4 种试片。试片由 DT_4 电磁软铁板制成。型号名称中的分数，分子表示试片人工缺陷槽的深度，分母表示试片的厚度，单位为 μm。标准试片的类型、规格和图形如表 1-2 所示。

表 1-2 标准试片的类型、规格和图形

类型	规格 [缺陷槽深/试片厚度/μm]		图形和尺寸/mm
A_1 型	A_1—7/50		
	A_1—15/50		
	A_1—30/50		
	A_1—15/100		
	A_1—30/100		
	A_1—60/100		
C 型	C—8/50		
	C—15/50		
D 型	D—7/50		
	D—15/50		
M_1 型	ϕ12 mm	7/50	
	ϕ9 mm	15/50	
	ϕ6 mm	30/50	

（3）试片的使用

① 试片只适用于连续法检验，不适用于剩磁法检验。

② 使用试片前，应用溶剂清洗防锈油。如果工件表面贴试片处凹凸不平，应打磨平，并除去油污。

③ 试片表面锈蚀或有褶纹时，不得继续使用。

④ 将试片有槽的一面与工件受检面接触，用透明胶纸靠试片边缘贴成"井"字形并贴紧（间隙应小于 0.1 mm），但透明胶纸不得盖住有槽的部位。

⑤ 根据工件探伤面的大小和形状，选取合适的试片类型。探伤面较大时，可选用 A_1 型。探伤面窄小或表面曲率半径较小时，可选用 C 型或 D 型，因为 C 型试片可剪成 5 个

小试片单独使用。

⑥ 根据工件探伤所需的有效磁场强度，选取不同灵敏度的试片。需要有效磁场强度较小时，选用分数值较大的低灵敏度试片；需要有效磁场强度较大时，选用分数值较小的高灵敏度试片。

⑦ 也可选用不同类型的试片，分别贴在工件上磁场强度不同的部位和易发生缺陷的部位。

⑧ 用完试片后清洗擦干，涂防锈油后放回袋内保存。

任务 1　　　　　　　　任务 2　　　　　　　　任务 3

项目 2

超声波探伤技术

知识目标

- 熟悉超声波的基本特性；
- 掌握超声波探伤原理；
- 掌握铸、锻、焊件及焊缝的超声波探伤方法；
- 熟悉磁粉探伤中用到的设备、探头、试块。

技能目标

- 掌握车轴、车轮超声波探伤方法；
- 能够独立完成平板对接焊缝的超声波探伤；
- 掌握超声波探头、仪器及综合性能的校验；
- 掌握 DAC 曲线制作方法。

素质目标

- 培养学生严谨认真的学习态度；
- 培养学生认真细致的实践能力；
- 培养学生爱岗敬业的工匠精神；
- 养成良好的现场操作行为习惯。

任务 2.1 超声波探伤基础知识

人们日常所听到的各种声音，是由于各种声源的振动通过空气等弹性介质传播到耳膜，引起耳膜振动，并牵动听觉神经，产生听觉。但并不是任何频率的机械振动都能引起听觉，只有当频率在一定范围内的振动才能引起听觉。人们把能引起听觉的机械波称为声波，频率在 20～20 000 Hz 之间。频率低于 20 Hz 的机械波称为次声波，频率高于 20 000 Hz 的机械波称为超声波。超声波检测所用的频率一般在 0.5～15 MHz 之间，对钢等金属材料的检测，常用的频率为 1～5 MHz。

2.1.1 超声波的特点

超声波具有以下特点。

① 方向性好。超声波是频率很高、波长很短的机械波，在无损检测中使用的波长为毫米数量级。超声波像光波一样具有良好的方向性，可以定向发射，就好比利用一束手电筒灯光可以在黑暗中寻找到所需物品一样在被检材料中发现缺陷。

② 能量高。超声波频率远高于声波，而能量（声强）与频率平方成正比，因此超声波的能量远大于声波的能量，如 1 MHz 的超声波的能量相当于 1 kHz 的声波的 100 万倍。

③ 能在界面上产生反射、折射和波形转换。在超声波检测中，特别是在超声波脉冲反射法检测中，利用了超声波具有几何声学的一些特点，如在介质中直线传播，遇界面产生反射、折射和波形转换等。

④ 穿透能力强。超声波在大多数介质中传播时，传播能量损失小，传播距离大，穿透能力强。在一些金属材料中其穿透能力可达数米，这是其他检测手段所无法比拟的。

超声波除用于无损检测外，还可以用于机械加工，如加工红宝石、金刚石、陶瓷和玻璃等硬度特别高的材料，以及用于焊接，如焊接钛、钍、锡等难焊金属。此外，在化学工业上可利用超声波作催化剂，在农业上可利用超声波促进种子发芽，在医学上可利用超声波进行诊断、消毒等。

2.1.2 超声波的类型

1. 按质点的振动方向分类

根据波动传播时介质质点的振动方向相对于波的传播方向的不同，可将波分为纵波、横波、表面波和板波等。

（1）纵波

当弹性介质受到交替变化的拉伸、压缩应力作用时，受力质点间距就会相应产生交替的疏密变形，此时质点振动方向与波动传播方向相同，这种波称为纵波，也可叫作压缩波或疏密波，用符号"L"表示。纵波波形如图 2-1 所示。

凡是能发生拉伸或压缩变形的介质都能够传播纵波。由于固体能够产生拉伸和压缩变形，所以纵波能够在固体中传播。液体和气体在压力作用下能产生相应的体积变化，因此纵波也能在液体和气体中传播。

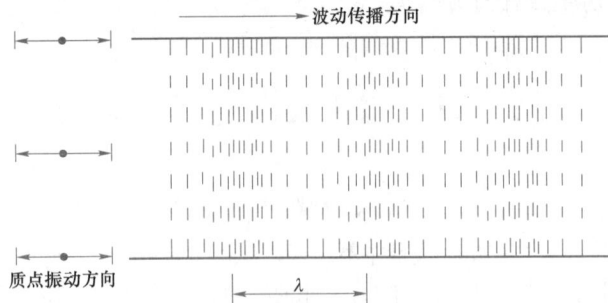

图 2-1 纵波

（2）横波

当固体弹性介质受到交变的剪切应力作用时，介质质点就会产生相应的横向振动，介质发生剪切变形，此时质点的振动方向与波动的传播方向垂直，这种波形称为横波，也可叫作剪切波，用符号"S"表示。横波波形如图2-2所示。

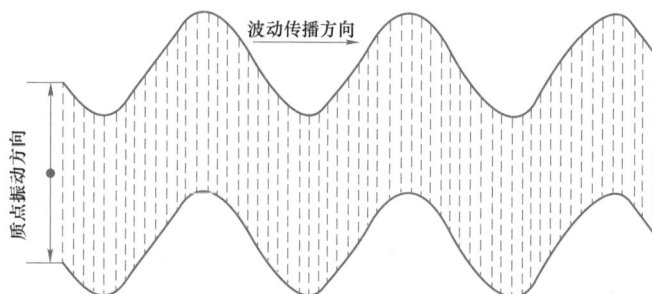

图 2-2 横波

在横波传播过程中，介质的层与层之间发生相应位移，即剪切变形，因此能传播横波的介质应是能产生剪切弹性变形的介质。自然界中，只有固体弹性介质具有剪切弹性力，而液体和气体介质各相邻层间可以自由滑动，由于不具有剪切弹性（即剪切弹性模量 $G=0$），所以横波只能在固体中传播，气体和液体中不能传播横波和具有横向振动分量的其他波形。

（3）表面波

当固体介质表面受到交替变化的表面张力作用时，质点做相应的纵横向复合振动，此时质点振动所引起的波动传播只在固体介质表面进行，不能在液体或气体介质中进行，故称表面波，又称为瑞利波。

表面波是当传播介质的厚度大于波长时，在一定条件下，在半无限大固体介质与气体介质的交界面上产生的波，用符号"R"表示。表面波使固体表面质点产生的复合振动轨迹是绕其平衡位置的椭圆，椭圆的长轴垂直于波动传播方向，短轴平行于波的传播方向（见图2-3）。

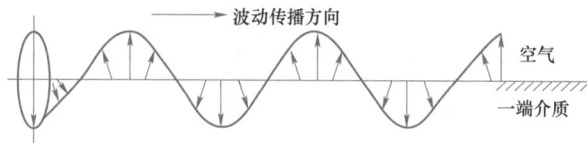

图 2-3 表面波

（4）板波

板厚与波长相当的弹性薄板状固体中传播的声波，称为板波，又称为兰姆波。

按板中振动波节的形式，板波又分为对称型（S型）和非对称型（A型），如图2-4所示。板波传播时，质点的振动轨迹也是椭圆，其长轴与短轴的比例取决于材料性质。

对称型（S型）板波的特点是薄板中心质点做纵向振动，上下表面质点做椭圆运动、振动相位相反并对称于中心，如图2-4（a）所示。

非对称型（A型）板波的特点是薄板中心质点做横向振动，上下表面质点做椭圆运动、振动相位相同并不对称于中心，如图2-4（b）所示。

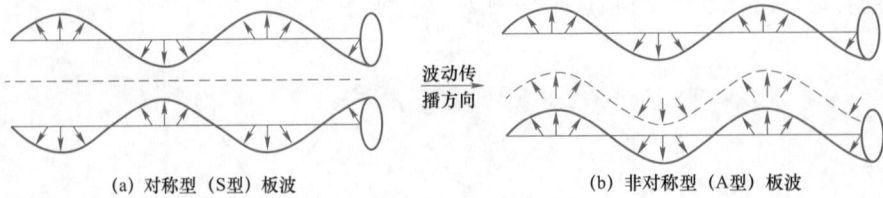

（a）对称型（S型）板波   （b）非对称型（A型）板波

图2-4　板波

2. 按波阵面的形状分类

同一时刻，介质中振动相位相同的所有质点所连成的面称为波阵面。某一时刻，波动所到达的空间各点所连成的面称为波前。波的传播方向称为波线。

由以上定义可知，波前是最前面的波阵面，是波阵面的特例。任意时刻，波前只有一个，而波阵面却有很多个。在各向同性的介质中，波线恒垂直于波阵面或波前。

根据波阵面形状不同，可以把不同波源发出的波分为平面波、柱面波和球面波。此外，当声源形状为圆盘时则可发出活塞波。

（1）平面波

波阵面为互相平行的平面的波称为平面波。平面波的波源为一个平面，如图2-5所示。尺寸远大于波长的刚性平面波源在各向同性的弹性介质中辐射的波可视为平面波。平面波波束不扩散，各质点振幅是一个常数，不随距离而变化。

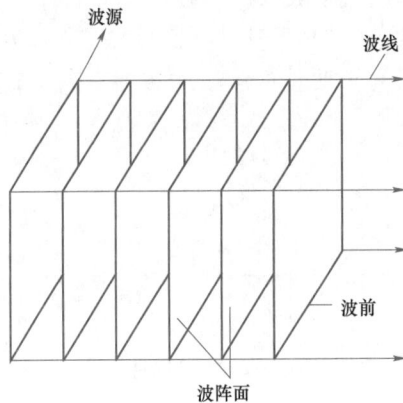

图2-5　平面波

（2）柱面波

波阵面为同轴圆柱面的波称为柱面波。柱面波的波源为一条直线，如图2-6所示。长度远大于波长的线状波源在各向同性的弹性介质中辐射的波可视为柱面波。

柱面波波束向四周扩散，柱面波各质点的振幅与距离的平方根成反比。

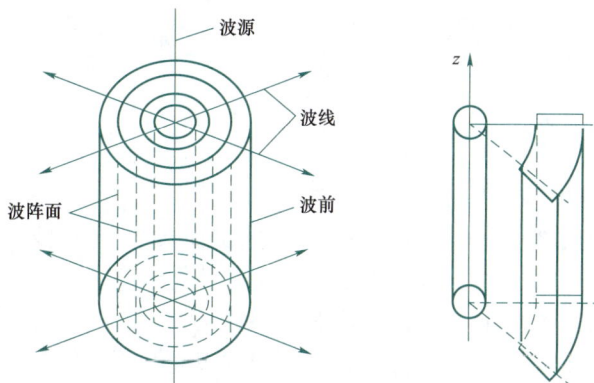

图 2-6　柱面波

（3）球面波

点状球体波源在各向同性的弹性介质中以相同的速度向四面传播声波时形成的波形为球面波，如图 2-7 所示。

声源尺寸远小于波长的点波源在各向同性的弹性介质中辐射的波可视为球面波。球面波波束向四面八方扩散，各质点的振幅与距离成反比。

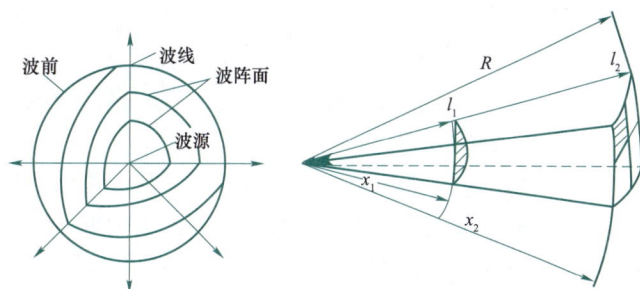

图 2-7　球面波

（4）活塞波

当平面声源尺寸与其在介质中产生的声波波长和传播距离可比时，若该平面片状声源在一个大的刚性壁上沿轴向做简谐振动，且声源表面质点具有相同相位和振幅，则在无限大各向同性的弹性介质中所激发的波，称为活塞波，如图 2-8 所示。

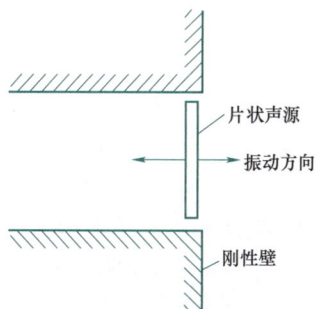

图 2-8　活塞波

当其传播距离远远大于声源尺寸时，则可将一定几何尺寸的片状声源视为点声源，传至相当远处的波形可认为是球面波。

2.1.3 超声波传播速度

超声波在介质中的传播速度与介质的弹性模量和密度有关。对特定的介质，弹性模量和密度为常数，故声速也是常数。不同的介质，有不同的声速。超声波波形不同时，介质弹性变形的形式不同，声速也不一样。超声波在介质中的传播速度是表征介质声学特性的重要参数，它在探伤中对缺陷深度位置的判定也具有重要意义。

固体介质不仅能传播纵波，而且可以传播横波和表面波等，但它们的声速是不相同的。此外介质尺寸的大小对声速也有一定的影响，无限大固体介质中的声速与细长棒中的声速不一样。

2.1.4 超声波传播

1. 超声场特征值

充满超声波的空间或超声振动所波及的部分介质叫超声场。超声场具有一定的空间大小和形状，只有当缺陷位于超声场内时，缺陷才有可能被发现。描述超声场的特征值（即物理量）主要有声压、声阻抗和声强。

（1）声压

超声场中某一点在某一时刻所具有的压强（p_1）与没有超声波存在时的静态压强（p_0）之差，称为该点的声压，用 p 表示（$p = p_1 - p_0$）。

超声场中某一点的声压随时间和该点至波源的距离按余弦函数周期性地变化。声压的幅值与介质的密度、波速和质点振速成正比。对于置于同一超声场中的介质（离声源距离相同），由于固体介质密度大、声速高和质点振速高，所以固体介质中的声压最高，液体中声压次之，气体中声压最小。当然，就不同固体介质而言，因材料性质、声速的差异，它们的声压也有所区别。

在实际应用中，比较和计算介质中两个反射体的回波声压时，并不需要对每个 t（每一瞬间）、每个 X 点做比较，只需对它们的声压振幅加以比较和计算即可。因此，通常把声压振幅简称为声压，并使它与 A 型脉冲反射式检测仪示波屏上回波高度建立一定的线性关系，从而为确定超声波检测中的定量方法打下了基础。一般认为，超声波检测仪示波屏上的波高与声压成正比。

（2）声阻抗

超声场中任一点的声压 p 与该处质点振速 u 之比称为声阻抗，常用 Z 表示，即 $Z = \dfrac{p}{u}$。声阻抗的大小等于介质的密度与声速的乘积。材料的声阻抗与温度有关，一般材料的声阻抗随温度升高而降低。这是因为声阻抗 $Z = \rho c$，而大多数材料的密度和声速 c 随温度增加而降低。由 $u = p/Z$ 不难看出，在同一声压下，Z 增加，质点的振速下降，因此声阻抗 Z 可理解为介质对质点振动的阻碍作用。这类似于电学中的欧姆定律 $I = U/R$，电压一定，电阻增加，电流减小。

声阻抗是表征介质声学性质的重要物理量。超声波在两种介质组成的界面上的反射和透射情况与两种介质的声阻抗密切相关。

（3）声强

声强度简称声强，它表示单位时间内在垂直于声波传播方向的单位面积介质上所通过的声能量，即声波的能流密度。对于简谐波，常将一个周期中能流密度的平均值作为声强，并用符号 I 表示。

$$I = \frac{1}{2}\frac{p^2}{\rho c} = \frac{1}{2}\frac{p^2}{cZ}c = \frac{p^2}{2Z} \qquad (2-1)$$

声强的单位为瓦每平方米（W/m^2）。

从式（2-1）中可知，在同一介质中，声强与声压的平方成正比，即 $I \propto P^2$。超声波检测时示波屏上显示的反射体回波高度（h）只与其反射声压成正比，即

$$\frac{p_1}{p_2} = \frac{h_1}{h_2}$$

（4）声强级

在生产和科学实验中，声强数量级往往相差悬殊，如引起听觉的声强范围为 $10^{-16} \sim 10^{-4}\ W/cm^2$，最大值与最小值相差 12 个数量级。显然采用绝对量来度量是不方便的，但如果对其比值（相对量）取对数来比较计算，就可大大简化运算。贝尔就是两个同量纲的量之比取对数后的单位。

定义声强级为两个相比较声强的比值，再取以 10 为底的常用对数，以符号 L_I 表示。

$$L_I = \lg\frac{I}{I_0} \qquad (2-2)$$

式中，$I_0 = 10^{-16}\ W/cm^2$。

或者

$$L_I = \lg\frac{I_1}{I_2} \qquad (2-3)$$

式中，I_1、I_2 分别为两个相比较的声强值。

声强级的单位为贝尔（B），因为贝尔的单位比较大，工程上应用时以分贝（dB）为单位，此时式（2-2）和式（2-3）可分别写成

$$L_I = 10\lg\frac{I}{I_0}\ (dB) \qquad (2-4)$$

$$L_I = 10\lg\frac{I_1}{I_2}\ (dB) \qquad (2-5)$$

在同一介质中 $Z_1 = Z_2$，所以

$$L_I = 10\lg\left(\frac{p_1}{p_2}\right)^2 = 20\lg\frac{p_1}{p_2}\ (dB) \qquad (2-6)$$

式中，L_I 为声强级。

当超声波检测仪具有较好的放大线性（垂直线性）时，则有

$$L_I = 20\lg\frac{p_1}{p_2} = 20\lg\frac{h_1}{h_2}\ (dB) \qquad (2-7)$$

式中，h_1，h_2 分别为反射声压为 p_1 和 p_2 时的回波高度，不同回波高度比值（实数比）所对应的 L_I 数值见表 2-1。

这里声压基准 p_1 或回波高度基准 h_1 可以任意选取。当 $h_2/h_1=1$ 时，$L_I=0$ dB，说明两回波高度相等时，二者的分贝差为零。当 $h_2/h_1=2$ 时，$L_I=6$ dB，说明当 h_2 为 h_1 的 2 倍时，回波高度为 h_2 的波所对应的声强比回波高度为 h_1 的波所对应的声强高 6 dB。当 $h_2/h_1=1/2$ 时，$L_I=-6$ dB，说明当 h_2 为 h_1 的 1/2 时，回波高度为 h_2 的波所对应的声强比回波高度为 h_1 的波所对应的声强低 6 dB。

表 2-1　不同回波高度比值所对应的 L_I 值

h_2/h_1	10	5	3.2	2	1	1/2	1/3.2	1/5	1/10
L_I/dB	20	14	10	6	0	-6	10	-14	-20

2. 超声波垂直入射

超声波在异质界面上的反射、透射和折射规律是超声波检测的重要物理基础。当超声波垂直入射平面界面时，主要考虑超声波能量经界面反射和透射后的重新分配和声压的变化，此时的分配和变化主要取决于界面两边介质的声阻抗。

（1）超声波在单一平面界面的反射和透射

当超声波垂直入射两种声阻抗不同的介质的大平界面时，反射波以与入射波方向相反的路径返回，且有部分超声波透过界面射入第二介质，如图 2-9 所示。平面界面上入射声强为 I_0，声压为 p_0；反射声强为 I_r，声压为 p_r；透射声强为 I_t，声压为 p_t。若声束入射侧介质的声阻抗为 Z_1，透射侧介质的声阻抗为 Z_2，根据界面上声压连续和振速连续的原则，并令 $m=Z_1/Z_2$（称声阻抗比），就可得到声压反射系数

$$\gamma_p = \frac{p_r}{p_0} = \frac{Z_2 - Z_1}{Z_1 + Z_2} = \frac{1-m}{1+m} \qquad (2-8)$$

声压透射系数

$$\tau_p = \frac{p_t}{p_0} = \frac{2Z_2}{Z_1 + Z_2} = \frac{2}{1+m} \qquad (2-9)$$

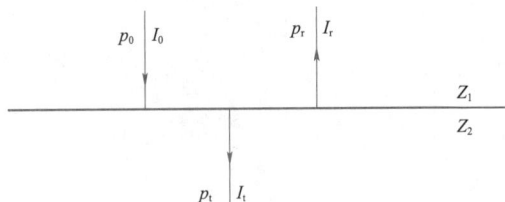

图 2-9　超声波在单一平面界面的反射和透射

实际检测中的探头常兼作发射声波和接收声波，并认为透射至工件底面的声压在钢/空气界面被完全反射后，再次透过界面后被探头所接收（见图 2-10）。探头接收到的返回声压 p_t' 与入射声压 p 之比，即为声压往复透过率（T_p）。

$$T_p = \frac{p_t'}{p} = \frac{p_t}{p} \cdot \frac{p_t'}{p_t} = \tau_{p_1} \cdot \tau_{p_2} = \frac{2Z_2}{Z_1 + Z_2} \cdot \frac{2Z_1}{Z_1 + Z_2} = \frac{4Z_1 Z_2}{(Z_1 + Z_2)^2} \qquad (2-10)$$

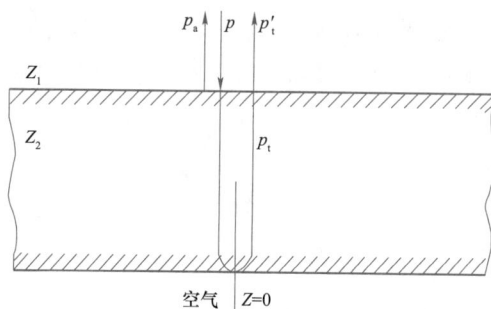

图 2-10　声压往复透过率

超声波垂直入射两种不同声阻抗介质的平面界面，可以有以下 4 种常见的反射和透射情况。

① $Z_2 > Z_1$，如超声波从水入射到钢中，$Z_{1(水)}=1.5\times10^6\,\text{kg}/(\text{m}^2\cdot\text{s})$，$Z_{2(钢)}=4.6\times10^7\,\text{kg}/(\text{m}^2\cdot\text{s})$。水/钢界面上的声压反射系数为

$$\gamma_p = \frac{Z_2 - Z_1}{Z_1 + Z_2} = 0.937$$

声压透射系数为

$$\tau_p = \frac{2Z_2}{Z_1 + Z_2} = 1.937$$

图 2-11 显示了超声波从水入射到钢时界面两边的声压分布情况。由图 2-11 可知，入射波自声阻抗小的介质入射至声阻抗大的介质，反射声压略低于入射声压，透射声压高于入射声压，并等于入射声压与反射声压之和。这是由于声压与介质声阻抗成正比的缘故，但透射波的声强不可能大于入射声强，即 $D = 1 - \gamma_p^2 = 1 - 0.937^2 = 0.12$，表示 100% 的入射声强中只有 12% 的声强变为第二介质（钢）中的透射波声强。因此，钢材水浸超声波检测应适当提高探测灵敏度，以弥补钢中透射声强的减小。

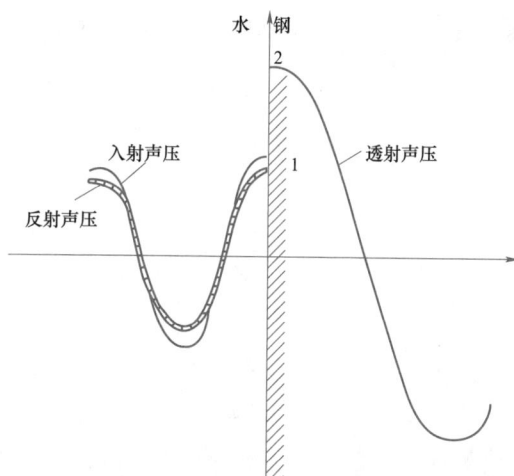

图 2-11　从水入射至钢时界面两边的声压分布

② $Z_2 < Z_1$，如超声波从钢入射到水中（即钢材水浸超声波检测时工件底面的钢/水界面），此时 $Z_{1(钢)} = 4.6 \times 10^7 \text{ kg}/(\text{m}^2 \cdot \text{s})$，$Z_{2(水)} = 1.5 \times 10^6 \text{ kg}/(\text{m}^2 \cdot \text{s})$。则钢/水界面上的声压反射系数为

$$\gamma_p = \frac{Z_2 - Z_1}{Z_1 + Z_2} = -0.937$$

负号表示入射声波与反射声波的相位差为 $180°$。

声压透射系数为

$$\tau_p = \frac{2Z_2}{Z_1 + Z_2} = 0.063$$

图 2-12 显示了超声波从钢入射到水时界面两边的声压分布情况。由图 2-12 可知，入射波自声阻抗大的介质入射至声阻抗小的介质，其反射声压绝对值小于入射声压，而两者相位正好相反，且透射声压也因两者相位相反，互相抵消而数值极小，但透射到第二介质（水）中的声强 $D = 1 - \gamma_p^2 = 1 - 0.937^2 = 0.12$，与上述情况相同。

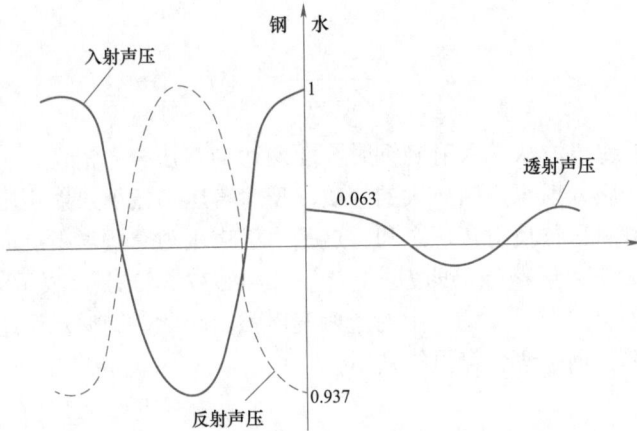

图 2-12　从钢入射至水时界面两边的声压分布情况

③ $Z_1 \gg Z_2$，超声波从固体入射到空气中，如钢工件底面或探头直接置于空气中均属具有固体/空气界面情况。此时若 $Z_{1(钢)} = 4.6 \times 10^7 \text{ kg}/(\text{m}^2 \cdot \text{s})$，$Z_{2(空气)} = 4 \times 10^2 \text{ kg}/(\text{m}^2 \cdot \text{s})$，钢/空气界面上的声压反射系数为

$$\gamma_p = \frac{Z_2 - Z_1}{Z_1 + Z_2} \approx -1$$

声压透射系数为

$$\tau_p = \frac{2Z_2}{Z_1 + Z_2} \approx 0$$

这说明当超声波探头与工件硬性接触而无液体耦合剂时，若工件表面毛糙，则相当于探头直接置于空气中，超声波在晶片/空气界面上将产生 100% 的反射，而无法透射进入工件。

④ $Z_1 \approx Z_2$，超声波入射至两种声阻抗接近的介质界面上时就是这种情况，如普通碳钢焊

缝金属与母材金属两者声阻抗通常仅差 1%（即 $Z_2=(1+0.01)Z_1$），此时界面上的声压反射系数为

$$\gamma_p = \frac{Z_2 - Z_1}{Z_1 + Z_2} = 0.5\%$$

声压透射系数为

$$\tau_p = \frac{2Z_2}{Z_1 + Z_2} = 1 + \gamma_p \approx 1$$

这表明在声阻抗接近的异质界面上反射声压极小，基本上可以忽略，而透射声压与入射声压基本相同，透射声强 $D = 1 - \gamma_p^2 = 1 - 0.005^2 \approx 1$，声能也几乎全部透射到第二介质。

（2）多层平面界面垂直入射

在实际超声波检测中时常遇到声波透过多层介质，如钢材中与探测面平行的异质薄层、探头晶片入射声波进入工件之前所经过的保护膜、耦合剂等。

图 2-13 为超声波入射至均质材料中双层平面界面的情况，这时 $Z_1=Z_3$，Z_2 为异质层的声阻抗。该异质层双层平面界面上的声压反射系数和声压透射系数可用下列公式计算：

$$\gamma_p = \sqrt{\frac{\frac{1}{4}\left(m - \frac{1}{m}\right)^2 \sin^2 \frac{2\pi d}{\lambda_2}}{1 + \frac{1}{4}\left(m - \frac{1}{m}\right)^2 \sin^2 \frac{2\pi d}{\lambda_2}}} \qquad (2-11)$$

$$\tau_p = \frac{1}{\sqrt{1 + \frac{1}{4}\left(m - \frac{1}{m}\right)^2 \sin^2 \frac{2\pi d}{\lambda_2}}} \qquad (2-12)$$

式中，$m=Z_1/Z_2$，d 为异质层厚度，λ_2 为超声波在异质层中的波长。由式（2-11）式（2-12）可以看出：

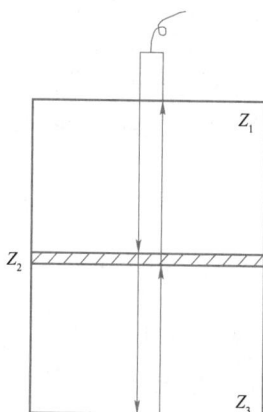

图 2-13　均质材料中的双层平面界面

① 若 $Z_1=Z_3$（异质层声阻抗为 Z_2），当异质层厚度刚好是该层中传播声波的半波长的整数倍时，即 $d = \frac{\lambda}{2} \cdot n$（$n=1, 2, 3, \cdots$），则 $\sin \frac{2\pi d}{\lambda_2} = \sin \frac{2\pi}{\lambda_2} \cdot \frac{\lambda_2}{2} n = 0$，于是式（2-11）的 $\gamma_p = 0$，

式（2-12）的 $\tau_p = 1$。

这种情况如果发生在钢板中，那么当采用某种探测频率探测钢板中某种均匀的分层，而分层厚度恰为二分之一波长时，$\gamma_p = 0$，就得不到该分层的反射回波（或反射回波很低），从而导致该分层缺陷漏检。若 $\tau_p = 1$，当超声波通过这一介质时，声压没有变化，这层异质层似乎不存在，这时称其为透声层。为避免这种漏检，可采用改变探测频率的方法，改变后的探测频率不应是原探测频率的整数倍。这种情况如果发生在直探头的透声层中，那么当探头采用钢质保护膜，并用来探测钢工件时，保护膜与工件表面之间的耦合层就是一层异质层。要使探头发射的超声波经过耦合层后达到较高的透射效果（$\tau_p \to 1$），就必须使耦合层厚度为其半波长的整数倍，这种透声层又称为半波透声层。

② 若 $Z_1 \neq Z_3$（异质层声阻抗为 Z_2），要使超声波能以较高效率透过异质层，就要求异质层厚度变为该层中传播声波的波长的四分之一的奇数倍，即 $d = \dfrac{\lambda_2}{4} \cdot (2n-1)$（$n = 1, 2, 3, \cdots$），此时有最大的声强透射率。当 $d = \dfrac{\lambda_2}{2} \cdot n$ 时，声强透射率最低。

若直探头选用非钢质保护膜，在探测钢工件时就属此种情况，耦合层的厚度应该为 $\lambda_2/4$ 的奇数倍，这时才有较好的透声效果。

③ 若将直探头保护膜看作处于晶片与耦合层之间的异质层，如图 2-14 所示，因晶片声阻抗总是不等于耦合层声阻抗（即 $Z_1 \neq Z_3$），因此要使保护膜有较高的透声效果，其厚度也应是 $\lambda_2/4$ 的奇数倍。探头保护膜除了要求有合适的厚度外，还应有一个适当的声阻抗。当保护膜声阻抗 Z_m 满足下列关系时，声强的透射率就较高。

$$Z_m = \sqrt{Z_{晶片} \cdot Z_{工件}} \tag{2-13}$$

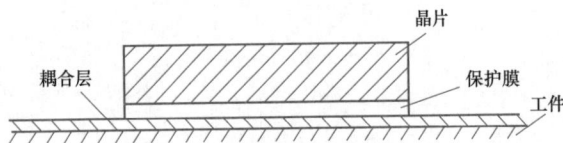

图 2-14 探头典型耦合情况

④ 实际检测中往往在探头上施以一定压力，探头与工作接触紧密，得到的反射回波也较高，其原因是当耦合厚度 $d \to 0$ 时，式（2-12）中的 $\sin \dfrac{2\pi d}{\lambda_2} \to 0$，$\tau_p \to 1$，透过的声能也较多。在测试仪器和探头性能时或制作距离-波幅曲线时，为了使探头获得均匀的压力，可用一定量的重块压在探头上。当然，对于现场实际检测就没有这种必要了。

3. 超声波倾斜入射

超声波以一定的倾斜角入射到异质界面上时，就会产生声波的反射和折射，并且遵循反射和折射定律。在一定条件下，界面上还会产生波形转换现象。

（1）超声波在固体界面上的反射

固体中纵波斜入射至固-气界面，如图 2-15 所示，其中 α_L 为纵波入射角，α_{L1} 为纵波反射角，α_{S1} 为横波反射角，C_L 为纵波声速，C_{L1} 为反射纵波声速，C_{S1} 为反射横波声速，其反射定律可用下列数学式表示：

$$\frac{C_L}{\sin\alpha_L} = \frac{C_{L1}}{\sin\alpha_{L1}} = \frac{C_{S1}}{\sin\alpha_{S1}} \qquad (2-14)$$

因为入射纵波 L 和反射纵波 L_1 在同一介质内传播，故它们声速相同，所以纵波入射角等于纵波反射角，即 $\alpha_L = \alpha_{L1}$，又因为同一介质中纵波声速大于横波声速，所以 $\alpha_{L1} > \alpha_{S1}$。

横波斜入射至固 – 气界面，如图 2 – 16 所示，其中 α_S 为横波入射角，α_{L1} 为纵波反射角，α_{S1} 为横波反射角，其反射定律可用下列数学式表示：

$$\frac{C_S}{\sin\alpha_S} = \frac{C_{L1}}{\sin\alpha_{L1}} = \frac{C_{S1}}{\sin\alpha_{S1}} \qquad (2-15)$$

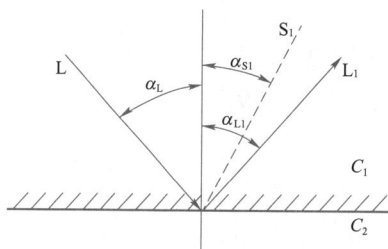

图 2 – 15 纵波倾斜入射

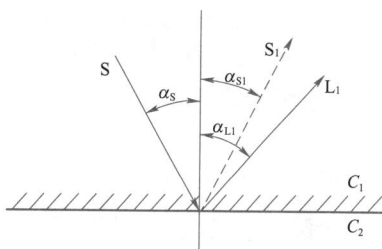

图 2 – 16 横波倾斜入射

因为入射横波 S 和反射横波 S_1 在同一介质内传播，故它们声速相同，所以横波入射角等于横波反射角，即 $\alpha_S = \alpha_{S1}$，又因为同一介质中纵波声速大于横波声速，所以 $\alpha_{L1} > \alpha_{S1}$。

结论：当超声波在固体中以某角度斜入射于异质面上，同波形的反射角等于入射角，纵波反射角大于横波反射角，或者说横波反射声束总是位于纵波反射声束与法线之间。

（2）超声波的折射

纵波斜入射的折射如图 2 – 17 所示，其中 α_L 为第一介质的纵波入射角，β_L 为第二介质的纵波折射角，β_S 为第二介质的横波折射角，其折射定律可用下列数学式表示：

$$\frac{C_L}{\sin\alpha_L} = \frac{C_{L2}}{\sin\beta_L} = \frac{C_{S2}}{\sin\beta_S} \qquad (2-16)$$

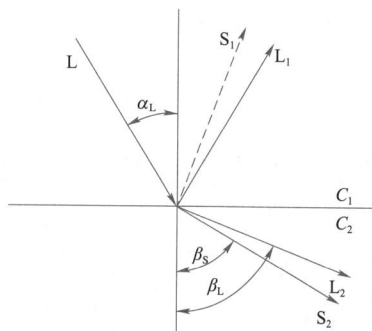

图 2 – 17 纵波斜入射

在第二介质中，因为 $C_{L2} > C_{S2}$，所以 $\beta_L > \beta_S$，横波折射声束总是位于纵波折射声束与法线之间。

横波在固体中斜入射至固–固、固–液界面时，其折射规律同样符合式（2–16）所示的形式，可写成：

$$\frac{C_{S1}}{\sin \alpha_S} = \frac{C_{L2}}{\sin \beta_L} = \frac{C_{S2}}{\sin \beta_S}$$

由于气体和液体不能传播横波，所以不是任何情况下反射波和折射波都有波形的转换。

4. 临界角

（1）纵波第一临界角

纵波斜入射，使固体中 $\beta_L = 90°$ 的纵波入射角就是纵波第一临界角，如图 2–18 所示。当入射角大于纵波第一临界角时，第二介质中没有折射纵波。

（2）纵波第二临界角

纵波斜入射，使固体中 $\beta_S = 90°$ 的纵波入射角就是纵波第二临界角，如图 2–19 所示。对于入射角大于纵波第二临界角的所有纵波入射声束，第二介质中没有折射横波。

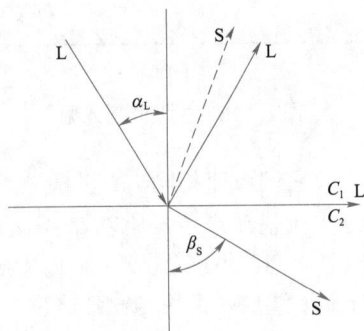

图 2–18　纵波第一临界角　　　　　图 2–19　纵波第二临界角

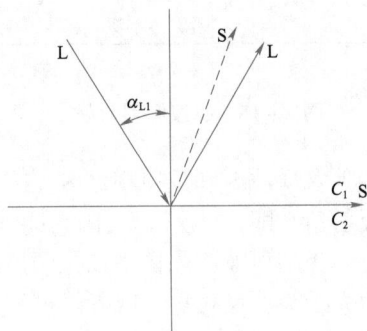

（3）第三临界角

横波斜入射至固体–空气界面，α_S 为横波入射角，α_{L1} 为纵波反射角，α_{S1} 为横波反射角，此时认为横波在空气中不产生折射现象。因为在同一介质中，$C_{S2} < C_{L2}$，所以 $\alpha_S < \alpha_{L1}$。当入射角 α_S 达到某一数值时，就可使 $\alpha_{L1} = 90°$，产生横波全反射现象。

定义横波斜入射至固体/空气界面并产生横波全反射的横波入射角为第三临界角，用符号 α_m 表示。

任务 2.2　超声波探伤原理及方法

2.2.1　超声波的发射与接收

广义上，凡是能将其他形式能量转换成超声波振动方式的能量都可用来发射超声波，如电效应、电磁效应和热膨胀效应等。对于常规超声波检测，发射和接收超声波主要基于逆压电效应和压电效应。

1. 逆压电效应与超声波的发射

自然界中，对于某些电介晶体（如石英、锆钛酸铅、铌酸锂等），在电极面上施加高频交变电压时，晶体会在厚度方向上伸长或缩短，产生机械振动而辐射出超声波，晶体的这种效应称为逆压电效应。超声波检测过程中发射超声波信号，即在压电材料上施加高频交变电压，产生机械波，经耦合剂传播至被检工件，以实现发射超声波的目的。

2. 压电效应与超声波的接收

自然界中，对于某些电介晶体（如石英、锆钛酸铅、铌酸锂等），受机械力后，在某一方向上伸长（或缩短），使得晶体表面产生电荷效应而带正或负电荷，这种现象称为压电效应。超声波检测过程中接收超声波信号，即压电材料受振动后，在探头表面产生电荷效应，以电信号的形式在仪器上显示出来。

在超声波检测过程中，以具有逆压电、压电效应的晶体材料制作的晶片作为中间载体，实现超声波和电脉冲之间相互转换的器件称为超声波换能器，常称为探头。发射和接收纵波的为直探头，发射和接收横波的为斜探头。

3. 超声波近场区

波源附近由于波的干涉而出现一系列声压极大值、极小值的区域，称为超声场的近场区，又叫菲涅耳区。波源轴线上最后一个声压极大值至波源的距离称为近场区长度，用 N 表示：$N = D_S^2 / 4\lambda$（其中，D_S 为晶片直径；λ 为超声波波长）。

近场区检测定量是不利的，处于声压极小值处的较大缺陷回波可能较低，而处于声压极大值处的较小缺陷回波可能较高，这样就容易引起误判，甚至漏检，因此一般在保证检测灵敏度的前提下尽可能减少近场区长度和避免在近场区检测定量，如图 2-20 所示。

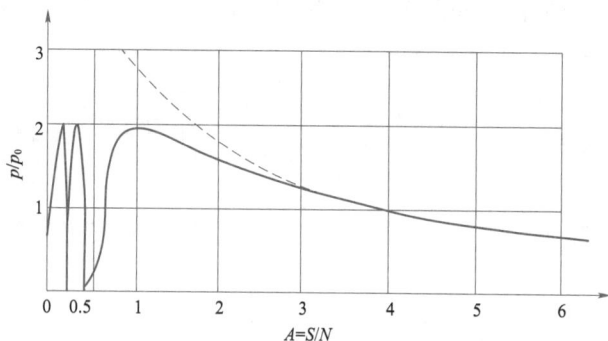

图 2-20 圆盘声源轴线上声压分布曲线

2.2.2 超声波探伤原理及探伤方法

1. 超声波探伤原理

把 1~5 MHz 高频超声波入射到被检物中，如遇到缺陷（界面），则一部分入射超声波被反射，利用探头接收反射信号的性能，再通过显示器显示波形，可不损坏工件检出缺陷大小（尺寸）和位置，这种方法叫超声波探伤（见图 2-21）。超声波检测能发现的最小缺陷尺寸为

$\lambda/2$，当缺陷尺寸小于 $\lambda/2$ 时，超声波会产生绕射。

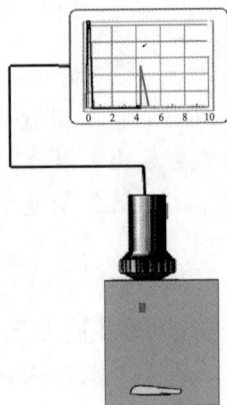

图 2-21　超声波探伤原理示意图

2. 超声波探伤方法

1）按原理分类

按原理分类，超声波检测方法可分为脉冲反射法、穿透法、共振法和 TOFD 法。

（1）脉冲反射法

超声波探头发射脉冲波到被检试件内，根据反射波的情况来检测试件缺陷的方法，称为脉冲反射法。脉冲反射法包括缺陷回波法、底波高度法和多次底波法。

① 缺陷回波法。根据仪器示波屏上显示的缺陷波形进行判断的方法，称为缺陷回波法。图 2-22 是缺陷回波法的基本原理，当试件完好时，超声波可传播到达底面，检测图形中只有发射脉冲 T 及底面回波 B 两个信号，如图 2-22（a）所示。若试件中存在缺陷，在检测图形中，底面回波前有缺陷回波，如图 2-22（b）所示。

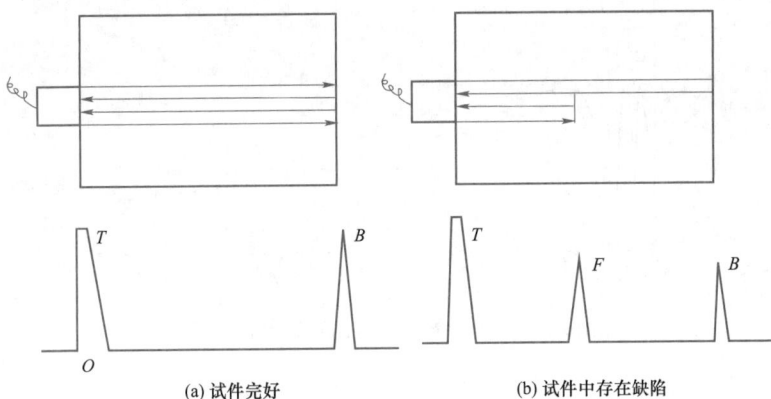

(a) 试件完好　　　　　(b) 试件中存在缺陷

图 2-22　缺陷回波法基本原理

② 底波高度法。当试件的材质和厚度不变时，底面回波高度应是基本不变的。如果试件内存在缺陷，底面回波高度会下降甚至消失，如图 2-23 所示。这种依据底面回波高度的变化判断试件缺陷情况的检测方法，称为底波高度法。底波高度法的特点在于同样投影大小的缺陷不仅可以得到同样的指示，而且不出现盲区，但是要求被探试件的探测面与底面平行，

耦合条件一致。该方法的灵敏度较低，定位定量不便。

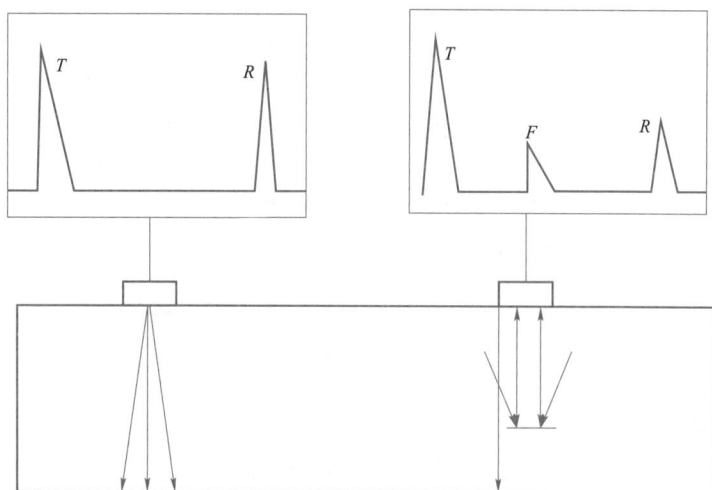

图 2-23　底波高度法

③ 多次底波法。当透入试件的超声波能量较大，而试件厚度较小时，超声波可在探测面与底面之间往复传播多次，示波屏上出现多次底波 B_1、B_2、B_3、…。如果试件存在缺陷，则由于缺陷的反射及散射，增加了声能的损耗，底面回波次数减少，同时也打乱了各次底面回波高度依次衰减的规律，并显示出缺陷回波，如图 2-24 所示。这种依据底面回波次数，判断试件有无缺陷的方法，即为多次底波法。多次底波法主要用于厚度不大、形状简单、探测面与底面平行的试件检测，灵敏度低于缺陷回波法。

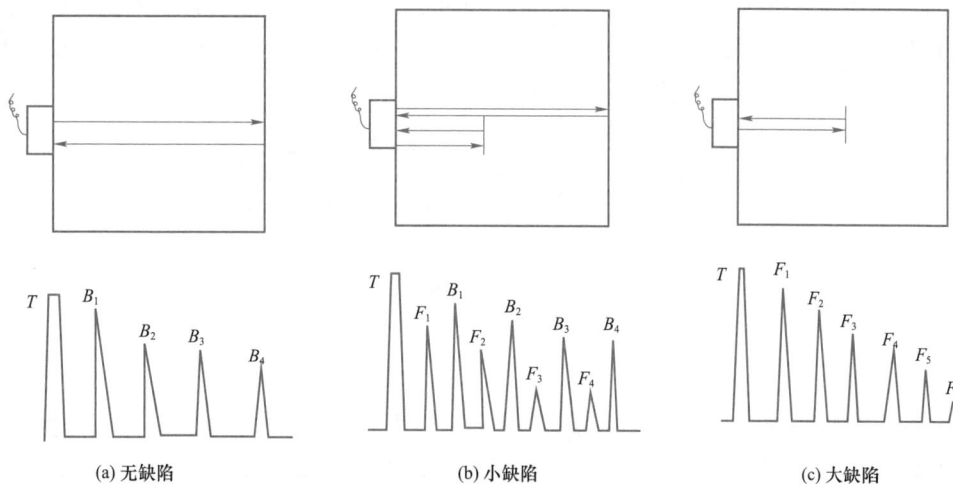

(a) 无缺陷　　　　　　　(b) 小缺陷　　　　　　　(c) 大缺陷

图 2-24　多次底波法

（2）穿透法

穿透法是依据脉冲波或连续波穿透试件之后的能量变化来判断缺陷的一种方法，如图 2-25 所示。穿透法常采用两个探头，一个用于发射，另一个用于接收，分别放置在试件的两侧进行探测。图 2-25（a）为无缺陷时的波形，图 2-25（b）为有缺陷时的波形。

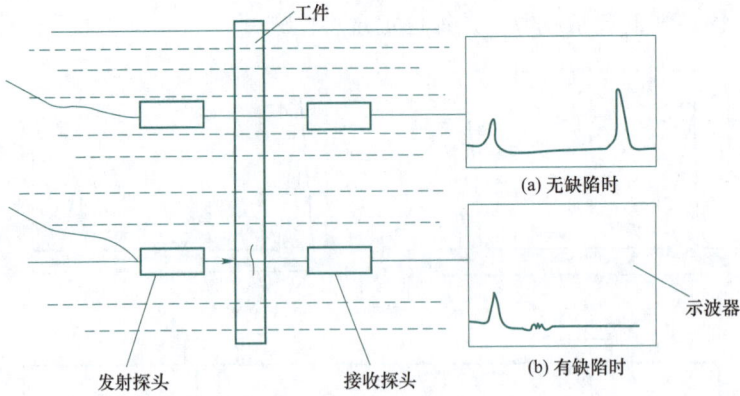

图 2－25　穿透法

（3）共振法

若声波（频率可调的连续波）在被检工件内传播，当试件的厚度为超声波半波长的整数倍时，将引起共振，仪器显示出共振频率，用相邻的两个共振频率之差，可以计算出试件厚度。当试件内存在缺陷或工件厚度发生变化时，将改变试件的共振频率。依据试件的共振特性，来判断缺陷情况和工件厚度变化情况的方法称为共振法。共振法常用于试件测厚。

常用的测厚仪采用的是双晶直探头脉冲反射法，与 A 型脉冲反射式超声波检测仪的原理相同。

（4）TOFD 法

TOFD 是 time of flight diffraction 的缩写，中文简称为衍射时差法，是 20 世纪 70 年代由英国哈维尔无损检测中心根据超声波衍射现象首先提出来的。采用 TOFD 法检测时，使用一对或多对宽声束纵波斜探头，每对探头相对焊缝对称布置（一发一收），如图 2－26 所示。声束覆盖检测区域，遇到缺陷时产生反射波和衍射波。探头同时接收反射波和衍射波，通过测量衍射波传播时间，可确定缺陷的尺寸和位置。

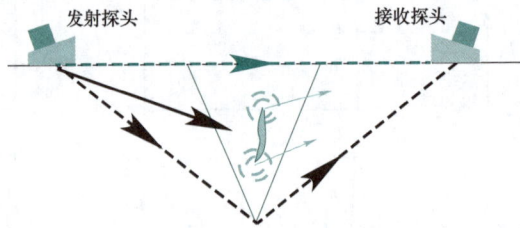

图 2－26　TOFD 法

TOFD 法使用的探头为纵波斜探头，工件中既有纵波也有横波。但是，纵波传播速度快，几乎是横波的 2 倍，最先到达接收探头，容易识别缺陷，以纵波波速计算缺陷深度，不会与横波信号混淆。

2）按波形分类

根据检测采用的波形，可分为纵波法、横波法、表面波法、板波法及爬波法等。

（1）纵波法

利用超声波纵波与缺陷接触后的反射信号进行探伤的方法，称为纵波法。根据工件中纵波获取方式不同有纵波直探头（垂直法）和纵波斜探头两种。

使用直探头产生纵波进行检测的方法,称为纵波直探头法。此法波束垂直入射至试件探测面,以不变的波形和方向透入试件,所以又称为垂直入射法,简称垂直法,如图2-27所示。

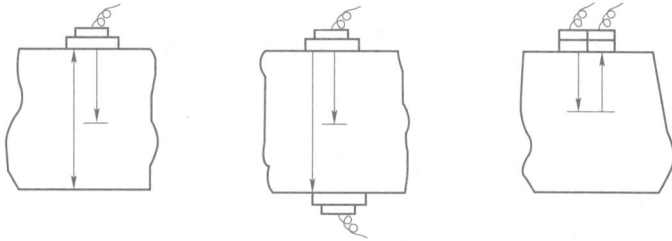

图 2-27 垂直法

垂直法分为单晶探头反射法、双晶探头反射法和穿透法。常用的是单晶探头反射法。

垂直法主要用于铸造、锻压、轧材及其制品的检测,对于探测面平行的缺陷检出效果最佳。由于盲区和分辨力的限制,所以反射法只能发现试件内部离探测面一定距离的缺陷。

在同一介质中传播,纵波由于速度大于其他波形的速度,穿透能力强,晶界反射或散射的敏感性较差,所以可探测工件的厚度是所有波形中最大的,而且可用于粗晶材料的检测。

采用垂直法检测时,由于波形和传播方向不变,所以缺陷定位比较方便。

使用纵波斜探头在工件中产生纵波进行检测的方法,称为纵波斜探头法。其探头又称为小角度纵波斜探头。

小角度纵波斜探头常用来检测探头移动范围较小、检测范围较深的一些部件,如从螺栓端部检测螺栓、从车轴端面检测车轴轴颈根部疲劳裂纹等。

对于粗晶材料,如奥氏体不锈钢焊接接头的检测,常采用纵波斜探头检测。

(2)横波法

将纵波通过楔块、水等介质倾斜入射至试件探测面,利用波形转换得到横波进行检测的方法,称为横波法。由于透入试件的横波束与探测面成锐角,所以又称斜射法,如图2-28所示。

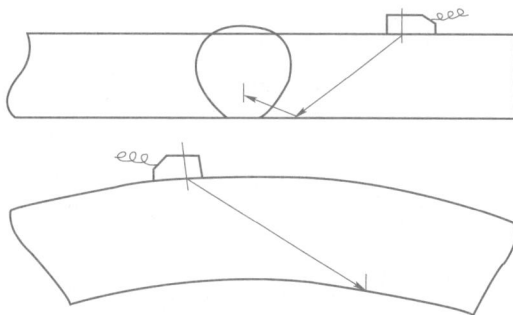

图 2-28 横波法

此方法主要用于焊缝、管材的检测,检测其他试件时,则作为一种有效的辅助方法,用以发现垂直法不易发现的缺陷。

(3)表面波法

表面波法主要用于检测表面光滑的试件。表面波波长比横波波长还短,因此衰减也大于横波。同时,它仅沿表面传播,对于表面上的覆层、油污、不光洁等杂质反应敏感,并被大量衰减。利用此特点，可以通过手沾油在声束传播方向上进行触摸并观察缺陷回波高度的变化，对缺陷进行定位。

（4）板波法

板波法主要用于薄板、薄壁管等形状简单的试件检测，板波充塞于整个试件，可以发现内部和表面缺陷，但是灵敏度除取决于仪器工作条件外，还取决于波的形式。

（5）爬波法

爬波是指表面下纵波，它是当第一介质中的纵波入射角位于第一临界角附近时，在第二介质中产生的表面下纵波。这时第二介质中除了表面下纵波外，还存在折射横波。这种表面下纵波不是纯粹的纵波，还存在垂直方向的位移分量。

爬波对于检测表面比较粗糙的工件的表层缺陷，如铸钢件、有堆焊层的工件等，其灵敏度和分辨力均较高。

3）按探头数目分类

根据检测用探头数目，可分为单探头法、双探头法、多探头法几种。

（1）单探头法

使用一个探头来发射和接收超声波的检测方法称为单探头法。单探头法操作方便，可以检出大多数缺陷，是目前最常用的一种方法。

单探头法检测，对于与波束轴线垂直的片状缺陷和体积型缺陷，检出效果最好；而对于与波束轴线平行的片状缺陷，则难以检出。当缺陷与波束轴线倾斜时，根据倾斜角度的大小，能够收到部分回波或者因反射波束全部反射在探头之外而无法检出。

（2）双探头法

使用两个探头（一个用于发射，另一个用于接收）进行检测的方法称为双探头法。该方法主要用于发现单探头法难以检出的缺陷。

双探头法又可根据两个探头的排列方式和工作方式进一步分为并列式、交叉式、V 形串列式、K 形串列式及串列式等，如图 2-29 所示。

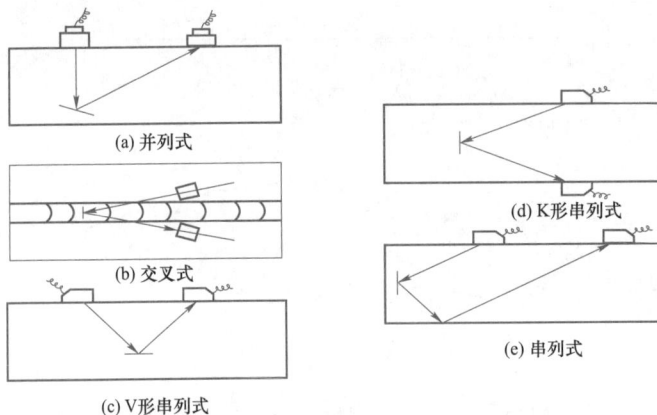

（a）并列式
（b）交叉式
（c）V形串列式
（d）K形串列式
（e）串列式

图 2-29　双探头的排列方式

① 并列式。两个探头并列放置，检测时两者同步同向移动。但当直探头并列放置时，通常一个探头固定，另一个探头移动，以便发现与探测面倾斜的缺陷，如图 2-29（a）所示。分割式探头的原理，就是将两个并列的探头组合在一起，具有较高的分辨能力和信噪比，适

用于薄试件、近表面缺陷的检测。

② 交叉式。两个探头轴线交叉，交叉点为要探测的部位，如图 2-29（b）所示。此种检测方法可用来发现与探测面垂直的片状缺陷，在焊缝检测中，常用来发现横向缺陷。

③ V 形串列式。两探头相对放置在同一面上，一个探头发射的声波被缺陷反射，反射的回波刚好落在另一个探头的入射点上，如图 2-29（c）所示。此种检测方法主要用来发现与探测面平行的片状缺陷。

④ K 形串列式。两探头以相同的方向分别放置于试件的上、下表面上，一个探头发射声波被缺陷反射，反射回波被另一个探头接收，如图 2-29（d）所示。此种检测方法主要用来发现与探测面垂直的片状缺陷。

⑤ 串列式。两探头一前一后，以相同方向放置在同一表面上，一个探头发射声波被缺陷反射至底面，经底面反射进入另一个探头，如图 2-29（e）所示。此种检测方法用来发现与探测面垂直的片状缺陷，如厚焊缝的中间未焊透、窄间隙焊缝的坡口面未焊合等。这种检测方法的特点是：不论缺陷是处在焊缝的上部、中部或根部，其缺陷声程始终相等，从而使缺陷信号在荧光屏上的水平位置固定不变，但上、下表面存在盲区。两个探头在一个表面上沿相反的方向移动，用手工操作是困难的，需要设计专用的扫查装置。

（3）多探头法

使用两个以上的探头成对地组合在一起进行检测的方法，称为多探头法。多探头法的应用，主要是通过增加声束来提高检测速度或发现各种取向的缺陷，通常与多通道仪器和自动扫描装置配合，如图 2-30 所示。

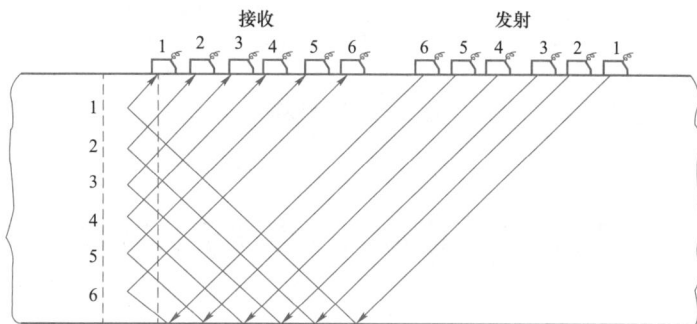

图 2-30　多探头法

4）按探头接触方式分类

依据检测时探头与试件的接触方式，可以分为直接接触法和液浸法。

（1）直接接触法

探头与试件探测面之间，涂有很薄的耦合剂层，因此可以看作两者直接接触，这种检测方法称为直接接触法。

此方法操作方便，检测图形较简单，判断容易，检出缺陷灵敏度高，是实际检测中使用最多的方法。但是，直接接触法检测的试件，要求探测面粗糙度较高。

（2）液浸法

将探头和工件浸于液体中以液体作为耦合剂进行检测的方法，称为液浸法。耦合剂可以是水，也可以是油。当以水为耦合剂时，称为水浸法。

液浸法检测，由于探头不直接接触试件，所以此方法适用于表面粗糙的试件，探头也不易磨损，耦合稳定，探测结果重复性好，便于实现自动化检测。

液浸法按检测方式不同又可分为全浸没式和局部浸没式，如图 2-31 所示。

① 全浸没式。被检试件全部浸没于液体之中，适用于体积不大、形状复杂的试件检测，如图 2-31（a）所示。

② 局部浸没式。把被检试件的一部分浸没在水中或被检试件与探头之间保持一定的水层而进行检测的方法，适用于大体积试件的检测，如图 2-31（b）所示。局部浸没式又分为喷液式、通水式。

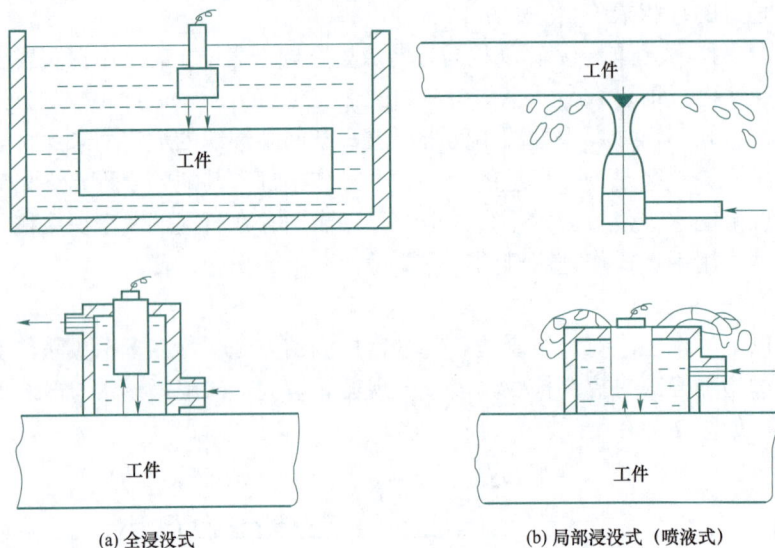

(a) 全浸没式　　　　　　　　　　　(b) 局部浸没式（喷液式）

图 2-31　液浸法

任务 2.3　超声波探伤设备及器材

超声波检测仪、探头和试块是超声波检测的重要设备及器材。了解这些设备及器材的原理、构造和作用及其主要性能指标是正确选择检测设备进行有效检测的保证。

2.3.1　超声波探伤仪器

超声波检测仪是超声波检测的主体设备，它的作用是产生电振荡并加于探头（换能器）上，激励探头发射超声波，同时将探头产生的电信号进行放大，通过一定方式显示出来，从而获得被探工件内部有无缺陷、缺陷位置和大小等信息。

1. 仪器的分类

超声仪器分为超声波检测仪器和超声波处理（或加工）仪器，超声波检测仪是用于对工件进行超声波探伤检测的仪器。在现代工业中超声波检测技术的应用日益广泛，由于探测对象、探测目的、探测场合及探测速度等方面的要求不同，因而有各种不同的超声波检测仪，常见的有以下几种。

（1）按缺陷显示方式分类

① A 型显示检测仪。A 型显示是一种波形显示，检测仪荧光屏的横坐标代表声波的传播时间（或距离），纵坐标代表反射波的幅度。由荧光屏上反射波的位置可以确定工件中缺陷位置，由荧光屏上反射波的幅度可以估算工件中缺陷当量大小。

② B 型显示检测仪。B 型显示是一种图像显示，检测仪荧光屏的横坐标是靠机械扫描来代表探头的扫查轨迹，纵坐标是靠电子扫描来代表声波的传播时间（或距离），因而可直观地显示出被探工件任一纵截面上缺陷的分布及缺陷的深度。

③ C 型显示检测仪。C 型显示也是一种图像显示，检测仪荧光屏的横坐标和纵坐标都是靠机械扫描来代表探头在工件表面的位置。探头接收信号幅度以光点灰度表示，因而当探头在工件表面移动时，荧光屏上便显示出工件内部缺陷的平面图像，但不能显示缺陷的深度。

A 型、B 型、C 型 3 种显示分别如图 2−32 所示。

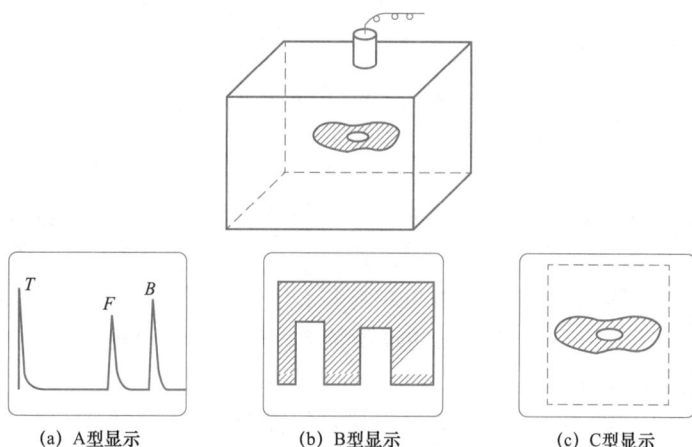

|(a) A型显示|(b) B型显示|(c) C型显示|

图 2−32　显示类型

（2）按通道分类

① 单通道超声波探伤仪。这种仪器由一个或一对探头单独工作，是目前超声波检测中应用最广泛的仪器。

② 多通道超声波探伤仪。这种仪器由多个或多对探头交替工作，每个通道相当于一台单通道探伤仪，适用于自动化检测。

（3）按信号处理方式分类

各种探伤仪均由以下几个主要部分组成：同步电路、扫描电路、发射电路、接收电路、显示电路和电源电路等。但根据信号处理方式不同，可分为模拟式和数字式两种。

2. 超声波探伤仪器主要按钮功能及其调整

① 工作方式选择。即"双探头"或"单探头"方式，双探头为一发一收工作方式，可以连接一个双晶探头或者两个单探头进行探测；单探头仅连接单个探头进行探测。

② 频率选择。频率范围应与选用探头相一致。

③ 通道和发射强度选择。一般数字式超声波探伤仪器会有通道选择按钮，主要是用于区分和存储选用的参数；发射强度的作用是改变仪器的发射脉冲功率，在检测灵敏度能满足要求的情况下，发射强度按钮应尽量放在较低的位置。

④ 调节检测灵敏度和测量回波振幅。调节灵敏度时，衰减器读数大，灵敏度低；衰减器读数小，灵敏度高。在无损检测工作中，利用衰减器可控制仪器的灵敏度，测量信号的相对高度，用以判断缺陷的大小或测量材料的衰减等。

⑤ 增益调节。增益调节的作用是改变接收放大器的放大倍数，进而连续改变检测仪的灵敏度。在无损检测工作中，仪器灵敏度调节完成后，检测过程中一般不再调整增益；增益主要是以分贝显示测量反射波幅度的相对大小。

⑥ 抑制调节。主要用来制杂即噪声，以提高信噪比。通常当抑制数据显示为0%时，表式仪器处于无抑制状态；若显示百分比数字，百分比数字标识以内的杂波被滤掉，不予显示，而大于百分比数字的回波则不被改变。在实际检测中使用抑制功能，有漏掉小缺陷的危险，因此当信噪比满足检测需求时，一般不使用抑制。

⑦ 检测范围调节。根据被检测工件的厚度调节合适的检测范围，范围调节不会改变回波之间的相对位置和幅度。一般应能显示1～2次底波（纵波直探头）或2倍以上声程范围，可通过调节脉冲移位实现检测范围调节。

⑧ 声速和折射角（K值）调节。根据波形和材料的声速调节声速值，对于斜探头还需要调节斜探头的折射角。但这两项指标，一般需要经过测试确定。

⑨ 零点调节（延迟调节）。是指调节探头的零点，即调节探头的压电晶片到工件表面的距离（包括探头保护膜的厚度和耦合剂的厚度），是为了满足缺陷的准确定位。零点调节一般与声速调节一并进行。

⑩ 脉冲重复频率调节。是指改变发射电路每秒钟发射脉冲的次数。重复频率要视被检工件厚度进行调节，厚度大，应使用较低的重复频率；厚度小，可使用较高的重复频率；但重复频率过高时，易出现幻象波。

⑪ 闸门调节。作用是根据缺陷位置，将缺陷位置调整在闸门范围内，可自动读取缺陷的声程、位置等信息。可选择单闸门读数/双闸门读数方式，通过闸门移位选择闸门A或B的起始位置，将闸门高度调节至相应高度。

3. 铁路专用超声波探伤设备

1）A型显示超声波自动检测机

A型显示超声波自动检测机是采用A型直接接触脉冲反射法检测铁路车辆现役轮轴（轮对）轮座镶入部、制动盘镶入部、不退卸轴承轴颈卸荷槽部位（轴颈根部）的疲劳裂纹、车轴内部缺陷的超声波检测专用设备，其结构如图2-33所示。

图2-33 A型显示超声波自动检测机

（1）功能和特点

① 按照设定程序自动完成检测的全过程，包括上料后的自动定位、转轮、扫查和下料等。

② 通过计算机指令控制机械设备模拟手工探测的动作，同时控制数字式超声波检测仪发射、接收超声波信号；实时切换、采集各部探头的超声波波形信号；进行 A/D 转换。

③ 检测数据自动存储并具有缺陷识别功能，能自动报警、存储和打印。

④ 具有自检功能，能自动判别探头与工件接触不良、探头线折断、探头损坏及探测通道故障情况等，并能显示、报警和存储自检结果。

（2）检测方式

轴端配置纵波直探头和纵波小角度探头，进行全轴穿透检查和轴颈根部或轴颈卸荷槽部位的裂纹检测。

货车轮轴或轮对轴身配置多晶片组合探头，进行轮座镶入部疲劳裂纹检测。

客车轮对轴身配置多晶片组合探头进行制动盘镶入部疲劳裂纹检测；防尘板座配置多晶片组合探头进行轮座镶入部疲劳裂纹检测。

2）铁路车辆轮轴 B 扫描或 C 扫描超声波自动检测机

铁路车辆轮轴 B 扫描或 C 扫描超声波自动检测机是采用变形的（投影的）B 扫描或 C 扫描成像方式，通过采用超声波阵列式探头组及纵波小角度常规探头组实现对车辆轮轴轮座镶入部、制动盘镶入部、轴颈根部等部位的检测，显示车轴表面裂纹的车轴表面展开图。

（1）功能和特点

该检测机适用于铁路车辆各型轮轴全轴穿透、轴颈根部、轮座镶入部的超声波检测。对轮座镶入部、制动盘镶入部采用超声波阵列式探头组，多个探头覆盖镶入部全长。同时采集 A 型、B 型或 C 型扫查数据，缺陷信息全面，成像直观，能够给出检测部位的展开图，检测结果可回放，具有可追溯性，检测灵敏度高。

（2）检测方式

对于轴颈根部检测，使用固定的小角度纵波探头，从轴端入射。由于在声束的覆盖范围内存在声程差，所以可获得轴颈根部小区域内的 B 显示图像。B 扫描技术再结合一些特殊的降噪方法，降低结构噪声产生的影响，可大大提高轴颈根部的裂纹检出率。

对于轮座部位、制动盘座部位检测，采用多个常规斜探头组成阵列，每个探头覆盖 30～50 mm，探头之间的声束有部分交叉覆盖，多个探头覆盖轮座全长，如图 2－34 所示。每个探头提供一定宽度（大约 6 dB）的（车轴轴向）轮座、制动盘座表面展开图，合成整个轮座、制动盘座表面展开图。图 2－35 为轮轴对比试样人工缺陷成像结果。

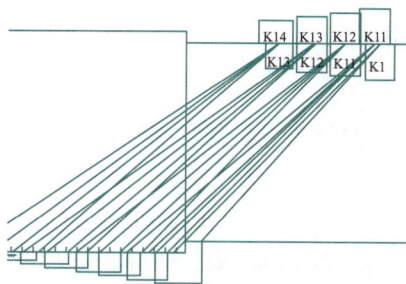

图 2－34　探头阵列组声束覆盖轮座

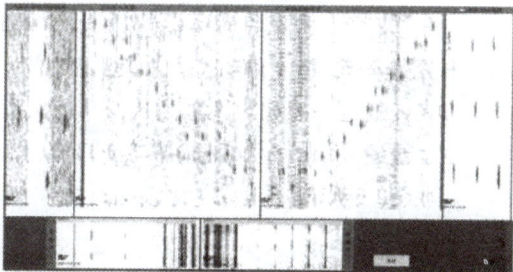

图 2－35　轮轴对比试样人工缺陷成像结果

B扫描或C扫描成像方法，几何分辨率高，在车轴轴线方向上可达到毫米级的分辨率，并且带有直观的A扫描信息。B扫描图像的每一条水平线是由一个A扫描波形的所有细节转化而来的，B扫描成像的水平坐标本质上是时间，另一维灰度代表了A扫描波形的幅度。从展开图上能恢复A扫描波形，存储了表面展开图，就存储了所有A扫描波形。

3）轮轴相控阵超声波自动检测机

相控阵超声波检测技术检测车轴已在国内外获得成功应用。

（1）功能和特点

该检测机适用于各型轮轴全轴穿透、轴颈根部、轮座镶入部的在线超声波检测；检测灵敏度高，可自动生成裂纹在车轴表面的B型显示、C型显示图像，能够直观显示裂纹的大致尺寸及其相对位置；可以动态存储检测过程的全部A扫描信息及B、C扫描图像，并可以查询和网络传输，增强了检测结果的可追溯性。

（2）检测方式

相控阵超声波检测系统由相控阵超声波检测仪和相控阵超声波探头组成。相控阵超声波检测系统接收操作系统指令，并在机械传动系统配合下，发射并接收超声波，实现对轮轴检测部位的超声波检测扫查，并与计算机系统进行数据及指令交互传输。常见的探头布置如图2-36所示。

由于相控阵探头可通过动态电子控制声束的偏转和聚焦，通过检测声束，可以在同一位置做多角度检测，因而可以在不移动探头的情况下扫查检测工件的相关部位。对于车轴轴颈根部及轮座镶入部检测，相控阵探头在固定位置，通过声束偏转就可以覆盖检测区域的轴向长度范围，因此相控阵探头只需沿圆周方向移动一周，声束就可以覆盖整个检测区域。

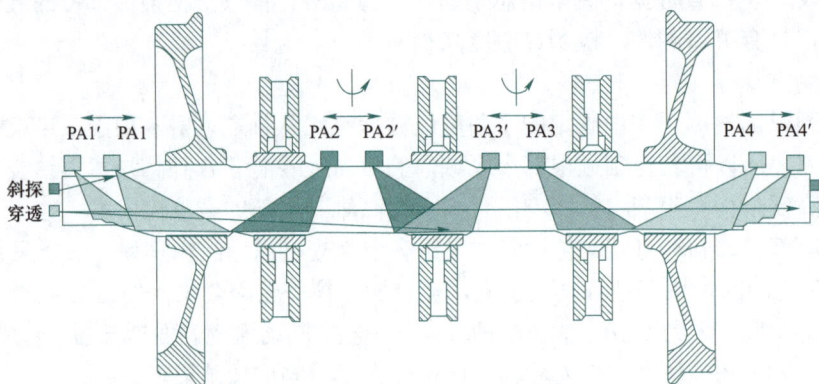

注：PA表示移动范围

图2-36 常见探头布置

4）车轮轮辋超声波数字成像检测系统

车轮轮辋超声波数字成像检测系统用于检测新造车轮的材质类缺陷和在役车轮的疲劳类缺陷。

（1）功能和特点

该系统适用于在役车轮内部缺陷的检测，具有A扫描、B扫描、C扫描和3D扫描成像功能。A扫描用于快速普查缺陷，B扫描、C扫描和3D扫描用于缺陷准确的定位、定量、定性判定，直观地给出缺陷平面、立体图像；采用多通道超声波检测手段，采用A扫描快速发现车轮缺陷，采用 C 扫描对车轮缺陷进行成像；采用计算机成像处理技术，实现探头扫描和画图成像同时进行，根据缺陷的有无及缺陷反射回波的幅度形成缺陷的灰度图像或彩色图像。通过 B 扫描成像图来分析缺陷的严重程度，同时根据 B 扫描图中缺陷的多次反射波判断是否为近表面缺陷，解决了超声波检测近表面盲区的问题。

（2）检测方式

车轮轮辋超声波数字成像检测系统采用多通道超声波检测手段，采用 A 扫描快速发现车轮缺陷，采用 C 扫描对车轮缺陷进行成像。

车轮踏面 A 扫描探头布置如图 2-37 所示

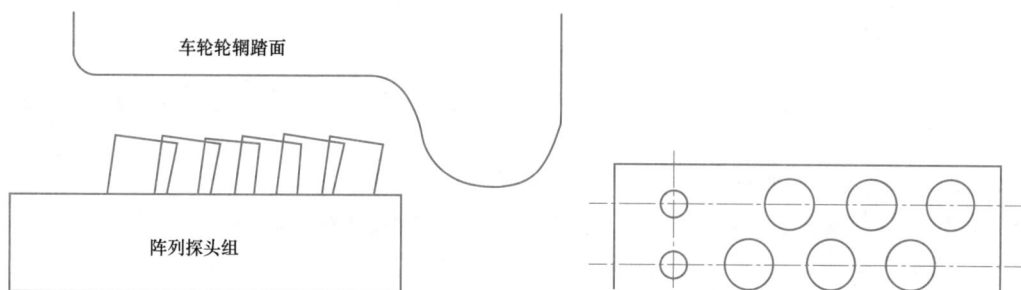

图 2-37　车轮踏面 A 扫描探头布置

A 扫描是在每侧车轮下方的踏面处交错排放多个探头，探头角度可调，以便尽可能地垂直于其探测区域的表面。检测时，车轮旋转一周即完成对车轮整个圆周踏面的 A 扫描检测，检测效率高。

C 扫描是在车轮踏面处安置 1 个可运动探头，如图 2-38 所示。在进行 C 扫描检测时，检测探头沿车轮踏面轴向往复运动，车轮旋转一周即完成探头对车轮踏面的二维扫查。图 2-39 是某车轮实际检测发现缺陷的 C 扫描图，图 2-40 是该车轮沿圆周方向的 B 扫描图。

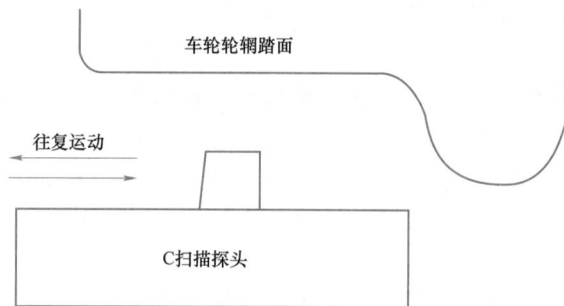

图 2-38　C 扫描探头在车轮踏面上的布置

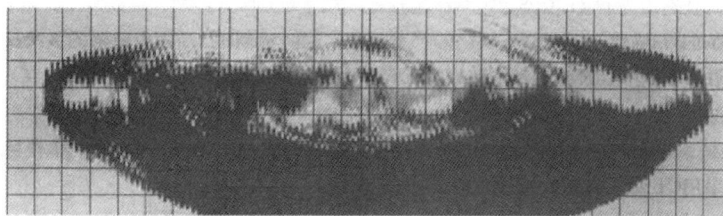

图 2-39　缺陷 C 扫描图（从踏面方向看）

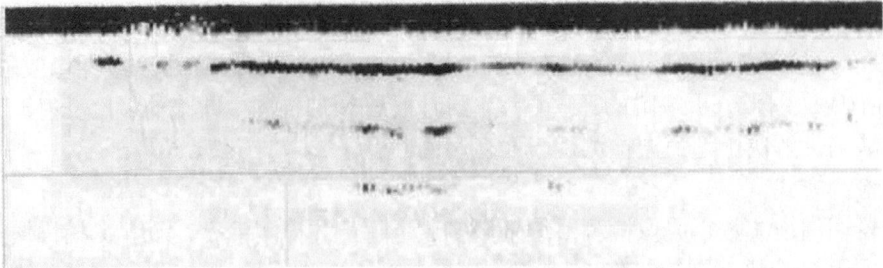

图 2 - 40　车轮沿圆周方向的 B 扫描图

2.3.2　超声波探头

在超声波探伤中，超声波的发射和接收是通过探头来实现的。下面介绍探头的工作原理、主要性能及其结构。

1. 超声波探头工作原理

某些晶体等材料在交变拉压应力作用下产生交变电场的效应称为正压电效应；反之，晶体材料在交变电场作用下产生伸缩变形的效应称为逆压电效应。正、逆压电效应统称为压电效应。

超声波探头中的压电晶片具有压电效应，当高频电脉冲激励压电晶片时，产生逆压电效应，将电能转换为声能（机械能），探头发射超声波。当探头接收超声波时，产生正压电效应，将声能转换为电能。不难看出，超声波探头在工作时实现了电能和声能的相互转换，因此常把探头叫作换能器。

具有压电效应的材料称为压电材料，压电材料分单晶材料和多晶材料，常用的单晶材料有石英（SiO_2）、硫酸锂（Li_2SO_4）、铌酸锂（$LiNbO_3$）等。常用的多晶材料有钛酸钡（$BaTiO_3$），锆钛酸铅（$PbZrTiO_3$，缩写为 PZT）、钛酸铅（$PbTiO_3$）等，多晶材料又称压电陶瓷。单晶材料接收灵敏度较高，多晶材料发射灵敏较高。

2. 探头的种类和结构

超声波检测用探头的种类很多，根据波形不同可分为纵波探头、横波探头、表面波探头与板波探头等；根据耦合方式不同，可分为接触式探头和液（水）浸探头；根据波束不同，可分为聚焦探头和非聚焦探头；根据晶片数不同，可分为单晶探头、双晶探头等。此外，还有高温探头、微型探头等特殊用途探头。下面介绍几种典型探头。

（1）直探头（纵波探头）

直探头用于发射和接收纵波，故又称为纵波探头。直探头主要用于发现与探测面平行的缺陷，多用于板材、锻件等工件的检测。直探头的结构如图 2 - 41 所示，主要由压电晶片、保护膜、吸收块、接口、接线和外壳等组成。

压电晶片的作用是发射和接收超声波，实现电声换能。

保护膜的作用是保护压电晶片不致磨损或损坏。保护膜分为硬、软保护膜两类：硬保护膜用于表面较光滑的工件检测，软保护膜用于表面较粗糙的工件检测。当保护膜的厚度为 $\lambda/4$ 的奇数倍，且保护膜的声阻抗（Z_2）为晶片声阻抗（Z_1）和工件声阻抗（Z_3）的几何平均数 $Z_2 = \sqrt{Z_1 Z_3}$ 时，超声波全透射。

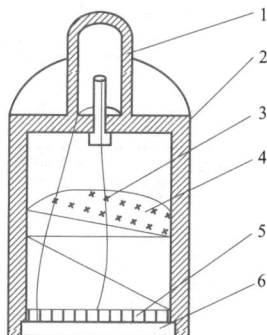

1—接口；2—外壳；3—接线；4—吸收块；5—压电晶片；6—保护膜。

图 2-41　直探头的结构

吸收块紧贴压电晶片，对压电晶片的振动起阻尼作用，所以又叫阻尼块。吸收块使晶片起振后尽快停下来，从而使脉冲宽度变小，分辨力提高。另外，吸收块还可以吸收晶片背面的杂波，提高信噪比。吸收块的第三个作用是支撑晶片。吸收块常用环氧树脂加钨粉制成，其声阻抗应尽可能接近压电晶片的声阻抗。外壳的作用是将各部分组合在一起，并对其起保护作用。一般直探头上标有工作频率和晶片尺寸。

（2）斜探头

斜探头可分为纵波斜探头、横波斜探头和表面波斜探头。这里仅介绍横波斜探头。

横波斜探头是利用横波检测，主要用于探测与探测面垂直或成一定角度的缺陷，如焊缝检测、轮轴镶入部检测等。斜探头的结构如图 2-42 所示。由图可知，横波斜探头实际上是直探头加透声斜楔组成，晶片并不直接与工件接触。

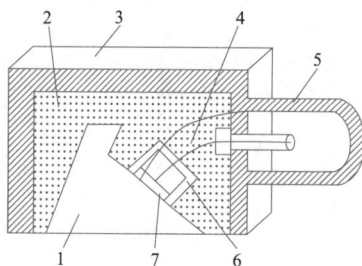

1—斜楔；2—吸声材料；3—外壳；4—接线；5—接口；6—吸收块；7—压电晶片。

图 2-42　斜探头的结构

透声斜楔的作用是实现波形转换，使被探工件中只存在折射横波。要求透声斜楔中的纵波声速必须小于工件中的纵波声速，透声斜楔的衰减系数适当且耐磨、易加工。一般透声斜楔采用有机玻璃制成（近年来有些探头用尼龙、聚酯等其他新材料做斜楔，效果不错）。斜楔前面开槽，可以减少反射杂波，还可将斜楔做成牛角形，使反射波进入牛角出不来，从而减少杂波。

横波斜探头的标称方式有 3 种：一是以纵波入射角 α_L 来标称，常用 $\alpha_L=30°$，$40°$，$45°$，

$50°$ 等；二是以钢中横波折射角击来标称，常用 $\beta_S=40°$，$45°$，$50°$，$60°$，$70°$ 等，如日本；三是以 K 值（折射角的正切值）来标称，常用 $K=0.8$，1.0，1.5，2.0，2.5 等，这是我国提出来的。K 值与 α_L、β_S 的换算关系如表 2-2 所示。注意此表只适用于有机玻璃/钢界面。

表 2-2　常用 K 值对应的 β_S 和 α_L（有机玻璃/钢）

K 值	1.0	1.5	2.0	2.5	3.0
β_S/（°）	45	56.3	63.4	68.2	71.6
α_L/（°）	36.7	44.6	49.1	51.6	53.5

国产横波斜探头上常标有工作频率、晶片尺寸和 K 值。

（3）表面波探头

当斜探头的入射角大于或等于第二临界角时，在工件中便产生表面波。因此表面波探头是斜探头的一个特例，它用于产生和接收表面波。表面波探头的结构与横波斜探头一样，唯一的区别是斜楔块入射角不同。

表面波探头一般标有工作频率和晶片尺寸，用于探测表面或近表面缺陷。

（4）双晶探头（分割式探头）

双晶探头有两块压电晶片，一块用于发射超声波，另一块用于接收超声波。根据入射角 α_L 不同，可分为双晶纵波探头（$\alpha_L<\alpha_I$）和双晶横波探头（$\alpha_I<\alpha_L<\alpha_{II}$）。双晶探头的结构如图 2-43 所示。

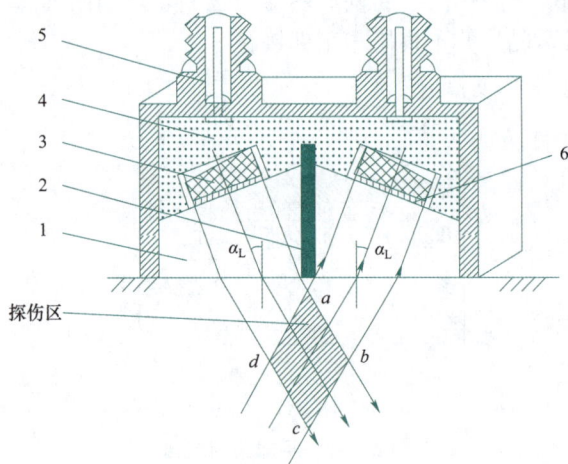

1—延迟块；2—隔声层；3—探头芯；4—吸声材料；5—壳体；6—压电晶片。

图 2-43　双晶探头的结构

双晶探头具有以下优点。

① 杂波少、盲区小。双晶探头由两块晶片组成，一发一收，消除了发射压电晶片与延迟块之间的反射杂波。同时由于始脉冲未进入放大器，克服了阻塞现象，使盲区大大减小，为检测近表面缺陷提供了有利条件。

②　工件中近场区长度小。双晶探头采用了延迟块，缩短了工件中的近场区长度，这对检测是有利的。

③　双晶探头检测时，对于位于棱形区域（图 2-43 中 abcd）内的缺陷灵敏度较高。可以通过改变入射 α_L 来调整棱形区域范围。α_L 增大，棱形区域向表面移动，在水平方向变扁；α_L 减小，棱形区域向内部移动，在垂直方向变扁。

双晶探头主要用于检测近表面缺陷。双晶探头上标有工作频率、晶片尺寸和探测深度。

（5）聚焦探头

聚焦探头种类较多，按焦点形状不同，可分为点聚焦和线聚焦。点聚焦的理想焦点为 1 点，其声透镜为球面；线聚焦的理想焦点为 1 条线，其声透镜为柱面。

按耦合情况不同聚焦探头，可分为水浸聚焦和接触聚焦。水浸聚焦以水为耦合介质，探头不与工件直接接触。接触聚焦是探头通过薄层耦合介质与工件接触。

按聚焦方式不同，聚焦探头又可分为透镜式聚焦、反射式聚焦和曲面晶片式聚焦，如图 2-44 所示。透镜式聚焦是平面晶片发射超声波通过声透镜和透声楔块来实现聚焦，如图 2-44（a）所示。反射式聚焦是平面晶片发射超声波通过曲面楔块反射来实现聚焦，如图 2-44（b）所示。曲面晶片式聚焦探头的晶片为曲面，通过曲面楔块实现聚焦，如图 2-44（c）所示。

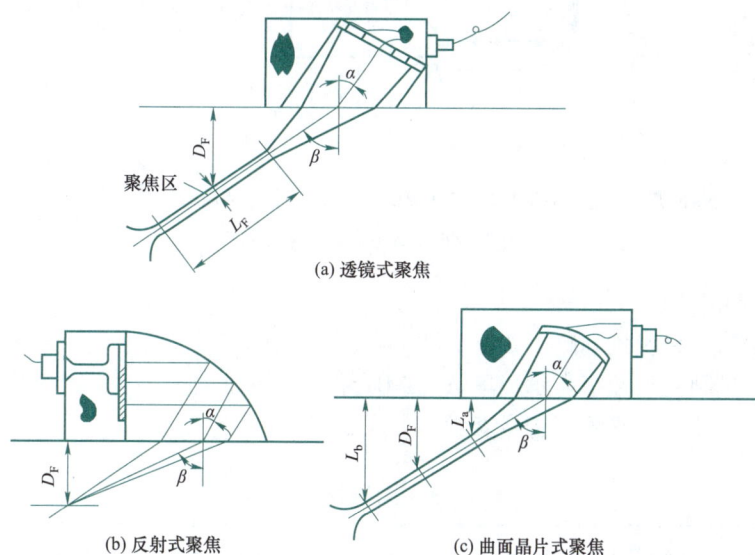

（a）透镜式聚焦

（b）反射式聚焦　　　　　（c）曲面晶片式聚焦

图 2-44　聚焦探头

（6）相控阵探头

用于无损检测的超声阵列就是将一系列单晶片的换能器按照一定的规律排列，可以简单地理解为以将多个探头打包放在一起检测。但不同的是相控阵探头的晶片大小实际上远小于常规探头的晶片，这些晶片被以组的形式触发产生方向可控的波阵面。这种"电子声束形式"可以用一个探头对多个区域进行快速检测，加大检测的范围并提高检测的速度。

根据探头单元排列的不同，相控阵探头主要有线阵、面阵和环阵 3 种，如图 2-45 所示。相控阵探头有多种规格，包括不同的尺寸、形状、频率及晶片数。

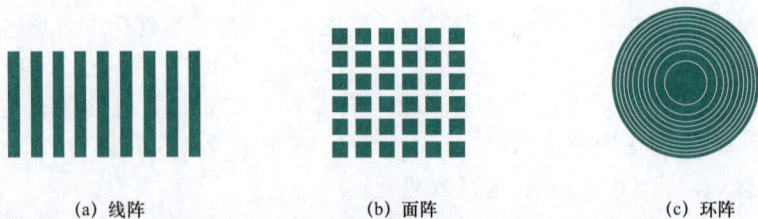

(a) 线阵   (b) 面阵   (c) 环阵

图 2−45　相控阵探头阵列形式

用于工业 NDT 检测的相控阵传感器大多是用压电复合材料制造的,复合材料传感器比相同结构的压电陶瓷传感器高出 10～30 dB 的灵敏度,这些传感器大多是由微小的、薄的且嵌入了压电陶瓷的条状体形成的聚合物矩阵。已分割的金属镀层用于将复合材料条划分为多个独立电子晶片,这些被分割的晶片被转入同一个传感器,在这个传感器中还包括保护晶片的匹配层、背衬材料、连接电缆及探头壳,如图 2−46 所示。

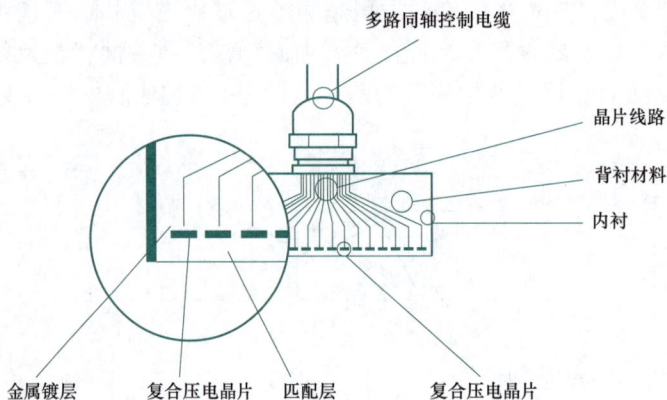

图 2−46　相控阵探头截面

3. 探头型号

探头型号组成项目及排列顺序如下。

基本频率:用阿拉伯数字表示,单位为 MHz。

晶片材料:用化学元素缩写符号表示,如表 2−3 所示。

表 2−3　晶片材料代号

压电材料	代号
锆钛酸铅陶瓷	P
钛酸钡陶瓷	B
钛酸铅陶瓷	T
铌酸锂单晶	L
碘酸锂单晶	I
石英单晶	Q
其他压电材料	N

晶片尺寸：用阿拉伯数字表示，单位为 mm。其中圆晶片用直径表示；方晶片用"长×宽"表示；分割探头晶片用分割前的尺寸表示。

探头种类：用汉语拼音缩写字母表示，如表 2-4 所示，直探头也可不标出。

表 2-4 探头种类代号

种类	代号
直探头	Z
斜探头（用 K 值表示）	K
斜探头（用折射角表示）	X
分割探头	FG
水浸聚焦探头	SJ
表面波探头	BM
可变角探头	KB

探头特征：斜探头钢中折射角正切值（K 值）用阿拉伯数字表示。钢中折射角用阿拉伯数字表示，单位为（°）。分割探头钢中声束交区深度用阿拉伯数字表示，单位为 mm。水浸探头水中焦距用阿拉伯数字表示，单位为 mm。DJ 表示点聚焦，XJ 表示线聚焦。

探头型号举例如图 2-47 所示。

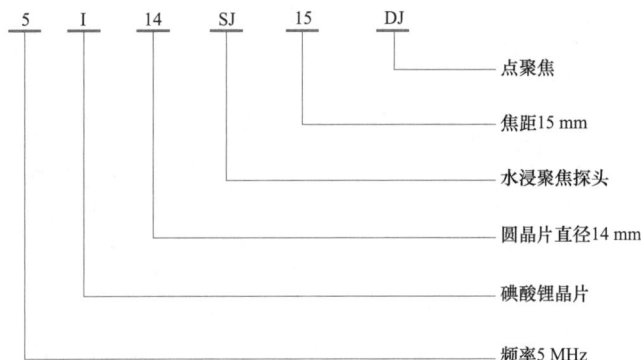

图 2-47 探头型号举例

2.3.3 耦合剂

1. 耦合剂的作用

超声耦合是为了改善探头与工件之间声能的传递，提高超声波在探测面上的声强往复透射率。检测时在探头与工件之间施加的一层液体透声介质称为耦合剂。

耦合剂的作用是排除探头与工件表面之间的空气间隙，使超声波能有效地进入工件。此外，耦合剂还有减少摩擦的作用，可减小探头磨损。

2. 耦合剂要求

一般来说，耦合剂应满足以下要求。

① 能润湿工件和探头表面，流动性、黏度和附着力适当，容易去除。

② 声阻抗尽量与被检材料接近，透声性能好。

③ 对工件无腐蚀，对人体无害，不污染环境。

④ 性能稳定，不易变质并能长期保存。

⑤ 来源方便，价格低廉。

3. 耦合剂及其声阻抗

超声波检测常用的耦合剂及它们的声阻抗（Z）如表 2−5 所示。

表 2−5　常用耦合剂及其声阻抗（Z）

耦合剂	机油	水	水玻璃	甘油
$Z/(10^6 \text{ kg/m}^2)$	1.28	1.5	2.17	2.43

从表 2−5 中可知甘油声阻抗最高，做耦合剂效果最好，但其成本较高，而且对工件有腐蚀作用。水玻璃常用于粗糙工件检测，但清洗不太方便，而且对工件也有腐蚀作用。水虽然来源广泛，常用于水浸检测，但容易使工件生锈。

4. 影响耦合的主要因素

影响耦合的主要因素有：耦合层厚度、耦合剂声阻抗、工件表面状态。

（1）耦合层厚度的影响

耦合层厚度对耦合有较大影响。由图 2−48 可知，当耦合层厚度为 $\lambda/2$ 的整数倍或很薄时，透声效果好，反射回波高。

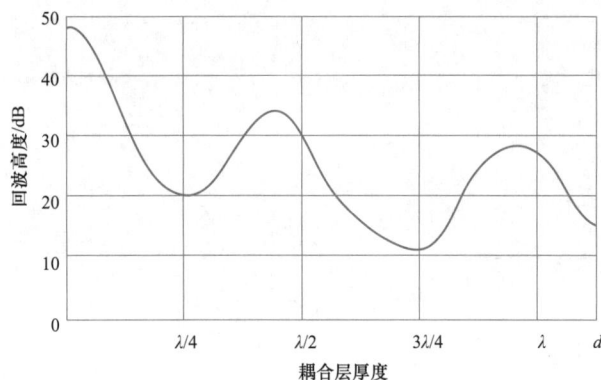

图 2−48　耦合层厚度对耦合的影响

（2）耦合剂声阻抗的影响

从图 2−49 可以看出，耦合剂的声阻抗对耦合效果有较大影响，对于同一探测面，耦合剂声阻抗越大，耦合效果越好，反射回波越高。例如，当表面粗糙度为 100 μm 时，甘油的耦合回波比水的耦合回波高 6～7 dB。

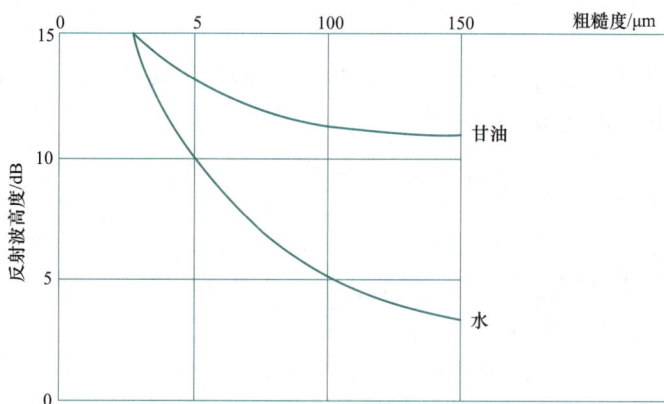

图 2 – 49 耦合剂声阻抗及表面粗糙度对耦合的影响

（3）工件表面状态的影响

工件表面粗糙度和工件形状对耦合都有影响。

对于同一耦合剂，表面粗糙度高，耦合效果差，反射回波低。从图 2 – 49 也可看出，随着粗糙度增大，甘油和水的波高降低。声阻抗低的耦合剂，随着粗糙度的变化，耦合效果降低更快。

从图 2 – 50 可知，距离、尺寸相同的反射体，因工件检测面粗糙度不同，也可引起回波高度的变化。

工件形状不同，耦合效果也不一样，其中平面耦合效果最好，凸曲面次之，凹曲面最差。因为常用的探头表面为平面，与曲面接触为点接触或线接触，声强透射率低，特别是凹曲面，探头中心不接触，因此耦合效果更差。

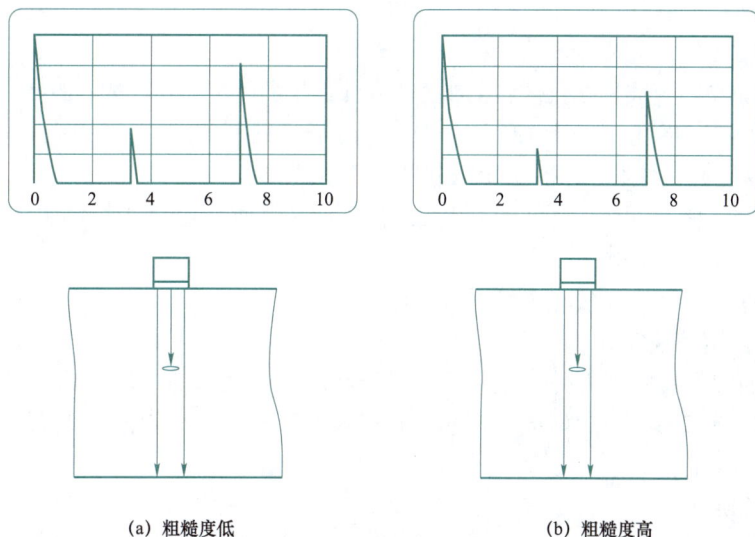

(a) 粗糙度低　　　　　　　　　　(b) 粗糙度高

图 2 – 50 不同粗糙度下的回波高度

2.3.4 试块

按一定用途设计制作的具有简单几何形状人工反射体的试样，通常称为试块。试块和仪器、探头一样，是超声波检测中的重要工具。

1. 试块的作用

（1）确定检测灵敏度

超声波检测灵敏度太高或太低都不好，太高杂波多，判伤困难，太低会引起漏检。因此在超声波检测前，常用试块上某一特定的人工反射体来调整检测灵敏度。

（2）测试仪器和探头的性能

超声波检测仪和探头的一些重要性能，如垂直线性、水平线性、动态范围、灵敏度余量、分辨力、盲区、探头的入射点及 K 值等都是利用试块来测试的。

（3）调整扫描速度

利用试块可以调整仪器示波屏上水平刻度值与实际声程之间的比例关系，即扫描速度，以便对缺陷进行定位。

（4）评判缺陷的大小

利用某些试块绘出的距离–波幅曲线（即 DAC 曲线）来对缺陷定量是目前常用的定量方法之一。特别是 $3N$ 以内的缺陷，采用试块比较法仍然是最有效的定量方法。

此外，还可利用试块来测量材料的声速、衰减性能等。

2. 试块的分类

（1）按试块来历分类

① 标准试块。标准试块是由权威机构制定的试块，试块材质、形状、尺寸及表面状态都由权威部门统一规定，如国际焊接学会 IIW 试块和 IIW2 试块。

② 参考试块。参考试块是由各部门按某些具体检测对象制定的试块，如 CS–1 试块、CSK–1A 试块等。

（2）按试块上人工反射体分类

① 平底孔试块。一般平底孔试块上加工有底面为平面的平底孔，如 CS–1、CS–2 试块。

② 横孔试块。横孔试块上加工有与探测面平行的长横孔或短横孔，如焊缝检测中 CSK–IA（长横孔）试块和 CSK–IDA（短横孔）试块。

③ 槽形试块。槽形试块上加工有三角尖槽或矩形槽，如无缝钢管检测中所用的试块，内、外圆表面就加工有三角尖槽。

此外，还有其他分类方法，这里不再赘述。

3. 国内外常用试块简介

根据不同的应用目的国内外无损检测界设计和制作了大量的试块。这些试块有国际组织推荐的，有国家或部门颁布的标准规定的，有行业或厂家自行规定的。下面选择国内外常用的几种试块加以介绍。

（1）IIW 试块

IIW 试块是国际焊接学会标准试块（IIW 是国际焊接学会的缩写），该试块是荷兰代表首先提出来的，故称荷兰试块。IIW 试块结构尺寸如图 2–51 所示。

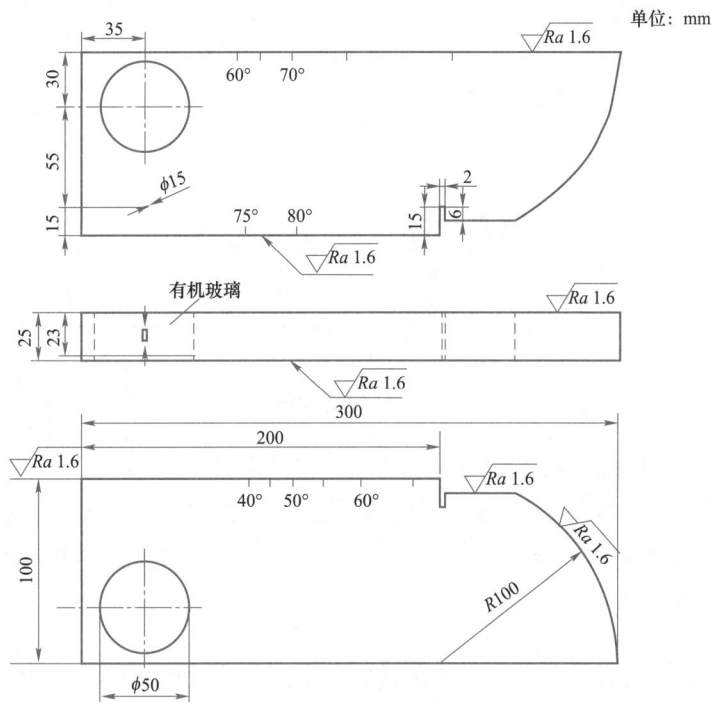

图 2－51　IIW 试块

IIW 试块材质为 20 号钢，正火处理，晶粒度 7～8 级。

IIW 试块的主要用途如下。

① 调整纵波探测范围和扫描速度（时基线比例）：利用试块上 25 mm 或 100 mm。

② 测仪器的水平线性、垂直线性和动态范围：利用试块上 25 mm 或 100 mm。

③ 测直探头和仪器的分辨力：利用试块上 85 mm、91 mm 和 100 mm。

④ 测直探头和仪器组合后的穿透能力：利用 φ50 mm 有机玻璃块底面的多次反射波。

⑤ 测直探头与仪器的盲区范围：利用试块上 φ50 mm 有机玻璃圆弧面与侧面间距 5 mm 和 10 mm。

⑥ 测斜探头的入射点：利用试块上 R100 mm 圆弧面。

⑦ 测斜探头的折射角：折射角在 35°～76° 之间用 φ50 mm 孔测，折射角在 74°～80° 之间用 φ1.5 mm 圆孔。

⑧ 测斜探头和仪器的灵敏度余量：利用试块 R100 mm 或 φ1.5 mm。

⑨ 调整横波探测范围和扫描速度：由于纵波声程 91 mm 相当于横波声程 50 mm，因此可以利用试块上 91 mm 来调整横波的探测范围和扫描速度。例如，横波 1:1，先用直探头对准 91 mm 底面，使底波 B_1、B_2 分别对准 5 格、10 格，然后换上横波探头并对准 R100 mm 圆弧面，找到最高回波，并调至 10 格即可。

⑩ 测斜探头声束轴线的偏离：利用试块的直角棱边。

（2）IIW2 试块

IIW2 试块也是荷兰代表提出来的国际焊接学会标准试块，由于外形类似牛角，故又称牛角试块。与 IIW 试块相比，IIW2 试块质量小、尺寸小、形状简单、容易加工和便于携带，但功能不及 IIW 试块。IIW2 试块的材质同 IIW，IIW2 试块的结构尺寸和反射特点如图 2－52 所示。

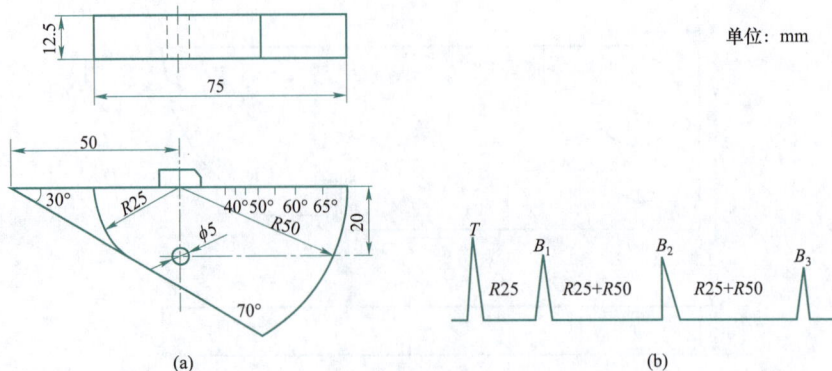

图 2-52　IIW2 试块的结构尺寸和反射特点

当斜探头对准 $R25$ mm 时，$R25$ mm 反射波一部分被探头接收，显示 B_1，另一部分反射至 $R50$ mm，然后又返回探头，但这时不能被接收，因此无回波。当此反射波再次经 $R25$ mm 反射回到探头时才能被接收，这时显示 B_2，它与 B_1 的间距为 25 mm+50 mm。以后各次回波间距均为 25 mm+50 mm。

IIW2 试块的主要用途如下：

① 测定斜探头的入射点：利用 $R25$ mm 与 $R50$ mm 圆弧反射面。

② 测定斜探头的折射角：利用 $\phi5$ mm 横通孔。

③ 测定仪器水平线性、垂直线性和动态范围：利用厚度 12.5 mm。

④ 调整探测范围和扫描速度：纵波直探头利用 12.5 mm 底面的多次反射波调整，横波斜探头利用 $R25$ mm 和 $R50$ mm 调整。

⑤ 测定仪器和探头的组合灵敏度：利用 $\phi5$ mm 或 $R50$ mm 圆弧面。

（3）CSK-1A 试块

CSK-1A 试块是在 IIW 试块基础上改进后得到的，其结构及主要尺寸如图 2-53 所示。

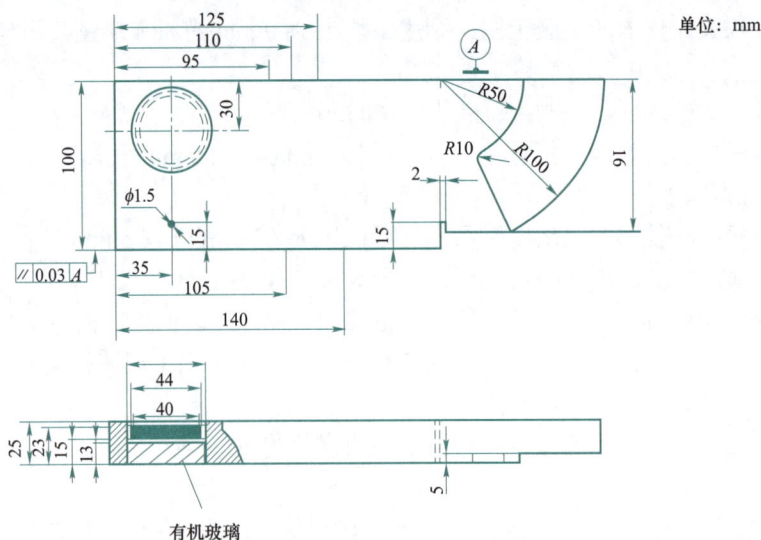

图 2-53　CSK-1A 试块结构及主要尺寸

CSK－1A 试块有以下改进：

① 在 $\phi50$ mm 基础上，增加了 $\phi44$ mm，$\phi40$ mm 两个台阶孔，主要用于测定横波斜探头的分辨力。

② 将 $R100$ mm 改为 $R100$ mm、$R50$ mm 阶梯圆弧，主要用于调整横波扫描速度和探测范围。CSK－1A 试块的其他功能同 IIW 试块。

（4）CS－A 试块和 CS－2 试块

CS－1 试块和 CS－2 试块是平底孔标准试块，材质一般为 45 号碳素钢。

CS－1 试块结构如图 2－54（a）所示，平底孔直径分别为 $\phi2$ mm、$\phi3$ mm、$\phi4$ mm、$\phi6$ mm 和 $\phi8$ mm 5 种，其中 $\phi2$ mm、$\phi3$ mm 声程分别为 50 mm、75 mm，100 mm、150 mm、200 mm 各 5 块；$\phi4$ mm、$\phi6$ mm 声程分别为 50 mm、75 mm、100 mm、150 mm、200 mm、250 mm 各 6 块；$\phi8$ mm 声程分别为 100 mm、150 mm、200 mm、250 mm 4 块，共 26 块。

CS－2 试块结构如图 2－54（b）所示，平底孔直径分别为 $\phi2$ mm、$\phi3$ mm、$\phi4$ mm、$\phi6$ mm、$\phi8$ mm 和无限大（大平底）6 种，声程分别为 25 mm、50 mm、75 mm、100 mm、125 mm、150 mm，200 mm、250 mm、300 mm、400 mm 和 500 mm 等 11 种，共 66 块。

CS－1 试块和 CS－2 试块的主要用途如下。

① 测试纵波平底孔距离－波幅曲线，即 DAC 曲线：利用各试块的平底孔和大平底。

② 调整检测灵敏度：利用大平底或平底孔。

③ 对缺陷定量：利用试块上各平底孔，多用于 $3N$ 以内的缺陷定量。

④ 测仪器的水平线性、垂直线性和动态范围：用大平底或平底孔。

⑤ 测直探头与仪器的组合性能：如灵敏度余量，可用 CS－1－5 试块。

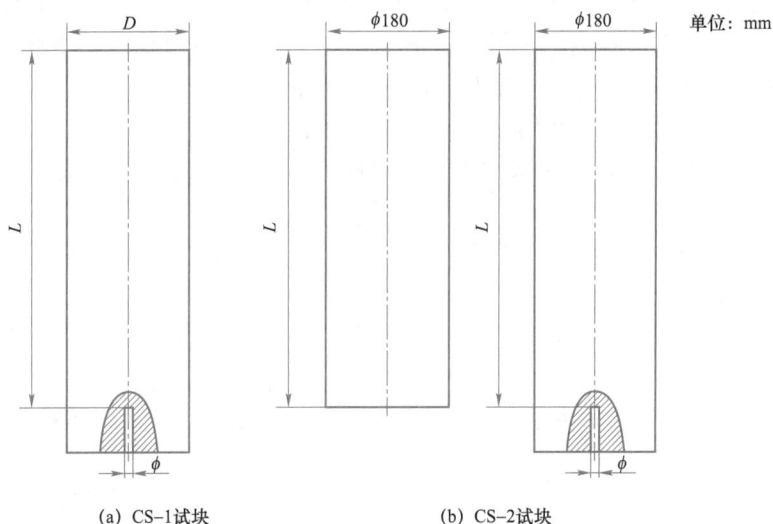

(a) CS－1试块　　　　(b) CS－2试块

图 2－54　CS－1 试块与 CS－2 试块

2.3.5　仪器与探头的性能

对工件的超声检测是通过超声仪器和探头的组合来进行的，因此了解两者及其组合的性能是极为重要的。例如，仪器发射电脉冲的频率和接收放大电路的带宽以及与探头频率响应的不匹配，就可能直接影响到检测结果的真实性、可比性。

仪器和探头的性能包括仪器的性能、探头的性能以及仪器与探头的组合性能。仪器的性能仅与仪器有关，如仪器的水平线性、垂直线性、衰减器精度、脉冲重复频率和动态范围等。探头的性能仅与探头有关，如探头回波频率、声场结构（主声束偏斜角、双峰）、空载始波宽度、入射点和 K 值等。仪器与探头的组合性能不仅与仪器有关，还与探头有关，如分辨力、盲区及灵敏度余量等。

仪器性能和探头性能主要由制造厂家进行测试，并向用户提供结果，仪器、探头组合性能指标往往随检测工件不同而异，一般均在专用规范中进行规定。

1. 超声波检测仪器的主要性能

（1）脉冲发射部分

这部分的性能指标主要有发射电压、发射脉冲上升时间、发射脉冲宽度和发射脉冲频谱，其中脉冲频谱与前几个参数是相关的。脉冲上升时间直接与频谱的带宽相关，脉冲上升时间越短，则频带越宽。在仪器技术指标中，常给出发射电压幅度和脉冲上升时间，作为发射部分的性能指标。

发射电压幅度也就是发射脉冲幅度，它的高低主要影响发射的超声波能量，脉冲上升时间则与可用的超声波频率有关，上升时间短，频带宽，频率上限也高，则可配用的探头频率相应也高。同时，脉冲上升时间短，脉冲宽度也可减小，从而可减小盲区，提高分辨力。

（2）接收部分

接收部分的性能指标主要有垂直线性、频率响应、噪声电平、最大使用灵敏度、衰减器准确度以及与示波管结合的性能指标，包括垂直偏转极限、垂直线性范围和动态范围。

垂直线性是指输入到超声波检测仪器接收放大电路的信号幅度与其在仪器显示器上所显示的幅度成正比关系的程度。在用波幅评定缺陷尺寸时，垂直线性对测试准确度影响较大。

频率响应又称接收放大电路带宽，常用频带的上、下限频率表示。采用宽带探头时，接收放大电路的频带要包含探头的频带，这样才能保证波形不失真。

噪声电平是指空载时最大灵敏度下的电噪声幅度。它的大小会限制仪器可用的最大灵敏度。

最大使用灵敏度是指信噪比大于 6 dB 时可检测的最小信号的峰值电压。它表示的是系统接收微弱信号的能力。

衰减器准确度反映的是衰减器读数的增减与显示的信号幅度变化之间的对应关系。它对仪器灵敏度调整、缺陷当量的评定均有重要意义。

垂直偏转极限是指示波管上 r 轴偏转最大时对应的刻度值。通常要求大于满刻度值（100%）。

垂直线性范围是在规定了垂直线性误差值后，垂直线性在误差范围内的显示屏上的信号幅度范围。通常用上、下限刻度值（%）表示。

动态范围是指在增益不变的情况下，仪器可运用的一段信号幅度范围，在此范围内信号不过载或畸变，也不致过小而难以观测。动态范围通常用满足上述条件的最大输入信号与最小输入信号之比的分贝值表示。

（3）时基部分

时基部分的性能指标包括水平线性、脉冲重复频率以及与示波管结合的性能指标，包括水平偏转极限和水平线性范围。

水平线性又称时基线性或者扫描线性。水平线性指的是输入到仪器中的不同回波的时间间隔与仪器显示屏时基线上回波的间隔成正比关系的程度。水平线性主要取决于扫描电路产生的锯齿波的线性。水平线性影响缺陷位置确定的准确度。

水平偏转极限是示波管上 X 轴偏转最大时对应的刻度值。通常要求大于满刻度值（100%）。水平线性范围是水平线性在规定误差范围内的时基线刻度范围。在使用时可根据水平线性范围调整仪器的时基线，使要测量的信号位于该范围内。

2. 探头的主要性能

探头的主要性能指标包括频率响应、相对灵敏度、时间域响应、电阻抗、距离幅度特性、声束扩散特性、斜探头的入射点和折射角、声轴偏斜角和双峰等。

频率响应是在给定的反射体上测得的探头的脉冲回波频率特征。在用频谱分析仪测试频率特性时，从所得频谱图中可得到探头的中心频率、峰值频率、带宽等参数。

相对灵敏度是以脉冲回波方式，在规定的介质、声程和反射体上衡量探头电声转换效率的一种度量指标。其表达式在不同标准中有不同的规定，如《无损检测　超声检验　探头及其声场的表征》（GB/T 18694—2002）中规定为探头输出的回波电压峰–峰值与施加在探头上的激励电压峰–峰值之比，而《超声探伤用探头　性能测试方法》（JB/T 10062—1999）中则规定为被测探头在规定的反射体上的回波幅度与石英晶片固定试块回波幅度之比。

时间域响应是通过回波脉冲的形状、脉冲宽度（长度）、峰数等特征来评价探头的性能。脉冲宽度与峰数是以不同形式来表示所接收回波信号的持续时间。脉冲宽度是在低于峰值幅度的规定水平上所测得的脉冲（回波）前沿和后沿之间的时间间隔。峰数是在所接收信号的波形持续时间内，幅度超过最大幅度的 20%（−14 dB）的周数。脉冲宽度越窄，峰数越少，则探头阻尼效果越好。这样的探头分辨力好，但灵敏度略低。

距离幅度特性、声束扩散特性、声轴偏斜角和双峰，均属于探头的声场特性。由于介质衰减以及探头频率成分的非单一性等原因，实际声场测量结果与理论计算结果会有所差异，因此进行声场的实际测量是有必要的。

距离幅度特性是探头声轴上规定反射体回波声压随距离变化的曲线。距离幅度特性可测出声场的最大峰值距探头的距离、远场区幅度随距离下降的快慢等。

声束扩散特性是指不同距离处横截面上声压下降至声轴上声压值的 −6 dB 时的声束宽度。由于声束扩散，所以不同距离处声束宽度也不同。相同距离处不同探头的声束宽度变化情况与半扩散角有关。

声轴偏斜角反映的是声束轴线与探头的几何轴线偏斜的程度。双峰是指声束轴线沿横向移动时，同一反射体产生两个波峰的现象。声轴偏斜角和双峰均是与声束横截面上的声压分布相关的性能，反映的是最大峰值偏离探头中心轴线的情况。此性能将会影响缺陷水平位置的确定。

斜探头的入射点和折射角是实际超声检测中经常用到的参数，每次检测时均要进行测量。入射点指斜楔中纵波声轴入射到探头底面的交点；折射角的标称值指钢中横波的折射角，由斜楔的角度决定。两者均是探头制作完成时的固定参数，但随着使用中探头斜楔的磨损，两个参数均会改变。

3. 超声波检测仪器和探头的组合性能

组合性能指标包括灵敏度（灵敏度余量）、分辨力、信噪比和频率等。

超声检测中灵敏度广义的含义是指整个检测系统（仪器与探头）发现最小缺陷的能力，发现的缺陷越小，灵敏度就越高。

仪器与探头的灵敏度常用灵敏度余量来衡量。灵敏度余量是指仪器最大输出时（增益、发射强度最大，衰减和抑制为零），使规定反射体回波达到基准高所需衰减的衰减总量。灵敏度余量大，说明仪器与探头的灵敏度高。灵敏度余量与仪器和探头的综合性能有关，因此又叫仪器与探头的综合灵敏度。

超声波检测系统的分辨力是指能够对一定大小的两个相邻反射体提供可分离指示时两者的最小距离。由于超声脉冲自身有一定宽度，所以在深度方向上分辨两个相邻信号的能力有一个最小限度（最小距离），称为纵向分辨力。在工件的入射面和底面附近，可分辨的缺陷和相邻界面间的距离，称为入射面分辨力和底面分辨力，又称上表面分辨力和下表面分辨力。实际检测时，入射面分辨力和底面分辨力与所用的检测灵敏度有关，检测灵敏度高时，界面脉冲或始波宽度会增大，使得分辨力变差。探头平移时，分辨两个相邻反射体的能力称为横向分辨力。横向分辨力取决于声束的宽度。

信噪比是指示波屏上有用的最小缺陷信号幅度与无用的最大噪声幅度之比。由于噪声的存在会掩盖幅度低的小缺陷信号，所以容易引起漏检或误判，严重时甚至无法进行检测。因此，信噪比对缺陷的检测起关键作用。

频率是超声波检测仪器和探头组合后的一个重要参数，很多物理量的计算都与频率有关，如超声场近场区长度、半扩散角、规则反射体的回波声压等。探头的公称频率是制造厂在探头上标出的频率，该频率是根据驻波共振理论设计的。

仪器和探头的组合频率取决于仪器的发射电路与探头的组合性能，与公称频率之间往往存在一定的差值。为了衡量该差值，实践中往往采用回波频率误差来表征。回波频率误差是指当仪器与探头组合使用时，经工件底面反射回的超声波的频率与探头公称频率间的误差极限。

任务 2.4　超声波探伤通用技术

2.4.1　仪器与探头的选择

探测条件的选择首先是指仪器和探头的选择。正确选择仪器和探头对于有效地发现缺陷，并对缺陷定位、定量和定性是至关重要的。在实际检测中，要根据工件结构形状、加工工艺和技术要求来选择仪器与探头。

1. 检测仪的选择

超声波检测仪是超声波检测的主要设备。目前国内外检测仪种类繁多，性能各异，检测前应根据探测要求和现场条件来选择检测仪。

一般根据以下情况来选择仪器。

① 对于定位要求高的情况，应选择水平线性误差小的仪器。

② 对于定量要求高的情况，应选择垂直线性好、衰减器精度高的仪器。

③ 对于大型零件的检测，应选择灵敏度余量高、信噪比高、功率大的仪器。

④ 为了有效地发现近表面缺陷和区分相邻缺陷，应选择盲区小、分辨力好的仪器。

⑤ 对于室外现场检测，应选择重量轻、荧光屏亮度好、抗干扰能力强的携带式仪器。此外，要求选择性能稳定、重复性好和可靠性高的仪器。

2. 探头的选择

在超声波检测中，超声波的发射和接收都是通过探头来实现的。探头的种类很多，结构形式也不一样。检测前应根据被检对象的形状、衰减和技术要求来选择探头。探头的选择包括探头的形式、频率、晶片尺寸和斜探头 K 值等。

（1）探头形式的选择

常用的探头形式有纵波直探头、横波斜探头、纵波斜探头、表面波探头、双晶探头和聚焦探头等。一般根据工件的形状和可能出现缺陷的部位、方向等条件来选择探头的形式，使声束轴线尽量与缺陷垂直。

纵波直探头只能发射和接收纵波，波束轴线垂直于探测面，主要用于探测与探测面平行的缺陷，如锻件、钢板中的夹层、折叠等缺陷。

横波斜探头是通过波形转换来实现横波检测的，主要用于探测与探测面垂直或成一定角度的缺陷，如焊缝中的未焊透、夹渣、未熔合等缺陷。

纵波斜探头在工件中既有纵波也有横波，但纵波与横波的速度不同，主要用于探测与探测面垂直或成一定角度的缺陷，如焊缝中的裂纹、未熔合、未焊透及夹渣等缺陷。

表面波探头用于探测工件表面缺陷，双晶探头用于探测工件近表面缺陷，聚焦探头用于水浸探测管材或板材。

（2）探头频率的选择

超声波检测频率在 $0.5 \sim 10\ \mathrm{MHz}$ 之间，选择范围大。

一般选择频率时应考虑以下因素。

① 由于波的绕射，使超声波检测灵敏度约为 $\lambda/2$（λ 为超声波波长），因此提高频率，有利于发现更小的缺陷。

② 频率高，脉冲宽度小，分辨力高，有利于区分相邻缺陷。

③ 由 $\theta_0 = \arcsin 1.22\dfrac{\lambda}{D}$（$D$ 为晶片直径）可知，频率高，波长短，则半扩散角小，声束指向性好，能量集中，有利于发现缺陷并对缺陷定位。

④ 由 $N = \dfrac{D^2}{4\lambda}$ 可知，频率高，波长短，近场区长度大，对检测不利。

⑤ 频率增加，衰减急剧增加。

由以上分析可知，频率的高低对检测有较大的影响。频率高，灵敏度和分辨力高，指向性好，对检测有利。但频率高，近场区长度大，衰减大，又对检测不利。在实际检测中要全面分析各方面的因素，合理选择频率，一般在保证检测灵敏度的前提下尽可能选用较低的频率。对于晶粒较细的锻件、轧制件和焊接件等，一般选用较高的频率，常用 $2.5 \sim 5.0\ \mathrm{MHz}$。对晶粒较粗大的铸件、奥氏体钢等宜选用较低的频率，常用 $0.5 \sim 2.5\ \mathrm{MHz}$。频率过高，就会引起严重衰减，示波屏上出现林状回波，信噪比下降，甚至无法检测。

（3）探头晶片尺寸的选择

探头圆晶片尺寸一般为 $\phi10\sim\phi30$ mm，晶片大小对检测也有一定的影响。选择晶片尺寸时要考虑以下因素。

① 由 $\theta_0 = \arcsin 1.22\dfrac{\lambda}{D}$ 可知，晶片尺寸增加，半扩散角减少，波束指向性变好，超声波能量集中，对检测有利。

② 由 $N = \dfrac{D^2}{4\lambda}$ 可知，晶片尺寸增加，近场区长度迅速增加，对检测不利。

③ 晶片尺寸大，辐射的超声波能量大，探头未扩散区扫查范围大，远距离扫查范围相对变小，发现远距离缺陷能力增强。

以上分析说明，晶片大小对声束指向性、近场区长度、近距离扫查范围和远距离缺陷检出能力有较大影响。在实际检测中，检测面积范围大的工件时，为了提高检测效率宜选用大晶片探头。检测厚度大的工件时，为了有效发现远距离的缺陷，宜选用大晶片探头。检测小型工件时，为了提高缺陷定位精度宜选用小晶片探头。检测表面不太平整、曲率较大的工件时，为了减少耦合损失，宜选用小晶片探头。

（4）横波斜探头折射角的选择

在横波检测中，探头的折射角对检测灵敏度、声束轴线的方向、一次波的声程（入射点至底面反射点的距离）有较大影响。由纵波斜入射在有机玻璃/钢界面的往复透过率可知，对于用有机玻璃斜探头检测钢制工件，$\beta_S = 40°$（K=0.84）左右时，声压往复透射率最高，即检测灵敏度最高。β_S 大（K 值大），一次波的声程大。因此在实际检测中，当工件厚度较小时，应选用较大的 β_S（K 值），以便增加一次波的声程，避免近场区检测。当工件厚度较大时，应选用较小的 β_S（K 值），以减少声程过大引起的衰减，便于发现深度较大处的缺陷。在焊缝检测中，还要保证主声束能扫查整个焊缝截面。对于单面焊根部未焊透，还要考虑端角反射问题，应尽量使 β_S 在 35°～55° 之间（K=0.7～1.5）。

2.4.2 缺陷位置确定

超声波检测中缺陷位置的测定是指确定缺陷在工件中的位置，简称定位。一般可根据示波屏上缺陷波的水平刻度值与扫描速度来对缺陷定位。

1. 纵波（直探头）检测时缺陷定位

仪器按 1:n 调节纵波扫描速度，缺陷波前沿所对的水平刻度值为 τ_f，则测缺陷至探头的距离 x_f 为

$$x_f = n\tau_f$$

若探头波束轴线不偏离，则缺陷正位于探头中心轴线上。

例如，用纵波直探头检测某工件，仪器按 1:2 调节纵波扫描速度，检测中示波屏上水平刻度值 70 处出现一缺陷波，那么此缺陷至探头的距离 x_f=2×70=140（mm）。

2. 表面波检测时缺陷定位

表面波检测时，缺陷位置的确定方法基本同纵波，只是缺陷位于工件表面，并正对探头中心轴线。

例如，表面波检测某工件，仪器按 1:1 调节表面波扫描速度，检测中在示波屏水平刻度

60 处出现一缺陷波，则此缺陷至探头的距离 $x_f=1\times60=60$（mm）。

3. 横波检测平面时缺陷定位

横波斜探头检测平面时，波束轴线在探测面处发生折射，工件中缺陷的位置由探头的折射角和声程确定或由缺陷的水平和垂直方向的投影来确定。由于横波扫描速度可按声程、水平、深度来调节，因此缺陷定位的方法也不一样。下面分别加以介绍。

（1）按声程调节扫描速度

仪器按声程 1:n 调节横波扫描速度，缺陷波水平刻度为 τ_f。

一次波检测时，如图 2－55（a）所示，缺陷至入射点的声程 $x_f=n\tau_f$。如果忽略横孔直径，则缺陷在工件中的水平距离 l_f 和深度 d_f 为

$$l_f = x_f \sin\beta = n\tau_f \sin\beta$$
$$d_f = x_f \cos\beta = n\tau_f \cos\beta$$

二次波检测时，如图 2－55（b）所示，缺陷至入射点的声程 $x_f=n\tau_f$，则缺陷在工件中的水平距离 l_f 和深度 d_f 为

$$l_f = x_f \sin\beta = n\tau_f \sin\beta$$
$$d_f = 2T - x_f \cos\beta = 2T - n\tau_f \cos\beta$$

式中，T 为工件厚度，β 为探头横波折射角。

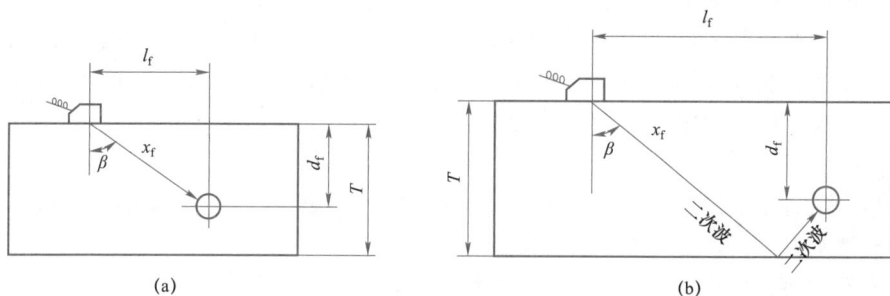

图 2－55 横波缺陷检测定位

（2）按水平调节扫描速度

仪器按水平距离 1:n 调节横波扫描速度，缺陷波的水平刻度值为 τ_f，采用 K 值探头检测。一次波检测时，缺陷在工件中的水平距离 l_f 和深度 d_f 为

$$l_f = n\tau_f$$
$$d_f = \frac{l_f}{K} = \frac{n\tau_f}{K}$$

二次波检测时，缺陷波在工件中的水平距离 l_f 和深度 d_f 为

$$l_f = n\tau_f$$
$$d_f = 2T - \frac{l_f}{K} = 2T - \frac{n\tau_f}{K}$$

例如，用 K2 横波斜探头检测厚度 $T=15$ mm 的钢板焊缝，仪器按水平 1:1 调节横波扫描

速度，检测中在水平刻度 τ_f=45 处出现一缺陷波，求此缺陷的位置。

由于 $KT=2\times15=30$，$2KT=60$，$KT<\tau_f=45<2KT$，因此可以判定此缺陷是二次波发现的。那么缺陷在工件中的水平距离 l_f 和深度 d_f 为

$$l_f = n\tau_f = 45 \text{ mm}$$

$$d_f = 2T - \frac{n\tau_f}{K} = 2\times15 - 45/2 = 7.5 \text{ mm}$$

（3）按深度调节扫描速度时

仪器按深度 1:n 调节横波扫描速度，缺陷波的水平刻度值为 τ_f，采用 K 值探头检测。一次波检测时，缺陷在工件中的水平距离 l_f 和深度 d_f 为

$$l_f = Kn\tau_f$$

$$d_f = n\tau_f$$

二次波检测时，缺陷在工件中的水平距离 l_f 和深度 d_f 为

$$l_f = Kn\tau_f$$

$$d_f = 2T - n\tau_f$$

2.4.3　缺陷大小确定

缺陷定量包括确定缺陷的大小和数量，而缺陷的大小指缺陷的面积和长度。

目前，在工业超声波检测中，对缺陷定量的方法很多，但均有一定的局限性。常用的定量方法有当量法、测长法和底波高度法 3 种。当量法和底波高度法用于缺陷尺寸小于声束截面的情况，测长法用于缺陷尺寸大于声束截面的情况。

1. 当量法

采用当量法确定的缺陷尺寸是缺陷的当量尺寸。常用的当量法有当量试块比较法、当量计算法和当量 AVG 曲线法。

（1）当量试块比较法

当量试块比较法是将工件中的自然缺陷回波与试块上的人工缺陷回波进行比较，以此来对缺陷定量的方法。

加工制作一系列含有不同声程、不同尺寸的人工缺陷（如平底孔）试块，检测中发现缺陷时，将工件中自然缺陷回波与试块上人工缺陷回波进行比较。当同声程处的自然缺陷回波与某人工缺陷回波高度相等时，该人工缺陷的尺寸就是此自然缺陷的当量大小。

利用当量试块比较法对缺陷定量要尽量使试块与被探工件的材质、表面粗糙度和形状一致，并且其他探测条件不变，如仪器、探头、灵敏度旋钮的位置、对探头施加的压力等。

当量试块比较法是超声波检测中应用最早的一种定量方法，其优点是直观易懂，当量概念明确，定量比较稳妥可靠。但这种方法需要制作大量试块，成本高，同时操作也比较烦琐，现场检测要携带很多试块，很不方便。因此当量试块比较法应用不多，仅在 $x<3N$ 的情况下或特别重要零件的精确定量时应用。

（2）当量计算法

当 $x \geqslant 3N$ 时，规则反射体的回波声压变化规律基本符合理论回波声压公式。当量计算法

就是根据检测中测得的缺陷波高的分贝值，利用各种规则反射体的理论回波声压公式进行计算来确定缺陷当量尺寸的定量方法。应用当量计算法对缺陷定量不需要任何试块，是目前广泛应用的一种当量法。

（3）当量 AVG 曲线法

当量 AVG 曲线法是利用通用 AVG 或实用 AVG 曲线来确定工件中缺陷当量尺寸的方法。当量 AVG 曲线法是基准线方法，模拟平底孔反射体的直径作为当量反射体的尺寸，该基准线根据声学原理制定，大多数情况下经过试验验证。AVG 曲线是描述规则反射体距离、回波高度与当量尺寸之间关系的曲线，A、V、G 是德文距离、增益和大小（尺寸）首字母，英文中缩写为 DGS，AVG 曲线可用于灵敏度调整和缺陷定量。

AVG 曲线的 A 表示反射体，即缺陷或背面至工件探测表面的距离；V 表示以 dB 为单位的反射体回波高度；G 表示缺陷回波相当圆盘形反射体的尺寸。

在该方法中，距离可以为声程，为水平距离及简化水平距离，也可以用一标准距离"A"描述。

2. 测长法

当工件中缺陷尺寸大于声束截面时，一般采用测长法来确定缺陷的长度。

测长法是根据缺陷波高与探头移动距离来确定缺陷的尺寸。按规定的方法测定的缺陷长度称为缺陷的指示长度。由于实际工件中缺陷的取向、性质、表面状态等都会影响缺陷回波高度，因此缺陷的指示长度总是小于或等于缺陷的实际长度。

根据测定缺陷长度时的灵敏度基准不同，可将测长法分为相对灵敏度测长法、绝对灵敏度测长法和端点峰值法。

（1）相对灵敏度测长法

相对灵敏度测长法是以缺陷最高回波为相对基准，沿缺陷的长度方向移动探头，降低一定的分贝值来测定缺陷的长度。降低的分贝值有 3 dB、6 dB、10 dB、12 dB 和 20 dB 等几种。常用的是 6 dB 法和端点 6 dB 法。

① 6 dB 法（半波高度法）。由于波高降低 6 dB 后正好为原来波高的一半，因此 6 dB 法又称为半波高度法，如图 2－56 所示。

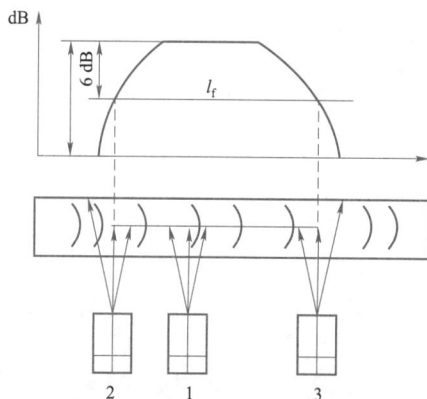

图 2－56 6 dB 法（半波高度法）

6 dB 法的具体做法是：移动探头找到缺陷的最大反射波（不能达到饱和），然后沿缺陷方向左右移动探头，当缺陷波高降低一半时，探头中心线之间的距离就是缺陷的指示长度。

6 dB 法是缺陷测长较常用的一种方法，适用于测长扫查过程中缺陷波只有一个高点的情况。

② 端点 6 dB 法（端点半波高度法）。当缺陷各部分反射波高有很大变化时，测长采用端点 6 dB 法。

端点 6 dB 法的具体做法是：当发现缺陷后，探头沿着缺陷方向左右移动，找到缺陷两端的最大反射波，分别以这两个端点反射波高为基准，继续向左、向右移动探头，当端点反射波高降低一半时（或 6 dB 时），探头中心线之间的距离即为缺陷的指示长度，如图 2-57 所示。这种方法适用于测长扫查过程中缺陷反射波有多个高点的情况。

6 dB 法和端点 6 dB 法都属于相对灵敏度法，因为它们是以被测缺陷本身的最大反射波或以缺陷本身两端最大反射波为基准来测定缺陷长度的。

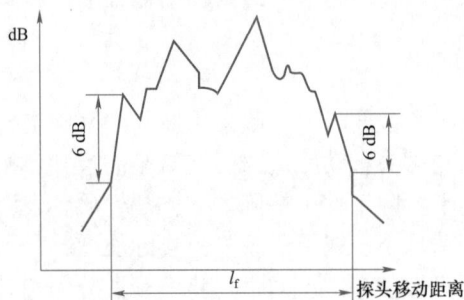

图 2-57　端点 6 dB 法测长

（2）绝对灵敏度测长法

绝对灵敏度测长法是在仪器灵敏度一定的条件下，探头沿缺陷长度方向平行移动，当缺陷波高降到规定位置时（见图 2-58 中 B 线），探头移动的距离即为缺陷的指示长度。

绝对灵敏度测长法测得的缺陷指示长度与测长灵敏度有关，测长灵敏度高，缺陷长度大。在自动检测中常用绝对灵敏度法测长。

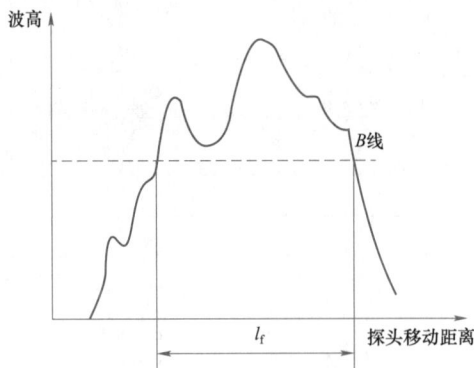

图 2-58　绝对灵敏度测长

（3）端点峰值法

探头在测长扫查过程中，如果发现缺陷反射波峰值起伏变化、有多个高点，则可以缺陷两端反射波极大值之间探头的移动长度作为缺陷指示长度，如图 2-59 所示。这种方法称为端点峰值法。

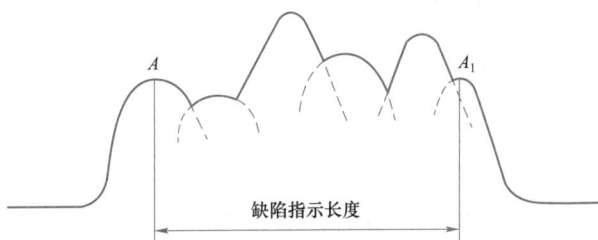

图 2-59 端点峰值法

端点峰值法测得的缺陷长度比端点 6 dB 法测得的指示长度要小一些。端点峰值法也只适用于测长扫查过程中，缺陷反射波有多个高点的情况。

3. 底波高度法

底波高度法是利用缺陷波与底波的相对波高来衡量缺陷相对大小的方法。

当工件中存在缺陷时，由于缺陷反射，使工件底波下降。缺陷越大，缺陷波越高，底波就越低，缺陷波高与底波高之比就越大。

底波高度法常用以下几种方法来表示缺陷的相对大小。

（1）F/B_F 法

F/B_F 法是在一定的灵敏度条件下，以缺陷波高 F 与缺陷处底波高 B_F 之比来衡量缺陷相对大小的方法，如图 2-60（a）所示。

（2）F/B_G 法

F/B_G 法是在一定的灵敏度条件下，以缺陷波高 F 与无缺陷处底波高 B_G 之比来衡量缺陷相对大小的方法，如图 2-60（b）所示。

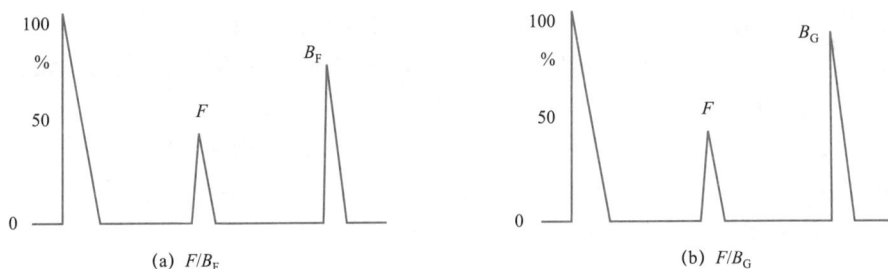

(a) F/B_F 　　　　　　　(b) F/B_G

图 2-60 底波高度法

（3）B_G/B_F 法

B_G/B_F 法是在一定的灵敏度条件下，以无缺陷处底波 B_G 与缺陷处底波 B_F 之比来衡量缺陷相对大小的方法。

底波高度法不用试块，可以直接利用底波调节灵敏度和比较缺陷的相对大小，操作方便。但不能给出缺陷的当量尺寸，同样大小的缺陷，距离不同，F/B_F 不同，距离小时 F/B_F 大，距离大时 F/B_F 小。因此，F/B_F 相同的缺陷，当量尺寸并不一定相同。此外，底波高度法只适用于具有平行底面的工件。

最后还要指出：对于较小的缺陷，底波 B_1 往往饱和；对于密集的缺陷，往往缺陷波不明显，这时底波高度法就不适用了，但可借助底波的次数来判定缺陷的相对大小和缺陷的密集程度。底波次数少，缺陷尺寸大或密集程度高。

底波高度法可用于测定缺陷的相对大小、密集程度、材质晶粒度和石墨化程度等。

2.4.4 影响缺陷定位、定量的主要因素

目前 A 型脉冲反射式超声波检测仪是根据荧光屏上缺陷波的位置和高度来评价被检工件中缺陷的位置和大小的，然而影响缺陷波位置和高度的因素很多，了解这些影响因素，对于提高定位、定量精度是十分有益的。

1. 影响缺陷定位的主要因素

（1）仪器的影响

① 仪器水平线性。仪器水平线性的好坏对缺陷定位有一定的影响。当仪器水平线性不佳时，缺陷定位误差大。

② 仪器水平刻度精度。仪器时基线比例是根据示波屏上水平刻度值来调节的，当仪器水平刻度不准时，缺陷定位误差增大。

（2）探头的影响

① 声束偏离。无论是垂直入射检测还是倾斜入射检测，都假定波束轴线与探头晶片几何中心重合，但实际上这两者往往难以重合。当实际声束轴线偏离探头几何中心轴线较大时，缺陷定位精度就会下降。

② 探头双峰。一般探头发射的声场只有一个主声束，远场区轴线上声压最高。但有些探头性能不佳，存在两个主声束。当发现缺陷时，不能判定是哪个主声束发现的，因此也就难以确定缺陷的实际位置。

③ 斜楔磨损。横波探头在检测过程中，斜楔将会磨损。当操作者用力不均时，探头斜楔前后磨损不同。当斜楔后面磨损较大时，折射角增大，探头 K 值增大，当斜楔前面磨损较大时，折射角减小，K 值也减小。此外，探头磨损还会使探头入射点发生变化，影响缺陷定位。

④ 探头指向性。探头半扩散角小，指向性好，缺陷定位误差小，反之定位误差大。

（3）工件的影响

① 工件表面粗糙度。工件表面粗糙时不仅耦合不良，而且会因表面凹凸不平，使声波进入工件的时间产生差异。当凹槽深度为 $\lambda/2$ 时，进入工件的声波相位正好相反，这样就犹如一个正负交替变化的次声源作用在工件上，使进入工件的声波互相干涉形成分叉（见图 2-61），从而使缺陷定位困难。

图 2-61 声波干涉

② 工件材质。工件材质对缺陷定位的影响可从声速和内应力两方面来讨论。当工件与试块的声速不同时，就会使探头的 K 值发生变化。另外，当工件内应力较大时，将使声波的传播速度和方向发生变化。当应力方向与波的传播方向一致时，若应力为压缩应力，则应力作用使试件弹性增加，这时声速加快；反之，若应力为拉伸应力，则声速减慢。当应力与波的传播方向不一致时，波动过程中质点振动轨迹受应力干扰，使波的传播方向产生偏离，影响缺陷定位。

③ 工件表面形状。探测曲面工件时，探头与工件接触有两种情况：一种是平面与曲面接触，这时为点或线接触，握持不当，探头折射角容易发生变化；另一种是将探头斜楔磨成曲面，探头与工件曲面接触，这时折射角和声束形状将发生变化，影响缺陷定位。

④ 工件边界。当缺陷靠近工件边界时，由于侧壁反射波与直接入射波在缺陷处产生干涉，使声场声压分布发生变化，声束轴线发生偏离，从而使缺陷定位误差增加。

⑤ 工件温度。探头的 K 值一般是在室温下测定的。当探测的工件温度发生变化时，工件中的声速发生变化，使探头的折射角随之发生变化。

⑥ 工件中缺陷情况。工件内缺陷方向也会影响缺陷定位。当缺陷倾斜时，扩散波未入射至缺陷时回波较高，而定位时误认为缺陷在轴线上，从而导致定位不准。

（4）操作人员的影响

① 仪器时基线比例。仪器时基线比例一般在试块上调节，当工件与试块的声速不同时，仪器的时基线比例发生变化，影响缺陷定位精度。另外，调节比例时，回波前沿没有对准相应水平刻度或读数不准，使缺陷定位误差增加。

② 入射点、K 值。横波探测时，当测定探头的入射点、K 值误差较大时，也会影响缺陷定位。

③ 定位方法不当。横波周向探测圆筒形工件时，缺陷定位与平板不同，若仍按平板工件处理，那么定位误差将会增加，这时要用曲面试块修正。

2. 影响缺陷定量的因素

（1）仪器及探头性能的影响

仪器和探头的优劣，对缺陷定量精度影响很大。仪器的垂直线性、衰减器精度、频率、探头形式、晶片尺寸及折射角大小等都直接影响回波高度。因此，在检测时除了要选择垂直线性好、衰减器精度高的仪器外，还要注意频率、探头形式、晶片尺寸和折射角的选择。

① 频率的影响。由 $\Delta_{Bf} = 20\lg \dfrac{2\lambda x_f^2}{\pi D_f^2 x_B} = 20\lg \dfrac{2c x_f^2}{\pi f D_f^2 x_B}$ 可知，超声波频率 f 对于大平底与平底孔回波高度的分贝差 Δ_{Bf} 有直接影响。f 增加，Δ_{Bf} 减少。f 减少，Δ_{Bf} 增加。因此在实际检测中，频率 f 偏差不仅影响利用底波调节灵敏度，而且影响用当量计算法对缺陷定量。

② 衰减器精度和垂直线性的影响。A 型脉冲反射式超声波检测仪是根据相对波高来对缺陷定量的，而相对波高常用衰减器来度量。因此衰减器精度直接影响缺陷定量，衰减器精度低，定量误差大。

当采用面板曲线图对缺陷定量时，仪器的垂直线性好坏将会影响缺陷定量精度。垂直线性差，定量误差大。

③ 探头形式和晶片尺寸的影响。不同部位、不同方向的缺陷，应采用不同形式的探头，

如锻件、钢板中的缺陷大多平行于探测面，宜采用纵波直探头。焊缝中危险性大的缺陷大多垂直于探测面，宜采用横波探头。对于工件表面缺陷，宜采用表面波探头。对于近表面缺陷，宜采用分割式双晶探头，这样定量误差小。

晶片尺寸影响近场区长度和波束指向性，因此对定量也有一定的影响。

④ 探头 K 值的影响。超声波倾斜入射时，声压往复透射率与入射角有关。对于横波 K 值斜探头而言，不同 K 值的探头的灵敏度不同，因此探头 K 值的偏差也会影响缺陷定量。特别是横波检测平板对接焊缝根部未焊透等缺陷时，不同 K 值探头探测同一根部缺陷，其回波高度相差较大，当 $K=0.7\sim1.5$（$\beta_S=35°\sim55°$）时，回波较高；当 $K=1.5\sim2.0$（$\beta_S=55°\sim63°$）时，回波很低，容易引起漏检。

（2）耦合与衰减的影响

① 耦合的影响。在超声波检测中，耦合剂的声阻抗和耦合层厚度对回波高度有较大的影响。当耦合层厚度等于半波长的整数倍时，声强透射率与耦合剂性质无关。当耦合层厚度等于 $\lambda/4$ 的奇数倍，声阻抗为两侧介质声阻抗的几何平均值（$Z_2=\sqrt{Z_1Z_3}$）时，超声波全透射。因此，在实际检测中，耦合剂的声阻抗对探头施加的压力大小都会影响缺陷回波高度，进而影响缺陷定量。

此外，当探头与试块和被探工件表面耦合状态不同时，且又没有进行恰当的补偿，也会使定量误差增加，精度下降。

② 衰减的影响。实际工件是存在介质衰减的，由介质衰减引起的分贝差（$\Delta=2\alpha x$）可知，当衰减系数 α 较大或距离 x 较大时，由此引起的衰减 Δ 也较大。这时如果仍不考虑介质衰减的影响，那么定量精度势必受到影响。因此在检测晶粒较粗大和大型工件时，应测定材质的衰减系数，并在定量计算时考虑介质衰减的影响，以便减少定量误差。

（3）试件几何形状和尺寸的影响

试件底面形状不同，回波高度不一样，凸曲面使反射波发散，回波降低；凹曲面使反射波会聚，回波升高。对于圆柱体而言，外圆径向探测实心圆柱体时，入射点处的回波声压理论上与平底面试件相同，但实际上由于圆柱面耦合不及平面，因而其回波低于平底面。实际检测中应综合考虑以上因素对定量的影响，否则会使定量误差增加。

试件底面与探测面的平行度及底面的粗糙度、干净程度也对缺陷定量有较大的影响。当试件底面与探测面不平行、底面粗糙或沾有水迹、油污时将会使底波下降，这样利用底波调节的灵敏度将会偏高，缺陷定量误差增加。

侧壁附近的缺陷，靠近侧壁探测回波低，远离侧壁探测反而回波高。为了减少侧壁的影响，宜选用频率高、晶片直径大、指向性好的探头探测或采用横波探测。必要时还可采用试块比较法来定量，以便提高定量精度。

试件尺寸大小对定量也有一定的影响。当试件尺寸较小，缺陷位于 $3N$ 以内时，利用底波调节灵敏度并定量，将会使定量误差增加。

（4）缺陷的影响

① 缺陷形状的影响。试件中实际缺陷的形状是多种多样的，缺陷的形状对其回波波高有很大影响。平面形缺陷波高与缺陷面积成正比，与波长的平方和距离的平方成反比；球形缺陷波高与缺陷直径成正比，与波长的一次方和距离的平方成反比；圆柱形缺陷波高与缺陷直径的 1/2 次方成正比，与波长的一次方和距离的 3/2 次方成反比。

对于各种形状的点状缺陷，当尺寸很小时，缺陷形状对波高的影响就很小。当点状缺陷直径远小于波长时，缺陷波高正比于缺陷平均直径的 3 次方，即随缺陷大小的变化十分剧烈。当缺陷变小时，波高急剧下降，很容易下降到检测仪不能发现的程度。

② 缺陷方位的影响。前面谈到的情况都是假定超声波入射方向与缺陷表面是垂直的，但实际缺陷表面相对于超声波入射方向往往不垂直，因此对缺陷尺寸估计偏小的可能性很大。

声波垂直缺陷表面时缺陷波最高。当有倾角时，缺陷波高随入射角的增大而急剧下降。图 2-62 给出了一光滑面的回波波高随声波入射角变化的情况。声波垂直入射时，回波波高为 1，当声波入射角为 2.5° 时，波幅下降到 1/10，倾斜 12° 时，下降至 1/1 000，此时仪器已不能检出缺陷。

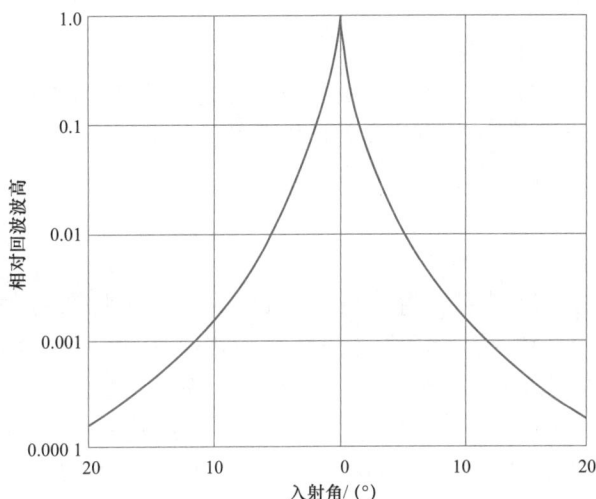

图 2-62　光滑面波高与入射角的关系

③ 缺陷波的指向性。缺陷波高与缺陷波的指向性有关，缺陷波的指向性与缺陷大小有关，而且差别较大。

对于垂直入射于圆平面形缺陷，当缺陷直径为波长的 2~3 倍以上时，具有较好的指向性，缺陷回波较高。当缺陷直径低于上述值时，缺陷波指向性变坏，缺陷回波降低。

当缺陷直径大于波长的 3 倍时，不论是垂直入射还是倾斜入射，都可把缺陷对声波的反射看成是镜面反射。当缺陷直径小于波长的 3 倍时，缺陷反射不能看成镜面反射，这时缺陷波能量呈球形分布。垂直入射和倾斜入射都有大致相同的反射指向性，表面光滑与否，对反射波指向性已无影响。因此，检测时倾斜入射也可能发现这种缺陷。

④ 缺陷表面粗糙度的影响。缺陷表面光滑与否，用波长衡量。如果表面凹凸不平的高度差小于 1/3 波长，就可认为该表面是平滑的，这样的表面反射声束类似于镜面反射；否则就是粗糙的。对于表面粗糙的缺陷，当声波垂直入射时，声波散乱反射，同时各部分反射波因有相位差而产生干涉，使缺陷回波波高随粗糙度的增大而下降。当声波倾斜入射时，缺陷回波波高随着凹凸程度与波长的比值增大而增高。当凹凸程度接近波长时，即使入射角较大，也能接收到回波。

⑤ 缺陷性质的影响。缺陷回波波高受缺陷性质的影响。声波在界面的反射率是由界面两边介质的声阻抗决定的，当两边声阻抗差异较大时，近似地可认为是全反射，反射声波强。

当差异较小时，就有一部分声波透射，反射声波变弱，所以试件中缺陷性质不同，大小相同的缺陷，其波高也不同。

通常含气体的缺陷，如钢中的白点、气孔等，其声阻抗与钢声阻抗相差很大，可以近似地认为声波在缺陷表面是全反射。但是，对于非金属夹杂物等缺陷，缺陷与材料之间的声阻抗差异较小，透射的声波已不能忽略，缺陷波高相应降低。

另外，金属中非金属夹杂的反射与夹杂层厚度有关。一般来说，当层厚小于 1/4 波长时，随层厚的增加反射相应增加。当层厚超过 1/4 波长时，缺陷回波波高保持在一定水平上。

⑥ 缺陷位置的影响。缺陷波高还与缺陷位置有关。当缺陷位于近场区时，同样大小的缺陷随位置起伏变化，定量误差大。

2.4.5 非缺陷波识别

在超声波检测中，示波屏上常常除了始波 T、底波 B 和缺陷波 F，还会出现一些其他的信号波，如迟到波 H、61°反射、三角反射波以及其他原因引起的非缺陷回波，这些非缺陷回波会影响对缺陷波的正确判别，因此分析、了解常见非缺陷回波产生的原因和特点是十分必要的。

1. 迟到波

如图 2-63 所示，当纵波直探头置于细长（或扁长）工件或试块上时，扩散纵波波束在侧壁产生波形转换，转换为横波，此横波在另一侧面又转换为纵波，最后经底面反射回到探头，被探头接收，从而在示波屏上出现一个回波。由于转换的横波声程长、波速小，传播时间较直接从底面反射的纵波长，因此转换后的波总是出现在第一次底波之后，故称为迟到波。又由于变形横波可能在两侧壁产生多次反射，每反射一次就会出现一个迟到波，因此迟到波往往有多个。

由于迟到波总是位于 B_1 之后，并且位置特定，而缺陷波一般位于 B_1 之前，因此迟到波不会干扰缺陷波的判别。在实际检测中，当直探头置于 IIW 或 CSK-IA 试块上并对准 100 mm 厚的底面时，在各次底波之间出现的一系列波就是这种迟到波。

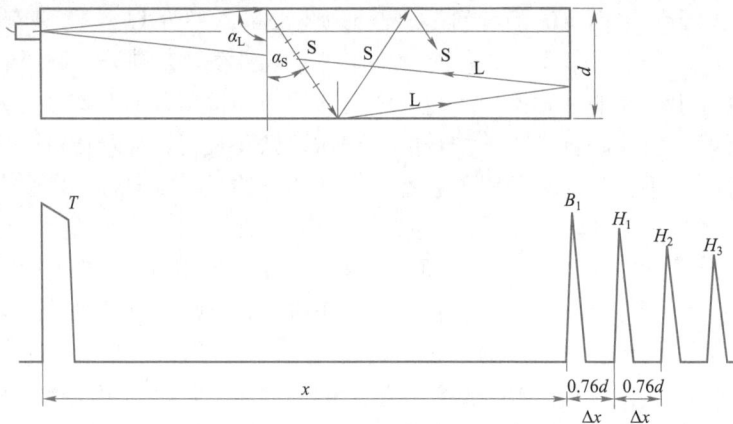

图 2-63　迟到波

2. 61°反射

当探头置于如图 2-64 所示的直角三角形试件上时，若纵波入射角 α 与横波反射角 β 的

关系为 $\alpha+\beta=90°$，则会在示波屏上出现位置特定的反射波。

对于介质钢可以得出 $\alpha=61°$，称为 $61°$ 反射。当探头在 AB 边上移动时，反射波的位置不变，其声程恒等于直角三角形 $61°$ 角所对的直角边长 BC。

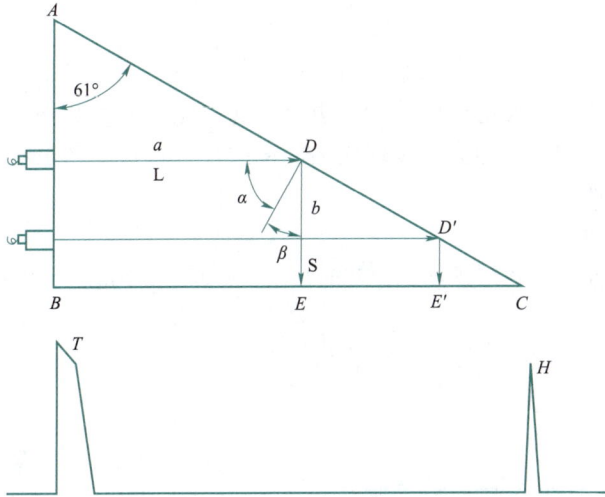

图 2-64　$61°$ 反射

在实际检测中，当探头置于如图 2-65 所示的 IIW 试块上或类似结构的工件上 A 处时，同样会产生 $61°$ 反射。对于 IIW 试块，$d_1=70$ mm，$d_2=35$ mm，$R=25$ mm，探头位于 A、B、C 处，三处的回波声程分别为 83.7 mm、69.6 mm、45 mm。

对于结构比较复杂的工件，如焊接结构的汽轮机大轴，为了有效地探测焊缝根部缺陷，特加工为 $61°$ 斜面，利用 $61°$ 反射来探测，可以获得较高的检测灵敏度（见图 2-66）。

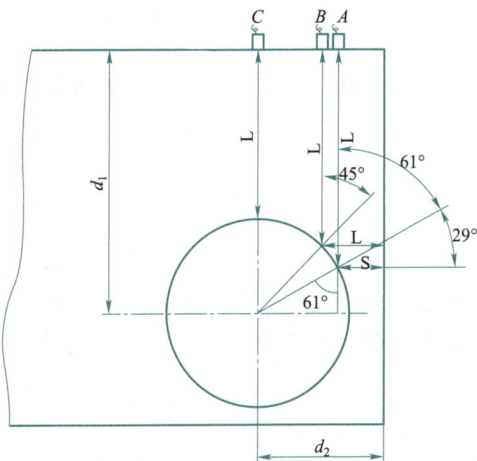

图 2-65　IIW 试块上的 $61°$ 反射

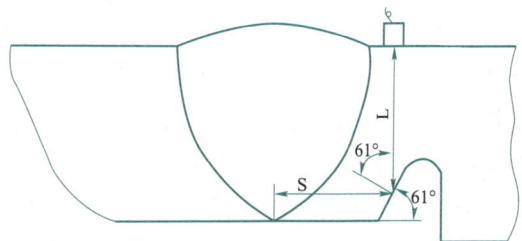

图 2-66　$61°$ 反射的应用

3. 三角反射

纵波直探头径向探测实心圆柱时，由于探头平面与柱面接触面积小，使波束扩散角增加，这样扩散波束就会在圆柱面上形成三角反射路径，从而在示波屏上出现三角反射波，人们把这种反射称为三角反射。

4. 其他非缺陷回波

在实际检测中，还可能产生其他一些非缺陷回波，如探头杂波、工件轮廓回波、耦合剂反射波等。

（1）探头杂波

当探头吸收块吸收不良时，会在始波后出现一些杂波。当斜探头有机玻璃斜楔设计不合理时，声波在有机玻璃内的反射回到晶片，也会引起一些杂波。此外，双晶直探头探测厚壁工件时，由于入射角比较小，声波在延迟块内的多次反射也可能产生一些非缺陷信号，因而干扰了缺陷回波的判别。

（2）工件轮廓回波

当超声波射达工件的台价、螺纹等轮廓时，在示波屏上将引起一些轮廓回波，如图2-67所示。

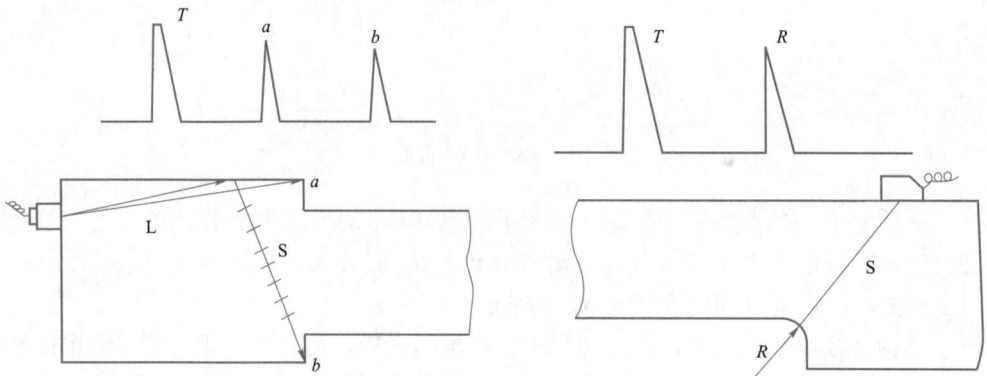

图2-67 轮廓回波

（3）耦合剂反射波

表面波检测时，工件表面的耦合剂，如油滴或水滴都会引起回波，从而影响对缺陷波的判别。

（4）幻象波

手动检测中，提高重复频率可提高单位时间内扫描次数，增强示波屏显示的亮度。但当重复频率过高时，第一个同步脉冲回波未来得及出现，第二个同步脉冲又重新扫描，这样在示波屏上产生幻象波，影响缺陷波的判别。当降低重复频率时，幻象波消失。目前生产的新型超声波检测仪，"重复频率"与"深度范围"同轴调节，设计时考虑了重复频率与工件厚度的关系，一般不会产生幻象波。

（5）草状回波（林状回波）

超声波检测中，当选用较高的频率检测晶粒较粗大的工件时，声波在粗大晶粒之间的界面上产生散乱反射，在示波屏上形成草状回波（又称林状回波），影响对缺陷波的判别。降低探头频率，草状回波降低，信噪比提高。

（6）焊缝中的变形波

声束入射到探头对侧焊缝下表面，当焊缝下表面的形状 $\alpha_S < \alpha_{III}$ 时，焊缝中既有反射横

波 S′，也有变形反射纵波 L′，如图 2−68 所示。

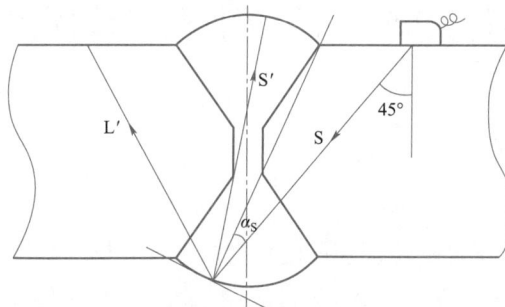

图 2−68 声束入射到探头对侧焊缝下表面

焊缝中产生变形反射纵波后，不一定能在显示屏上显示出来，只有当波形纵波垂直入射至焊缝上表面某些特殊位置时，如打磨圆滑的熔合线处、自动焊余高两边曲率最大处或近焊缝母材上的焊疤处等，再垂直反射，沿原路径返回倾斜入射至下表面，再进行一次波形转换，产生反射纵波和变形反射横波，其中变形反射横波沿原路径返回探头，被探头接收，在显示屏上显示出来，这就是通常所说的变形波，如图 2−69 所示。

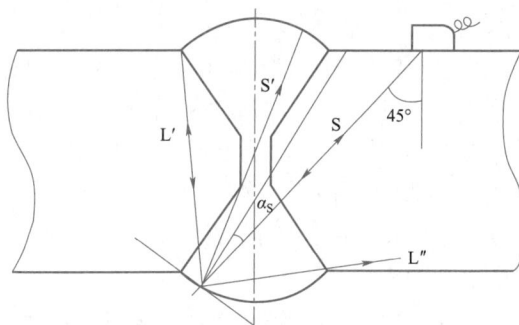

图 2−69 变形波的产生

（7）山形波

当变形纵波 L′ 垂直入射至焊缝上表面的某些部位时，其回波被探头接收；同时，反射横波 S′ 也垂直入射至焊缝上表面的某些部位，其回波也同时被探头接收；再加上一次底波，显示屏上会同时显示 3 个波，其形状像"山"字，俗称山形波，如图 2−70 所示。

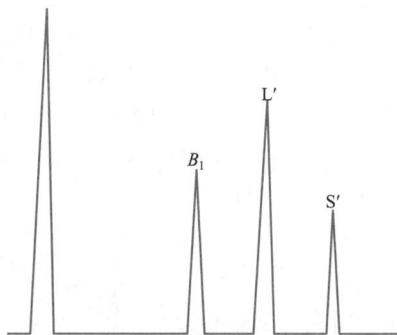

图 2−70 山形波

任务 2.5　常见工件超声波探伤

2.5.1　铸件超声波探伤

1. 铸件的特点

① 组织不均匀。铸件壁厚的冷却速度由外到内依次减慢，外层冷却速度最快，形成细晶粒区，中间次之，形成柱状晶粒区，心部冷却速度最慢，形成等轴晶粒区。尤其是铸态下的铸钢件，晶粒一般比较粗大，可超声波检测性差，故铸钢件的超声波检测一般在热处理后进行。

② 组织不致密。铸件尤其是厚大件组织致密性差，因可能存在的枝晶间缩松等缺陷，导致组织不致密。

③ 形状复杂、表面状态较差。相对于锻件，铸件的形状比较复杂；与机加工面相比，铸件表面状态差。

④ 缺陷的种类多、不规则。常见的缺陷有孔洞类缺陷（气孔、缩孔、缩松等）、裂纹类缺陷（铸造裂纹、冷隔、热处理裂纹等）、夹（砂）杂等，铸件缺陷的形状大都不规则。

2. 铸件超声波探伤的特点

由于铸件自身的特点，造成了铸件超声波检测的特殊性和局限性，主要有以下几点。

① 透声性差。由于铸件的不致密性、不均匀性和晶粒粗大，使超声波散射衰减和吸收衰减明显增加，透声性降低。与锻件相比，铸件的可超声波检测厚度减小。

② 声耦合差。铸件一般表面粗糙，声耦合差，检测灵敏度低，波束指向性不好，探头磨损严重，很难进行精细检测。为了提高超声波检测效果，毛坯面检测时一般使用软保护膜探头，较稠的耦合剂，以提高耦合效果。

③ 杂波多、反射波形复杂，缺陷定位、定量困难。铸件检测干扰杂波多。一是由于晶粒和组织不均匀引起散乱反射，形成林状回波，使信噪比下降，特别是频率较高时尤为严重；二是铸件形状复杂，一些轮廓回波和迟到变形波引起的非缺陷信号多。此外，铸件粗糙表面也会产生一些反射回波，干扰对缺陷波的正确判定。

缺陷的定量比较复杂，有时反射波高，缺陷反而小，因此检测时要特别注意观察波形特点，尤其注意观察底波变化情况。根据缺陷波和底波的变化情况，综合评定缺陷的严重程度。

④ 检测灵敏度一般要求不高。一般铸件设计安全系数相对较大，对缺陷的检测要求较低。铸件一般允许存在的缺陷尺寸较大，数量较多。铸件检测主要是工艺性检测，通过超声波检测发现缺陷进而优化铸造工艺，消除或减小缺陷，提高铸件质量。

⑤ 有时不必全面检测。由于铸件缺陷分布一般有规律，如缩孔、缩松常存在于热节部位，如截面厚大部位，因此大多数铸件不必进行全面超声波检测，只需对重点部位（易产生缺陷的部位或受力大的部位等）进行超声波检测。

3. 探伤技术要点

（1）探伤方法的选择

缺陷反射法适用于厚度较大铸件，根据缺陷反射波高判定铸件的完好程度。

多次底波反射法适用于较薄工件，且检测面与底面平行，根据底波的衰减次数判定铸件的完好程度。

分层检测法适用于特厚大铸件，当采用缺陷回波法检测时，通常灵敏度需按工件最大厚度调节，使得仪器增益值很大，可能造成近表面缺陷信号幅度过高，散射引起的杂波信号幅度也增高，使得缺陷信号与杂波信号无法分辨。

因此，对于厚度特大铸件，一般采用分层检测技术，即将被检铸件沿厚度方向分为若干层，每层再根据该层的位置、厚度调节灵敏度进行检测。

（2）探伤准备

检测面的要求：毛坯面可采用喷丸、打磨的方法清理表面，一般要求铸件表面粗糙度 Ra＜25 μm。

机加工面：一般要求表面粗糙度 Ra＜12.5 μm，特殊要求或精细检测时，要求表面粗糙度 Ra＜6.3 μm。

检测面的选择尽可能充分利用有效的检测面，以便对缺陷做出准确、全面的评价。

由于铸件可能存在晶粒粗大，易产生林状回波，影响铸件超声波检测，因此铸件检测时通常进行超声波检测适应性判定。对铸件进行超声波检测时，一般根据表 2-6 所示的参考反射体回波高度与噪声信号回波高度的差值，判定铸件超声波检测的适应性（信噪比＞6 dB）。

表 2-6　铸件壁厚与检出最小平底孔大小

壁厚/mm	能检出的最小平底孔直径/mm
＜300	3
＞300～400	4
＞400～600	6

（3）检测条件选择

探头的选择：铸件检测一般以纵波为主，横波为辅。纵波以直探头为主，当厚度较小（＜50 mm）时可采用双晶探头。选择双晶探头要注意焦距的选择，保证有效声场覆盖整个检测范围。毛坯面检测时可采用软保护膜探头。

由于铸件晶粒可能比较粗大，衰减严重，所以铸态时或较厚大铸件，宜选用较低的频率，一般为 0.5～2 MHz，热处理后或较薄时，可选用较高的频率，一般为 2.5～5 MHz。

探头的直径视工件的具体情况而定，纵波直探头一般为 $\phi10～\phi30$ mm，横波斜探头的折射角视检测对象而定。

试块：铸钢件检测常用 ZGZ 系列平底孔对比试块。试块材质与被探铸件相同或相近，不允许存在 $\phi2$ mm 平底孔当量缺陷。试块上平底孔的直径和声程，可根据相应标准或技术规范和被检工件确定。该试块主要用于制作距离-波幅曲线和调整检测灵敏度。

耦合剂的选择：铸件检测时，表面尤其是毛坯面可能比较粗糙，检测时一般选用黏度较大的耦合剂或选择软保护膜探头、水浸法等解决耦合问题。常用黏度较大的耦合剂，如糨糊、黄油、甘油及水玻璃等。

（4）仪器调节

扫描比例的调节一般按声程调节。要求扫描比例简单，调节比例适中，充分利用全声程，通常检测范围占水平刻度的 80%左右。

可根据铸件质量要求确定检测灵敏度。铸件检测时，可根据工件厚度情况，将铸件分为外、内、外 3 层（见图 2-71），外层检测灵敏度一般要求高于内层。

灵敏度的调节方法：可采用试块法、大平底法、多次底波反射法、DAC 曲线法等调节检测灵敏度。

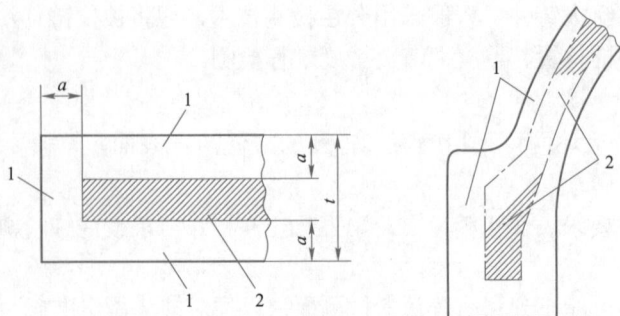

1—外层区域；2—内层区域；t—壁厚；a—$t/3$（最大 30 mm）
图 2-71 壁厚的划分区域

（5）缺陷的判定与测量

出现下列情况时，一般判定为缺陷：存在缺陷回波，且超过规定值；底面回波下降一定程度，如 12 dB；用多次底波法时，底波次数减少。

一般根据缺陷的指示信号位置，确定缺陷位置。

发现缺陷后，需测量缺陷的尺寸。小缺陷（点状缺陷）采用当量法，常用的方法有试块比较法、当量计算法等；大缺陷（延伸性缺陷）测定指示长度、指示面积等，常用的方法有：有缺陷反射时，一般采用 6 dB 法或端点 6 dB 法测量缺陷尺寸；采用底波下降法时，一般采用底波下降 12 dB 划定缺陷边界。

铸钢件超声波检测，对缺陷定位的要求通常比对定量的要求高，一般铸钢件发现缺陷后允许返修，因此准确的定位有利于缺陷返修。

（6）铸件质量级别的评定

铸件检测完成后，一般需要按相应标准进行质量等级评定。

目前常用的铸件超声波检测标准有：GB/T 7233.1、GB/T 7233.2、EN 12680.1、EN 12680.2、EN 12680.3。在这些标准中，质量级别评定时将缺陷分为两类：一类是不能测量尺寸的缺陷，又称点状缺陷；另一类是能测量尺寸的缺陷，又称延伸性缺陷，包括平面型缺陷和体积型缺陷。

2.5.2 锻件超声波探伤

锻件常用于应力较大、使用安全要求较高的关键部位。为保证锻件检测的质量，通常需要对锻件表面和外形进行加工，以保证锻件具有良好的超声波入射面，满足超声波检测灵敏度的需要，同时尽可能为超声波覆盖整个锻件检测区域提供必要的条件。

锻件可用直接接触法、液浸法进行超声波检测。随着自动化技术的广泛应用，铁路专业设备检测越来越多地使用液浸法。

在锻件检测上，超声波技术应用非常广泛，常用的技术有：纵波垂直入射法、纵波斜入射法、横波检测法等。其中纵波垂直入射法应用最广泛。由于锻件外形可能很复杂，所以有时需要在不同的方向进行检测，在同一锻件上有时需要同时采用多种超声波检测技术。

检测出缺陷后，根据缺陷波形状和高度的变化，结合缺陷的位置和锻件加工工艺，就可以对缺陷的性质进行综合评估、判断。

1. 轴类锻件的检测

轴类锻件的锻造工艺主要以拔长为主，因而大部分缺陷的取向与轴线平行，此类缺陷的检测以纵波直探头从径向检测效果最佳。考虑到缺陷会有其他的分布及取向，因此轴类锻件检测，还应辅以直探头轴向检测、斜探头周向检测及轴向检测。

（1）纵波直探头检测

用直探头做径向检测时，如图 2-72 中的 A 位置，将探头置于轴的外圆面做全面扫查，以发现轴类件中的纵向冶金缺陷，如缩孔、夹杂、疏松等。对于新制件，检查轴类件内部的冶金缺陷，径向检测效果最佳。

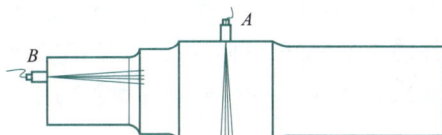

图 2-72 轴类锻件直探头径向、轴向检测

用直探头做轴向检测时，如图 2-72 中的 B 位置，将直探头置于轴的端面，在轴的端面做全面扫查，以发现与轴向垂直的横向缺陷和材料的组织晶粒粗大，如疲劳裂纹。使用该方法存在一定的局限性，当轴的长度较长或有多个直径不等的轴段时，会形成超声波的扫查盲区。对于在役检测件，由于轴上通常安装了许多零部件，所以以轴的外圆面往往有许多不可实施径向检测的部位，此时可采用该方法。

（2）横波斜探头检测

考虑到缺陷可能的分布及取向，可采用斜探头周向检测及轴向检测。周向检测如图 2-73（a）所示，轴向检测如图 2-73（b）所示。

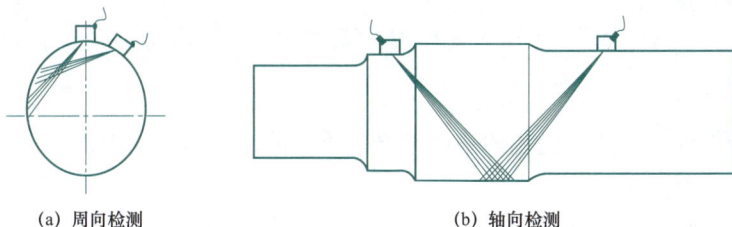

（a）周向检测　　　（b）轴向检测

图 2-73 轴类锻件斜探头周向、轴向检测

当缺陷呈径向且为面状或轴段上有不同直径时，直探头径向或轴向检测都很难发现，此时需要使用适当的斜探头做周向或轴向检测。考虑缺陷的取向，检测时探头应进行正、反两个方向的全面扫查。在实际工作中，由于轴上安装了许多零部件，所以轴的外圆面往往有许多不可实施超声波检测的部位，这时需要考虑使用两种或两种以上的探头进行检测。

2. 盘类锻件的检测

盘类锻件的锻造工艺主要以锻粗为主，由于缺陷的分布主要平行于端面，所以用直探头在端面检测是检出缺陷的最佳方法，如图 2-74 中的 A 位置。对于重要锻件，还应考虑从外圆面进行径向检测，如图 2-74 中的 B 位置。

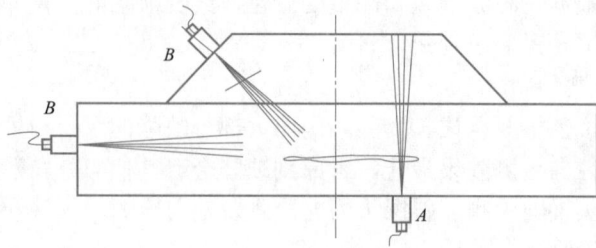

图 2-74　盘类锻件检测

3. 筒类锻件的检测

筒类锻件的锻造工艺是先锻粗、后冲孔、再滚圆。缺陷的取向比轴类锻件、盘类锻件中的复杂。但由于工件的中心部分（坯料中质量最差的部分）已被冲孔时去除，所以相对于轴类锻件、盘类锻件，筒类锻件的质量要好一些，其主要缺陷的取向与筒体外圆表面平行。

筒类锻件的检测仍以直探头和/或双晶探头外圆面检测为主。对于大壁厚的锻件，需加用斜探头检测，如图 2-75 所示。

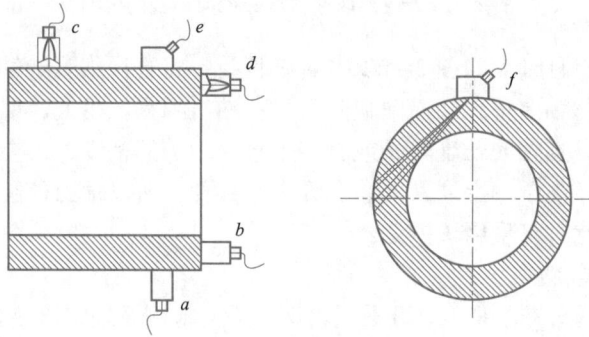

注：a 为直探头外圆面径向检测，b 为直探头端面轴向检测，c 为双晶探头外圆面径向检测；d 为双晶探头端面轴向检测，e 为斜探头轴向检测；f 为斜探头圆周方向检测。

图 2-75　筒类锻件

4. 检测技术要点

对于不同的锻件，超声波检测的条件选择是不同的，实际工作中需要针对特定的工件、检测目的和要求来适当选择。

（1）探头的选择

可用直探头、横波斜探头检测，其他形式的探头作为辅助检测，但不得用于初始（发现缺陷）的检测。

探头的标称频率通常在 1.0～6.0 MHz 之间。

直探头晶片的有效直径一般在 10～40 mm 之间。横波探头晶片的有效面积一般在 20～625 mm² 之间，横波探头声束折射角度一般在 35°～70°之间。如果需要近表面检测，可使用双晶探头。

（2）耦合剂的选择

锻件表面比较光滑平整，检测时一般选用水（有或没有防腐剂或软化剂）、油脂、油、甘油和水质糨糊作为耦合剂。

耦合剂应正确使用：在校验、设定灵敏度、扫查和缺陷评定时，必须使用相同型号的耦合剂。如果耦合剂的存在会影响后道工序的生产、检测工序或成品的质量，检测结束后，应清除干净。

（3）表面状态

扫查表面应光滑平整，无油漆、无氧化皮及干结的耦合剂，不得有阻碍探头自由移动或引起判断错误的物质。

通常检测表面粗糙度小于 12.5 μm；质量要求较高的，表面粗糙度小于 6.3 μm。

如果锻造表面状态能够满足制定的质量等级要求，也可以进行检测，但通常只适用于质量等级最低的锻件。当锻造表面进行全面检测有困难时，可使用喷丸、喷砂或表面研磨的方式进行预处理，以确保声耦合。

（4）材质衰减的测定

由于锻件尺寸大，材质的衰减对缺陷定量有一定的影响。特别是材质衰减较大时，影响更明显。因此，在锻件中有时要测定材质的衰减系数。一般规定材质衰减超过 4 dB/m 时，应对缺陷定量进行修正。

（5）试块的选择

校准试块：使用 1 号试块（IIW 试块）或与之相当的 CSK-ⅠA 型试块。

对比试块：当灵敏度是由距离 – 波幅曲线（DAC）方法设定和/或根据 DAC 方法按照参考反射体的幅度进行缺陷定量时，应制作对比试块。对比试块的表面状态应能代表被检材料的表面状态。通常对比试块应至少包含能覆盖整个检测深度的 3 个反射体。对比试块一般选用与被检材料同钢种、同热处理状态的材料制成。对比试块反射体尺寸一般按照被检材料的材质和质量等级来确定。直探头用对比试块反射体尺寸如表 2-7 所示。

表 2-7 对比试块反射体（平底孔）尺寸

材料	锻件厚度 r/mm	质量等级			
		1	2	3	4
铁素体 – 马氏体锻钢	—	8、12	5、8	3、5	2、5
奥氏体、奥氏体 – 铁素体不锈钢锻钢	r＜75	5、8	3、5	2、3	—
	75＜r＜250	8、11	5、8	3、5	
	250＜r＜400	14、19	8、11	5、8	
	r＞400	底面	11、15	—	
	400＜r＜600	—	—	8、11	—
	r＞600		底面	底面	

横波斜探头一般采用 3 mm 横孔作为基准反射体。

对比试块制作需按照相关标准执行，对于特殊对比试块可另行规定。

（6）仪器调节

扫描比例的调节一般按声程调节。要求扫描比例简单，调节比例适中，通常使用 1 号试块（IIW 试块）或与之相当的 CSK-Ⅰ、CSK-ⅠA 型试块对仪器的基本性能进行校准。

调节检测灵敏度的方法有两种：底波法和对比试块法。

底波法：当锻件被检测部位厚度（x）≥$3N$，且锻件具有平行底面或圆柱曲底面时，常用底波法来调节检测灵敏度。使用底波法，首先要计算或查 AVG 曲线求得底面回波与相应平底孔回波的分贝差，然后再调节。

对比试块法：采用单直探头检测时，当锻件的厚度（x）<$3N$ 或由于几何形状所限或底面粗糙时，应利用具有人工缺陷的试块来调节检测灵敏度。调节时将探头对准所需试块的平底孔，调"增益"使平底孔回波幅度达到基准高即可。值得注意的是，当试块表面形状、粗糙度与锻件不同时，要进行耦合补偿。当试块与工件的材质衰减相差较大时，还要考虑介质衰减补偿。

采用双晶直探头检测时，要利用双晶探头平底孔试块来调节检测灵敏度。具体做法是：先根据需要选择相应的平底孔试验块，并测试一组距离不同、直径相同的平底孔的回波，使其中最高回波幅度达满刻度的80%，在此灵敏条件下测出其他平底孔的回波最高点，并标在示波屏上，然后连接这些回波最高点，从而得到一条平底孔距离–波幅曲线，即 DAC 曲线，并以此作为检测灵敏度。

（7）扫查

通常使用脉冲反射式进行手工接触法扫查，所要求的最小扫查范围与锻件的类型相适应。扫查类型分为栅格扫查和100%扫查两种方式。

扫查方式需根据锻件类型、锻件外形、生产的方法、质量等级来确定。对于筒形锻件、环形锻件，当采用横波轴向扫查时，由于横波轴向扫查的有效深度受到探头角度和锻件直径的限制，所以通常需限制采用的范围是外径与内径之比小于1.6。

100%扫查时，相邻探头移动覆盖区至少为有效探头直径的10%。

（8）缺陷位置和大小的确定

① 缺陷位置。在锻件检测中，主要采取纵波直探头检测，因此可根据示波屏上缺陷波前沿所对的水平刻度值 n 和扫描比例 T 来确定缺陷在锻件中的位置。缺陷至探头的距离计算公式为

$$x_f = n \cdot T$$

② 缺陷大小的测定。

当量法：在锻件检测中，对于尺寸小于声束截面的缺陷一般用当量法定量。

若缺陷位于 x≥$3N$ 区域内，常用当量计算法和当量 AVG 曲线法定量。若缺陷位于 x<$3N$ 区域内，常用试块比较法定量。将缺陷的反射波高与规定的对比试块中等深度的平底孔反射波高直接比较，以确定缺陷的当量值。如果缺陷的埋藏深度与所用对比试块中的平底孔的埋藏深度不同，则可用两个埋藏深度与之相近的平底孔，用插入法进行评定，但不允许用外推法。必要时，可采用能使缺陷处于其远场区的探头进行检测。

测长法：对于尺寸大于声束截面的缺陷一般采用测长法，常用的测长法有 6 dB 法和端点 6 dB 法，必要时还可以采用底波高度法来确定缺陷的相对大小。

③ 缺陷回波的判定。

I 型动态波形图。当探头移动时，A 扫查显示器显示单个清晰的平滑地上升到最大振幅的指示，然后平滑地下降到 0。即如果缺陷在探头移动方向最高振幅下降较快，则缺陷长度较小。

II 型动态波形图。当探头移动时，A 扫查显示器显示单个清晰的平滑地上升到最大振幅的指示，该幅度维持或没有振幅变化，然后平滑地下降到 0。即如果缺陷在探头移动方向最

高振幅保持一定距离后，然后快速或逐渐下降，则缺陷长度较大。

点状不连续是指 I 型动态波形图和/或直径小于 −6 dB 声束宽度的不连续。长条形不连续是指 II 型动态波形图和/或直径大于 −6 dB 声束宽度的不连续。单个不连续是指点与点之间的距离大于 40 mm 的不连续。密集不连续是指点与点之间距离小于 40 mm 的不连续。

2.5.3　板材超声波探伤

板材的分类方法很多，如根据材质不同可将板材分为钢板、铝板、铜板等；根据厚度不同，可将板材分为薄板与厚板，厚度小于 6 mm 为薄板，厚度大于 6 mm 为厚板。

在实际生产中钢板应用最广，本节将以中厚钢板为例说明板材的超声波检测方法。

1. 钢板加工及常见缺陷

钢板是由板坯轧制而成的，而板坯又是由钢锭轧制或连续浇注而成的。钢板中常见缺陷有分层、折叠、白点等，如图 2-76 所示。

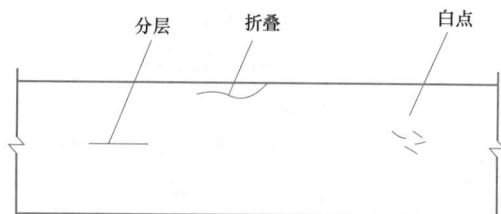

图 2-76　钢板中常见缺陷

分层是指板坯中缩孔、夹渣、气孔等在轧制过程中未密合而形成的分离层。分层破坏了钢板的整体连续性，影响钢板承受垂直板面的拉应力作用的强度。当分层位于焊接接头区域，尤其是坡口位置时，容易引起焊接缺陷，影响焊接质量。折叠是指钢板表面局部形成互相折合的双层金属。白点是钢板在轧制后冷却过程中氢原子来不及扩散而形成的，白点断裂面呈白色，多出现在厚度大于 40 mm 的钢板中。

由于钢板中的分层、折叠等缺陷是在轧制过程中形成的，因此它们大都平行于板面。

2. 检测方法

厚板以垂直板面入射的纵波检测法为主，以横波斜入射为辅，薄板常用板波检测法。检测的耦合方式有直接接触法和水浸法。采用的探头有单晶直探头、双晶直探头和聚焦探头。

钢板检测时，一般采用多次底波反射法，即在屏幕上显示多次底波。这样不仅可以根据缺陷波来判定缺陷情况，而且可以根据底波衰减情况来判定缺陷情况。只有当板厚很大时，才采用一次底波或二次底波法。

（1）接触法

接触法是指探头通过薄层耦合剂与工件接触进行检测。当探头位于完好区时，屏幕上显示多次等距离的底波，无缺陷波，如图 2-77（a）所示。当探头位于缺陷较小的区域时，屏幕上缺陷波与底波共存，底波有所下降，如图 2-77（b）所示。当探头位于缺陷较大的区域时，屏幕上出现缺陷的多次反射波，底波明显下降或消失，如图 2-77（c）所示。

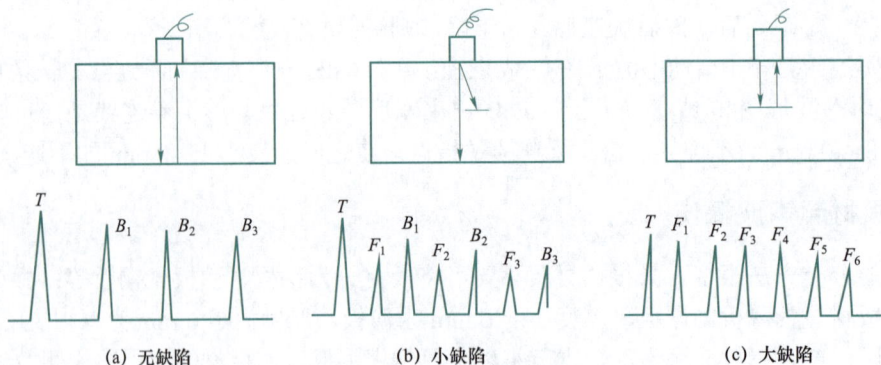

(a) 无缺陷　　　　(b) 小缺陷　　　　(c) 大缺陷

图 2-77　钢板接触法检测

在钢板检测中，当板厚、板中缺陷较小时，各次底波之前的缺陷波开始几次逐渐升高，然后再逐渐降低。这是由于不同反射路径声波互相叠加造成的，因此称为叠加效应，如图 2-78 所示。图中 F_1 只有一条路径，F_2 比 F_1 多三条路经，F_3 比 F_1 多五条路径，路径多，叠加能量多，缺陷回波高，但当路径进一步增加时，衰减也迅速增加，这时衰减的影响比叠加效应更大，因此缺陷波升高到一定程度后又逐渐降低。

钢板检测时，若出现叠加效应，一般应根据 F_1 来评价缺陷。只有当板厚小于 20 mm 时，才以 F_2 来评价缺陷，这主要是为了减少近场区的影响。

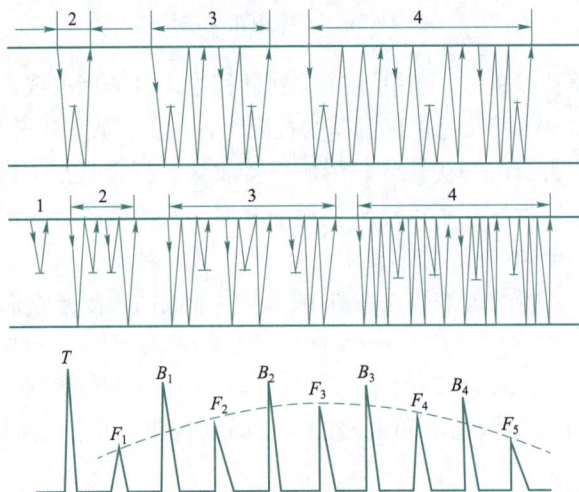

图 2-78　叠加效应

（2）水浸法（充水耦合法）

水浸法检测探头与钢板不直接接触，通过一层水来耦合。这时水/钢界面（钢板上表面）多次回波与钢板底面多次回波同时出现在屏幕上，这些回波互相干扰，影响对缺陷波的判定，不利于检测。实际检测时，通常通过调整水层厚度，使水/钢界面的第二次回波分别与钢板多次底波重合，此时在屏幕需要观察的有效范围内不会出现界面波，波形变得简单、清晰，有利于对波形的分析和判定，这种方法称为多次重合法。当界面第二次回波与钢板第一次底波重合时，称为一次重合法；当界面第二次回波分别与钢板第二次、第三次、第四次等底波重合时，分别称为二次重合法、三次重合法、四次重合法等，依次类推，如图 2-79 所示。

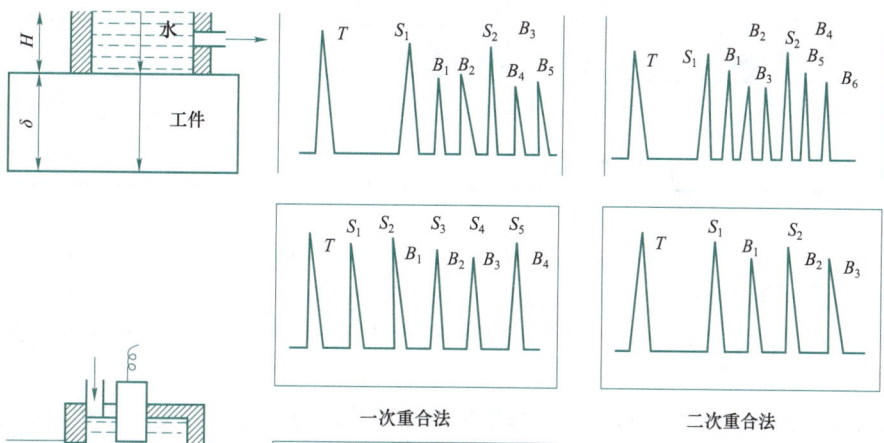

图 2-79　水浸多次重合法

应用水浸多次重合法检测，不仅可以减少近场区的影响，而且可以根据多次底波衰减情况来判断缺陷严重程度，一般常用四次重合法。

水浸法检测的特点：第一，探头与工件不接触，晶片不磨损，可实现薄晶片、高频率探伤，提高分辨力，相对于直接接触法，水浸法对工件表面粗糙度的要求较低。第二，容易实现声束斜入射，有利于检测工件各个方向的缺陷。第三，盲区小（始脉冲比界面波回波宽），可实现薄件探伤。第四，垂直入射时，要求严格控制入射角度。水中的声速约是钢中的 1/4，根据折射定律，当声束入射角 α 较小时，折射角 $\beta = 4\alpha$，即入射角一个微小的变化，折射角变化 4 倍，容易引起定位误差。第五，当入射角小于 10° 时，水/钢界面折射纵波往复透射率约为 0.1，说明声压会有 20 dB 的损失，因此采用水浸法检测时，需要使用灵敏度较高的探头。

根据钢和水中的声速，可得各次重合法水层厚度 H 与钢板厚度 δ 的关系为

$$H = n \frac{C_{水}}{C_{钢}} \delta \approx n \frac{\delta}{4}$$

式中，n——重合波次数。

3. 探头与扫查方式的选择

（1）探头的选择

探头的选择包括探头频率、直径和结构形式的选择。

探头频率：由于钢板晶粒比较细，所以为了获得较高的分辨力，宜选用较高的频率，一般为 2.5～5.0 MHz。

探头直径：钢板面积大，为了提高检测效率，宜选用较大直径的探头。但对于厚度较小的钢板，探头直径不宜过大，因为探头近场区长度大，对检测不利。一般探头直径在 0～30 mm 之间。

探头的结构形式主要根据板厚来确定。板厚较大时，常选用单晶直探头，板厚较薄时可选用双晶直探头，因为双晶直探头盲区很小。双晶直探头主要用于探测厚度 6～60 mm 的钢板。一般规定的探头类型如表 2-8 所示。

表 2-8 探头类型

钢板的公称厚度（δ）或任一缺陷区的深度/mm	探头的类型
$6 \leq \delta < 60$	双晶探头
$60 \leq \delta < 200$	单或双晶探头

在用水浸法或水柱技术进行自动检测时，厚度小于 60 mm 允许用单晶探头。

（2）扫查方式的选择

根据钢板用途和要求不同，采用的主要扫查方式分为全面扫查、列线扫查、边缘扫查和格子扫查等几种。

全面扫查对钢板做 100% 的扫查，每相邻两次扫查应有一定的覆盖，一般不少于 10%，探头移动方向垂直于压延方向。全面扫查主要用于重要钢板检测。

列线扫查：在钢板上划出等距离的平行列线，探头沿列线扫查，一般列线间距为 100 mm，并垂直于压延方向，如图 2-80（a）所示。

边缘扫查：在钢板边缘或焊接坡口线两侧一定宽度的范围内做全面扫查，扫查宽度可根据相应技术规范或标准确定，一般为板厚的 1/2，最小为 50 mm，如图 2-80（b）所示。

格子扫查：在钢板探测面上画格子线，探头沿格子线扫查，格子线间距根据相应技术规范或标准确定，一般为 200 mm×200 mm，如图 2-80（c）所示。

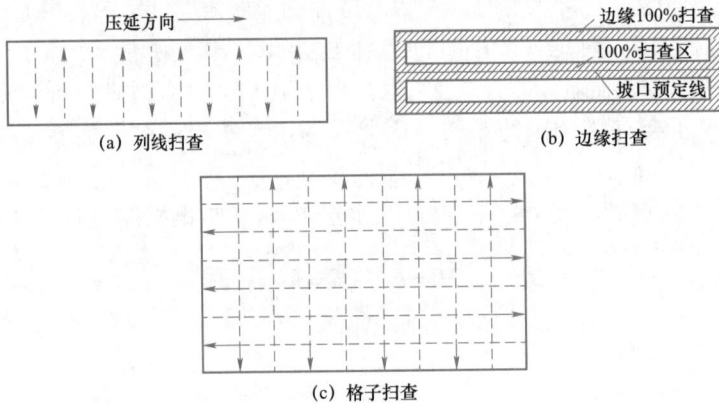

图 2-80 板材的扫查方式

为了防止漏检，手工检测时探头移动速度应在 200 mm/s 以内，水浸自动检测时探头移动速度以 500～1 000 mm/s 为宜。扫查中发现缺陷时应在其周围细探，确定缺陷的面积。

4. 探测范围和灵敏度的调整

（1）探测范围的调整

探测范围的调整一般根据板厚来确定。接触法检测，当板厚在 30 mm 以下时，应能看到 B_{10}，探测范围调至 300 mm 左右。当板厚为 30～80 mm 时，应能看到 B_5，探测范围为 400 mm 左右。当板厚大于 80 mm 时，可适当减少底波的次数，但探测范围仍保证在 400 mm 左右。

（2）灵敏度的调整

钢板检测灵敏度的调整可采用试块法、当量计算法、大平底法等，常用的调整方法有以下几种。

① 阶梯试块法。当板厚＜20 mm 时，一般选用双晶片探头，可使用工件或阶梯试块调整灵敏度。阶梯试块如图 2-81 所示。调整时，将探头置于工件完好部位或与工件等厚的阶梯面上，使第一次底波为基准波高（如满屏 50%），再提高 10 dB 作为检测灵敏度。采用阶梯试块法时，应视情况进行传输修正补偿。

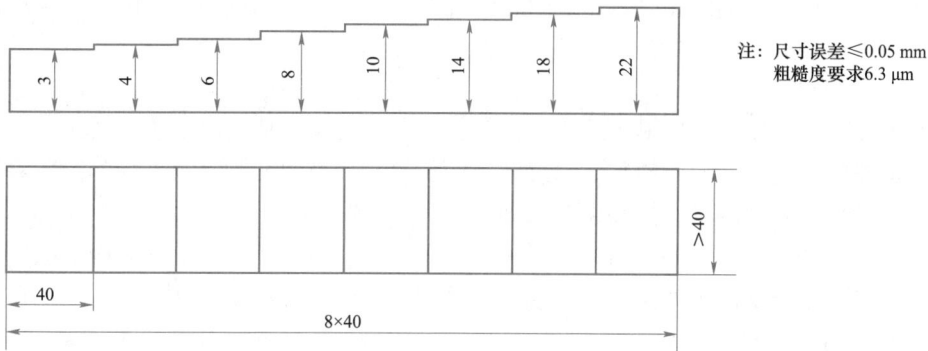

注：尺寸误差≤0.05 mm
粗糙度要求6.3 μm

图 2-81　阶梯试块

② 试块法。当板厚＞20 mm 时，可使用平底孔试块调整检测灵敏度，平底孔的直径及埋藏深度可根据检测技术规范或标准确定，较常用的平底孔直径为 5 mm，如图 2-82 所示。调整时，将平底孔第一次回波调整到基准波高（如满屏 50%）作为检测灵敏度。采用试块法时，视情况进行传输修正补偿。

③ 大平底法。当板厚＞3N 时也可以采用大平底法调整检测灵敏度。

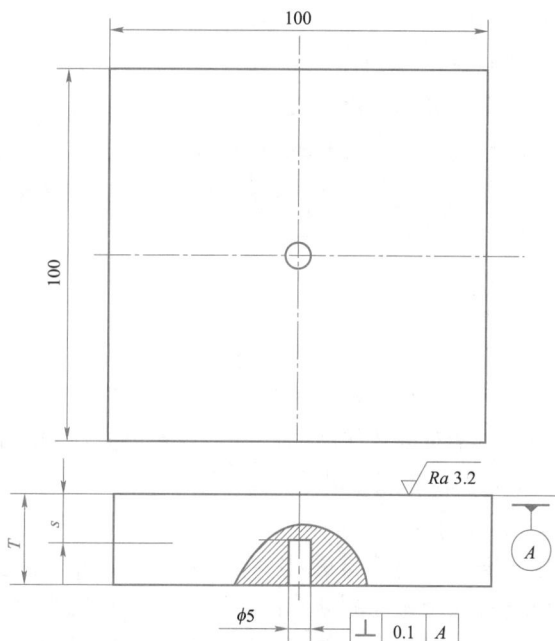

图 2-82　钢板检测对比试块

5. 缺陷的判别与测量

（1）缺陷的判别

钢板检测时，一般应根据缺陷波和底波来判别钢板中的缺陷情况。当出现下列情况之一时，应对缺陷进行评估：屏幕上同时出现缺陷波和底波；只出现缺陷波；虽无缺陷波，但底波明显下降或底波波次减少。

评估时，应根据缺陷波和底波总体变化情况进行判定，如只出现缺陷波而无底波，说明钢板中可能存在较大缺陷，并根据相应标准做出评判。

（2）缺陷的测量

检测中发现缺陷以后，要测定缺陷的位置、大小，必要时估判缺陷的性质。

缺陷位置的测定包括确定缺陷的深度和平面位置。前者可根据屏幕上缺陷波所对的刻度来确定，后者根据发现缺陷的探头位置来确定。

对于钢板中的小缺陷（小于声束直径）可采用试块比较法、大平底法等确定缺陷当量；大缺陷一般采用测长法测定其指示长度或指示面积，常用的方法是 6 dB 法。

缺陷性质的估判如下。

分层：缺陷波形陡直，底波明显下降或消失。

折叠：检测面不同，折叠的波形可能不同。在折叠面检测时，不一定有缺陷波，但底波明显下降，次数减少甚至消失，始波加宽；当在折叠的另一侧检测时，可能无缺陷波，但底波下降，底波声程略有降低。

白点：波形密集、尖锐、活跃，底波明显降低，次数减少，重复性差，移动探头，回波此起彼伏。

2.5.4 棒材超声波探伤

1. 棒材及棒材中的主要缺陷

棒材是指坯料经过轧制或锻造而成的形状简单（圆形、方形等）的半成品。棒材也可以视为形状简单的锻件。棒材的缺陷分为内部缺陷和外部缺陷，主要缺陷是中心部位的残余缩孔和夹杂物，还有在轧制、锻造过程中以这些缺陷为源而产生的裂纹等。圆钢是最常见的棒材，本节重点介绍圆形棒材的超声波检测特点。

2. 棒材超声波探伤的特点

（1）检测灵敏度要求较高

轨道装备用锻件有的需要进行超声波检测，且要求灵敏度高。这类锻件许多是由棒材模锻而成，形状复杂，成品后很难进行超声波检测，有的只能进行局部超声波检测。为保证此类锻件的质量，最好的办法是先对锻件使用的棒材进行超声波检测，成品后再对能检测的部位进行检测，此时对棒材的检测灵敏度要求较高。

（2）声能透射率较小

如图 2-83 所示，用平面探头对棒材进行接触法检测时，平面探头与棒材呈线接触，接触面积小，即使耦合剂填充满了接触线的周围区域，与平面接触相比耦合层厚度增加且为曲面，也会使声能的透射率降低，同时使入射到棒材横截面声束发散，造成能量分散，灵敏度下降，因此检测时需进行灵敏度补偿。

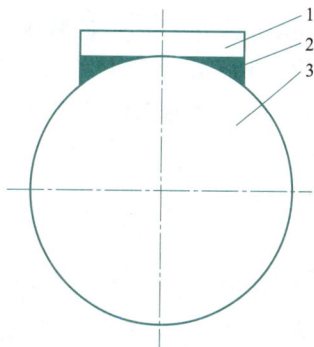

1—探头；2—耦合层；3—棒材。

图 2－83　平面探头与棒材接触情况

（3）柱面反射杂波较多

用纵波直探头检测棒材时，特别是小直径棒材，由于多次反射和波形转化，在棒材中可能会同时存在纵波、横波、表面波。由于各种波形的传播速度不一致，传播路径也不同，所以会在示波屏上出现一些柱面反射杂波，如三角反射迟到波、五角反射迟到波等。棒材的直径越小，示波屏上的回波图形就越复杂。

典型的柱面反射杂波如图 2－84 所示，习惯上称为三角反射迟到波。纵波直探头径向探测实心圆柱时，由于探头平面与柱面接触面积小，使波束扩散角增加，这样扩散波束就会在圆柱面上形成三角反射路径，从而在示波屏上出现三角发射波，人们把这种反射称为三角反射。如图 2－84（a）所示，纵波扩散波束在圆柱面上不发生波形转换，形成等边三角形反射，其回波声程为 1.3d。

如图 2－84（b）所示，纵波扩散波束在圆柱面上发生波形转换，即 L→S→L，形成等腰三角形反射，其声程为 1.67d。

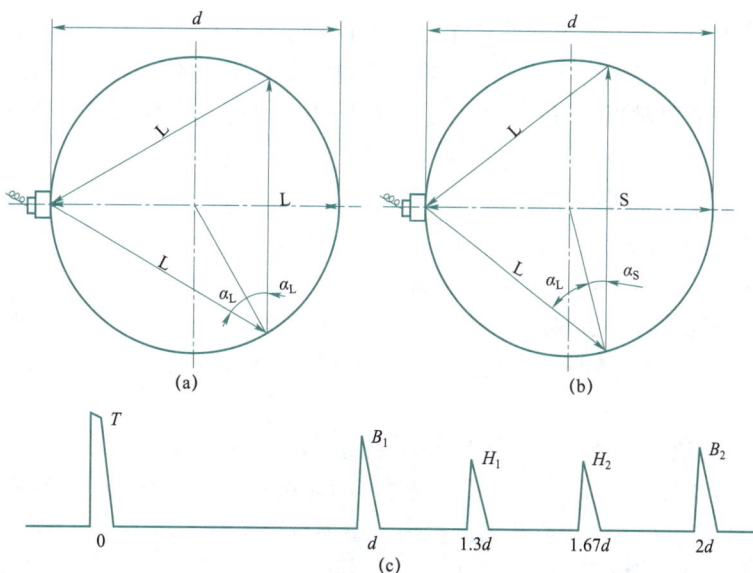

图 2－84　典型的柱面反射杂波

两次三角反射波总是位于第一次底波 B_1 之后，而且位置特定，分别为 $1.3d$ 和 $1.67d$，而缺陷波一般位于 B_1 之前，因此三角反射波也不会干扰缺陷波的判别，如图 2 - 84（c）所示。

区分柱面反射杂波与缺陷波并不难，因为棒材是圆的，当探头移动或棒材旋转时，缺陷波的位置会发生变化，而柱面反射杂波的相对位置一般不会变化。实际检测时应注意杂波的影响，避免误判。

（4）特殊缺陷回波

与轴类锻件相同，棒材检测时也会出现游动回波、W 形反射等，检测时应加以判断。下面介绍 W 形反射。

如图 2 - 85 所示，当平面探头与棒材接触时，发散的入射声波经棒材底面的凹面反射，会聚焦在 $\frac{4}{3}R$ 处，如果该点存在小缺陷，发散的声束经底面反射至缺陷，再从缺陷反射至底面，由底面反射至探头，形成 W 形反射。此时一个缺陷会在示波屏上形成两个指示，一个在底波前，一个在底波后，由于棒材底面的聚焦作用，底波后的缺陷波可能比底波前的缺陷波高，检测时应引起注意，出现此类情况时，应以底波前的缺陷波进行评价。

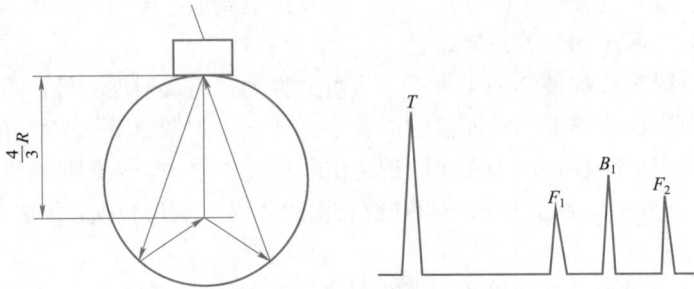

图 2 - 85　W 形反射

3. 棒材超声波探伤技术

棒材的直径大小影响超声波检测效果，当直径较小时，探头平面与棒材表面曲率相差较大，实际接触面积较小，耦合效果差，使得声波能量损失大且不稳定，检测困难。为了提高探头耦合效果，通常要对探头进行适当修磨，使探头接触面形状尽可能与棒材吻合，或制作专用探头靴。

通常按棒材直径大小可将棒材分为大直径棒材（简称大棒材）和小直径棒材（简称小棒材），工程上大棒材与小棒材没有严格的界限，有的棒材（如钢棒）直径大于 80 mm 视为大棒材，有的棒材（如铝棒）直径大于 20 mm 视为大棒材。

棒材的超声波检测与轴类锻件类似，以圆周面径向纵波检测为主（主要检测内部的残余缩孔和夹杂物），横波检测为辅（主要发现轴向分布的表面、近表面径向缺陷，如表面裂纹、折叠等）。

① 检测方法的选择。检测方法分为直接接触法和水浸法。实际检测时大棒材通常选用接触法，小棒材选用水浸法。采用水浸法检测时，考虑到声束的发散性，一般使用聚焦探头。

② 探头的选择。大棒材一般选用直探头，小棒材选用双晶探头，晶片频率一般为 2.5～10 MHz，晶片面积视工件而定。

③ 时基线调节。与轴类锻件相同，比例适中，检测范围至少应覆盖整个棒材直径。

④ 灵敏度调节。一般采用试块法，棒材直径较大（直径大于 $3N$，N 为近场长度）时，也可采用大平底法、AVG 曲线法等。常用的纵波径向对比试块如图 2-86 所示，其中平底孔直径（D）可根据相应标准或技术规范确定。

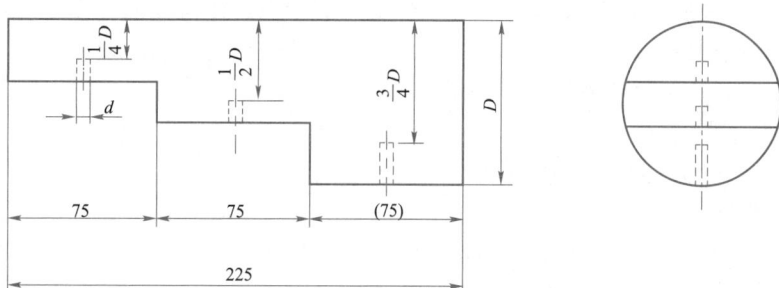

图 2-86　纵波径向对比试块

⑤ 缺陷定位。与轴类锻件检测相同，根据扫描比例和缺陷波位置确定缺陷深度，即径向位置，根据探头相对位置确定缺陷轴向位置。棒材检测一般更关心的是缺陷轴向位置，因为棒材一般作为原材料使用，如发现缺陷，可切除后使用。

⑥ 缺陷定量。一般采用试块比较法，大棒材也可采用当量计算法，如 DAC 曲线法。

⑦ 质量验收。按相应标准或技术规范对发现的缺陷进行评判，并做出质量等级评定或合格与否的判定。

2.5.5　焊接接头超声波探伤

1. 常见焊接缺陷

焊接接头中常见的缺陷有气孔、夹渣、未熔合、未焊透和裂纹等。

（1）气孔

气孔是指在焊接过程中，焊接熔池高温时吸收了过量的气体或冶金反应产生的气体，在冷却凝固之前因来不及逸出而残留在焊缝金属内所形成的空穴。产生气孔的主要原因是焊条或焊剂在焊前未烘干、焊件表面污物清理不净等。气孔大多呈球形或椭圆形，可分为单个气孔、链状气孔和密集气孔。

（2）夹渣

夹渣是指焊后残留在焊缝金属组织内的焊渣或非金属夹杂物。夹渣表面不规则。产生夹渣的主要原因是焊接电流过小、速度过快、焊件表面清理不干净。夹渣可分为点状夹渣和条状夹渣。

（3）未熔合

未熔合主要是指填充金属与母材之间或填充金属各层之间没有完全熔化结合。产生未熔合的主要原因是坡口不干净、焊条行走速度太快、焊接电流过小、焊条角度不当等。未熔合分为坡口面未熔合和层间未熔合。

（4）未焊透

焊接时，接头处母材与母材未完全熔透的现象称为未焊透。未焊透一般位于焊缝中心线上，有一定的长度。在厚板双面焊接接头中，未焊透位于焊缝中部。产生未焊透的主要原因是焊接电流过小、运条速度太快或焊接参数不当（如坡口角度过小，根部间隙过小或钝边过大等)。未焊透分为根部未焊透、中间未焊透和层间未焊透等。

（5）裂纹

裂纹是指在焊接过程中或焊后，在焊缝或母材的热影响区范围金属局部破裂的缝隙。裂纹分为热裂纹、冷裂纹和再热裂纹等。裂纹有不同的分类，按裂纹的分布不同，可分为焊缝区裂纹和热影响区裂纹；按裂纹的取向不同，可分为纵向裂纹和横向裂纹。

2. 焊接接头超声波探伤通用技术及要求

本节主要以平板对接焊接接头为例，介绍超声波检测技术在焊接接头超声波检测中的应用，其他焊接接头超声波检测结合自身特点参照使用。

（1）探伤方法

焊接接头内的气孔、夹渣为立体型缺陷，危害性较小，而裂纹、未熔合、未焊透是平面型缺陷，危害性较大。焊接接头检测时，由于余高的存在及焊缝中裂纹、未熔合、未焊透等危险性大的缺陷往往与检测面垂直或成一定的角度，因此一般采用横波斜探头检测，同时辅以纵波直探头。

检测出缺陷后，根据缺陷回波形状和高度的变化，结合缺陷的位置和焊接接头结构参数，对缺陷的性质进行综合评估、判断，并综合考虑缺陷长度、缺陷当量，按照相应检测标准进行验收。

（2）探伤等级

焊接接头质量主要与材料、焊接工艺和工作条件有关。为了满足所有这些要求，GB/T 11345/ ISO 17640 规定了 4 个检测等级，即 A、B、C 和 D 级。

检测等级 A，B，C，通过增加检测覆盖范围提高缺陷检出概率，如增加扫查次数和探头移动区等；检测等级 D 适用于特殊应用。

一般来说，检测等级与质量等级相关（ISO 5817、ISO 10042），可以通过焊缝检测标准、应用、产品标准或其他文件规定一个合适的检测等级。

3. 探伤区域和探头移动区域

（1）探伤区域

焊接接头超声波探伤区域是指焊缝和焊缝两侧至少各 10 mm 宽母材或热影响区宽度（取二者较大值）的内部区域，如图 2-87 所示。声束扫查应覆盖整个探伤区域。

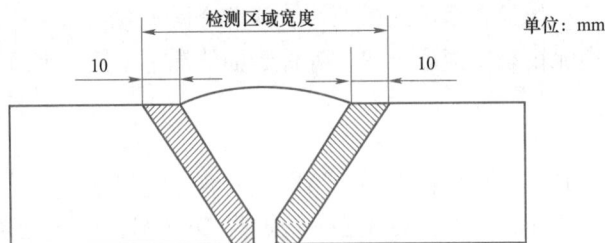

图 2-87　检测区域宽度

（2）探头移动区域

探头移动区应足够宽，以保证声束能覆盖整个检测区域；增加检测面，如在焊接接头双面进行扫查，可缩短探头移动区宽度。

　　探头移动区表面应平滑，无焊接飞溅、铁屑、油垢及其他外部杂质。探头移动区表面的不平整度，不应引起探头和工件的接触间隙超过 0.5 mm。如果间隙超标，则应进行修整。

　　焊缝单面双侧扫查时的每侧修整宽度（P）一般根据母材厚度确定，当采用一次反射波时，探头移动区域＞1.25P，当采用直射法时，探头移动区域≥0.75P。其中

$$P = KT , \quad P = 2T \tan \beta$$

式中：K——探头的 K 值；

　　　　T——工件厚度；

　　　　β——探头折射角。

4. 探头选择

（1）频率选择

　　焊接接头晶粒比较细小，板厚一般不大，可选用较高的频率进行无损检测，一般为 2～5 MHz。对于板厚较小的焊缝，可采用较高的频率；对于板厚较大、衰减明显的焊接接头，应选用较低的频率。

　　对缺陷进行性质判定时，初始检测应尽可能选择较低的检测频率；对缺陷进行当量与长度测定时，如有需要可选择较高的检测频率，以改善探头分辨力。

（2）晶片尺寸选择

　　晶片尺寸的选择与频率和声程有关。在给定频率下，探头晶片尺寸越小，近场长度和宽度就越小，远场中声束扩散角就越大。对板厚较小的焊接接头，可采用较小的晶片尺寸；对板厚较大的焊接接头，应采用较大的晶片尺寸。

（3）探头 K 值（角度）选择

　　K 值为探头折射角的正切值，即 $K = \tan 0°$。常用 K 值与折射角的对应关系如表 2–9 所示。

表 2–9　焊接接头检测斜探头常用 K 值与折射角的对应关系（钢）

K 值	0.7	1	1.5	2	2.5	3
P	35°	45°	56°18′	63°24′	68°12′	71°36′

　　探头 K 值的选择应从以下 3 个方面考虑：使声束能扫查到整个焊接接头截面；使声束中心线尽量与主要危险性缺陷垂直；保证有足够的检测灵敏度。

　　一般的焊接接头都能满足使声束扫查整个焊接接头截面。只有当焊缝宽度较大、K 值选择不当时才会出现扫查不到的情况。

　　一般斜探头 K 值可根据工件厚度来选择，薄工件采用大 K 值，以避免近场区检测，提高定位定量精度。厚工件采用小 K 值，以便缩短声程，减少衰减，提高检测灵敏度，同时还可减少打磨宽度。实际检测时，可按表 2–10 选择 K 值。在条件允许的情况下，应尽量采用大 K 值探头。

　　此外，当需要采用二次及以上回波检测时，应注意保证声束与底面反射面法线的夹角在35°～70°之间。当使用多个斜探头进行检测时，其中一个探头应符合以上要求，且应保证一个探头的声束尽可能与熔合面垂直，多个探头间的折射角度差应不小于 10°。

表 2 – 10　斜探头 K 值选择

T/mm	8~25	>25~46	>46
K	3.0~2.0	2.5~1.5	2.0~1.0
(β)	(72°~63°)	(68°~56°)	(63°~45°)

超声波检测时要注意，K 值常因工件中的声速变化和探头的磨损而发生变化，所以检测时必须在试块上实测 K 值，并在以后的检测中经常校验。

通常采用 CSK – IA 试块测定法，探头对准 CSK – IA 试块上 $\phi1.5$ mm（$74° \leqslant \beta \leqslant 80°$）或 $\phi50$ mm（$35° \leqslant \beta \leqslant 76°$）反射体，前后平行移动探头，找到最高回波，这时探头入射点对应的刻度值即为探头的 K 值。但这种方法不太精确，若量出探头前沿至试块端面的距离 l，则用下式计算，结果会精确一些。

$$K = \frac{l + l_0 - 35}{30}$$

式中：l——探头前沿到试块端面距离；

　　　l_0——探头前沿距离。

还可以利用试块侧面端角或工件平板母材端角验证探头前沿、K 值测试是否准确。具体方法为：用一次波检测端角，在回波最高位置测量探头前沿到端面的距离，如图 2 – 88 所示，其测量值应与仪器显示的简化水平距离一致，此时仪器显示的深度值应与试块或工件的厚度一致。

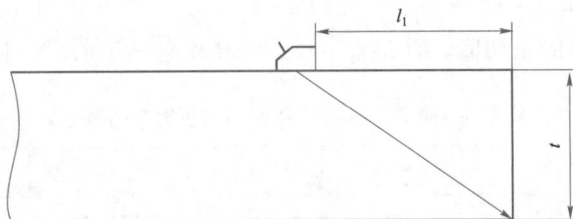

图 2 – 88　端角反射测试法

5. 耦合剂

焊接接头检测通常使用接触法，常用的耦合剂有全损耗系统用油（机油）、甘油、糨糊、润滑脂和水等。目前实际检测中用得最多的是机油与糨糊。从耦合效果看，糨糊与机油区别不大，但糨糊有一定的黏性，可用于任意姿势的检测操作，并具有较好的水洗性，用于垂直面或顶面检测具有独到的好处。此外，后续还要进行组合焊接的部件，采用油、脂作为耦合剂时要避免耦合剂沾到后续焊接部位，否则会影响后续焊接质量。

仪器时基范围调节、灵敏度设定和工件检测时应选用相同耦合剂。

6. 超声波检测仪扫描速度的调节

扫描速度的调节方法主要有声程法、水平法和深度法。在用横波检测焊接接头时，常用水平法和深度法。当板厚<20 mm 时，常用水平法；当板厚>20 mm 时，常用深度法。声程法多用于直探头。对于数字式超声波检测仪而言，调节任一参数，其他两个参数也就自然调节完成。

7. 参考灵敏度的设定方法和距离-波幅曲线（DAC）

根据相关要求和实际情况选用下列任一技术设定参考灵敏度，参考灵敏度一般不低于评定等级，评定等级与验收等级相关。

① 以直径为 3 mm 横孔作为参考反射体，制作距离-波幅曲线，其参考灵敏度一般为 H_0-14 dB。

② 以规定尺寸的平底孔作为参考反射体，制作纵波/横波距离增益尺寸（DGS）曲线，其参考灵敏度一般为 H_0-8 dB。

③ 以宽度和深度均为 1 mm 的矩形槽作为参考反射体。该技术仅应用于斜探头（折射角 ≥70°）检测厚度为 8~15 mm 的焊缝，其参考灵敏度一般为 H_0-14 dB。

④ 串列技术，以直径为 6 mm 平底孔（所有厚度）作为反射体，垂直于探头移动区。该技术仅应用于斜探头（折射角为 45°）检测厚度大于 15 mm 的焊缝，其参考灵敏度一般为 H_0-22 dB。

使用简单形状的人工反射体，如横孔或平底孔，对于自然不连续的定量不会给出真实的尺寸，而仅仅是一个当量值。真实不连续的真实尺寸可能远大于此当量值。横孔和矩形槽的长度应大于用 -20 dB 法测得的声束宽度。当使用的频率较低（一般小于 2 MHz）且声程长度较大时，应确保横孔或矩形槽有足够的长度。

缺陷波高与缺陷大小及距离有关，大小相同的缺陷由于距离不同，回波高度也不相同。描述某一确定反射体回波高度随距离变化的关系曲线称为距离-波幅曲线。它是 AVG 曲线的特例。

距离-波幅曲线与实用 AVG 曲线一样可以实测得到，也可由理论公式或通用 AVG 曲线得到，但三倍近场区内只能实测得到。由于实际检测中经常是利用试块实测得到的，因此这里仅以 RB-2 试块为例简单介绍距离-波幅曲线（DAC）的绘制方法。制作方法如图 2-89 所示。制作好的 DAC 曲线为参考灵敏度曲线 H_0。

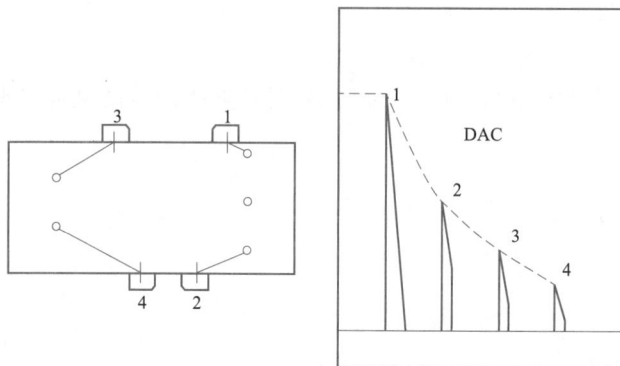

图 2-89　RB-2 试块及其 DAC 曲线

8. 常用的扫查方式

（1）锯齿形扫查

锯齿形扫查即探头沿锯齿形路线进行扫查，如图 2-90 所示。扫查时，探头要做 10°~15° 转动，这是为了发现与焊缝倾斜的缺陷。此外，每次前进齿距不得超过探头晶片直径。这是因为间距太大，会造成漏检。

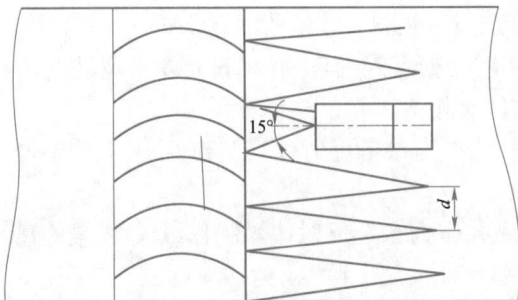

图 2-90　锯齿形扫查示意

此外，为确定缺陷的位置、方向、形状，观察缺陷动态波形或区分缺陷真假，还可采用前后、左右、转角及环绕 4 种基本扫查方法，如图 2-91 所示。

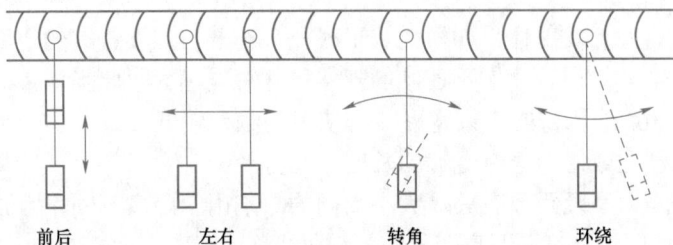

图 2-91　4 种基本扫查方式

（2）左右扫查与前后扫查

当用锯齿形扫查发现缺陷时，可用左右扫查和前后扫查找到回波的最大值，用左右扫查来确定缺陷沿焊缝方向的长度，用前后扫查来确定缺陷的水平距离或深度。

（3）转角扫查

转角扫查可用于推断缺陷的方向。

（4）环绕扫查

环绕扫查可用于推断缺陷的形状。环绕扫查时，如果回波高度几乎不变，则可判断缺陷为点状缺陷。

（5）平行扫查或斜平行扫查

为了检测焊缝或热影响区的横向缺陷，对于磨平的焊缝可将斜探头直接放在焊缝上做平行移动，对于有加强层的焊缝可在焊缝两侧边缘，使探头与焊缝成一定夹角（10°～45°）做平行或斜平行移动，如图 2-92 所示的 T 扫查，但灵敏度要适当提高。

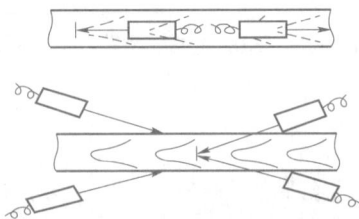

图 2-92　T 扫查

（6）双探头扫查

在厚板焊接接头检测中，与检测面垂直的内部未焊透、未熔合等缺陷用单个斜探头很难检测出。一般采用两种探头探伤，即小 K 值探头和大 K 值探头。有时还要采用串列式扫查才能发现缺陷，如图 2-93 所示。但是要注意，这种方式会有检测不到的区域，对这部分区域可以用单斜探头检测。

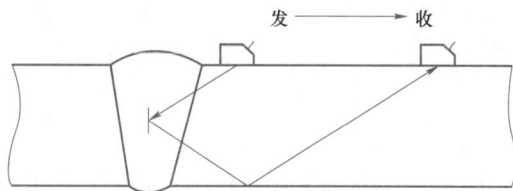

图 2-93　双探头扫查

9. 缺陷回波性质判断

检测出缺陷后，应在不同的方向对该缺陷进行检测，根据缺陷波形状和高度的变化，结合缺陷的位置和焊接工艺，对缺陷的性质进行综合判断。但到目前为止，还没有一个非常准确的方法，只是进行估判。典型缺陷的估判方法如下。

（1）气孔

单个气孔回波高度低，波形较稳定；从各个方向检测，反射波高大致相同，但稍一移动探头就消失。密集气孔为一簇反射波，其波高随气孔的大小而不同，当探头做定点转动时，会出现此起彼落的现象。

（2）夹渣

点状夹渣的回波信号与点状气孔相似，条状夹渣回波信号多呈锯齿状。它的反射率低，一般波幅不高，波形常呈树枝状，主峰边上有小峰。探头平移时，波幅有变动，从各个方向检测，反射波幅不同。

（3）未熔合

当超声波垂直入射到未熔合表面时，回波高度大。但如果是无损检测方法和折射角选择不当，就有可能漏检。未熔合反射波的特征是探头平移时，波形较稳定；两侧检测时，反射波幅不同，有时只能从一侧检测到。

（4）未焊透

对于单面焊根部未焊透，类似端角反射，$K=0.7\sim1.5$，灵敏度较高。探头平移时，未焊透波形较稳定。焊缝两侧检测时，均能得到大致相同的反射波幅。

（5）裂纹

一般来说，裂纹的回波高度较大，波幅宽，会出现多峰。探头平移时，反射波连续出现，波幅有变动；探头转动时，波峰有上、下错动现象。

10. 非缺陷回波的分析

在焊接接头超声波检测中，荧光屏上除了出现缺陷回波外，还会出现伪缺陷波（假信号）。所谓伪缺陷波，是指荧光屏上出现的并非焊缝中缺陷造成的反射信号。伪缺陷波的种类很多，常见的伪缺陷波如下。

（1）仪器杂波

在不接探头的情况下，由于仪器性能不良，当检测灵敏度调节过高时，荧光屏上出现单峰的或者多峰的波形，但以单峰多见。接上探头工作时，此波在荧光屏上的位置固定不变。一般情况下，降低灵敏度后，此波即消失。

（2）探头杂波

仪器接上探头后，即在荧光屏上显示出脉冲幅度很高、很宽的信号。无论探头是否接触工件，它都存在，且位置不随探头移动而移动，即固定不变，此种假信号容易识别。产生的原因主要有：探头吸收块的作用降低或失灵、探头卡子位置装配不合适、有机玻璃斜楔设计不合理、探头磨损过大等。

（3）耦合剂反射波

若探头的折射角较大，而检测灵敏度又调得较高，则有一部分能量转换成表面波，这种表面波传播到探头前沿耦合剂堆积处，也造成反射信号。遇到这种信号，只要探头固定不动，随着耦合剂的流失，波幅慢慢降低，很不稳定。用手擦掉探头前面的耦合剂时，信号就消失。

（4）焊缝表面沟槽反射波

在多道焊的焊缝表面会形成一道道沟槽，当超声波扫查到沟槽时，会引起沟槽反射。鉴别的方法是：一般出现在一次波、二次波处或稍偏后的位置，这种反射信号的特点是不强烈、迟钝。

（5）焊缝上下错位引起的反射波

由于板材在加工坡口时，上下刨得不对称或焊接时焊偏造成上下层焊缝错位，如图 2-94 所示。由于焊缝上下焊偏，在 A 侧检测时，焊角反射波很像焊缝内的缺陷。当探头移到 B 侧检测时，在一次波前没有反射波或测得探头的水平距离在焊缝的母材上，这说明焊偏。

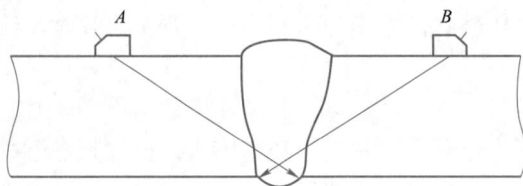

图 2-94　焊偏在超声波检测中的辨别

任务 2.6　铁道车辆典型零件超声波探伤

2.6.1　车轴超声波探伤

车轴是轨道交通装备走行部的关键部件，其质量对行车安全有着直接影响。车轴直接关系到装备的检修周期和运行安全，因此必须对装备制造和维修中的车轴实行超声波探伤。

车轴超声波探伤采用纵波探伤法。纵波探伤法是使用纵波直探头从车轴端面进行扫查，能够对车轴全长进行穿透检测。纵波探伤法具有探测范围广、扫查速度快、探伤灵敏度高等特点，是超声波探伤中十分重要的一种方法，也是车轴探伤最早使用的探伤方法。

车轴超声波探伤的目的主要有两个：一是对车轴进行纵向透声检测，以便发现车轴内部缺陷，包括晶粒粗大、夹杂、疏松、缩孔等车轴内部材质缺陷或加工缺陷，这主要针对新制车轴而言的；二是检测疲劳大裂纹，这是针对在役检修车轴而言的，由于声波几乎与疲劳裂纹垂直，能够有效避免轮心波、台阶波及其他各种波的干扰，因而有很高的可靠性，可以很好地弥补横波探伤法和小角度纵波探伤法的某些不足或失误。不过，由于受车轴台阶和侧壁效应的影响，纵波检测大裂纹的灵敏度较低，所以一般只能探测出深度 4～5 mm 以上的裂纹。

1. 车轴缺陷的种类及其产生的原因

（1）缺陷的种类

机车车辆用车轴系由铸钢锭经锻造和热处理等加工而成，其内部存在多种缺陷，其形成的机理也较复杂，要完全发现这些缺陷，必须采用超声波探伤、金相等多种检测方法。其中在车轴内部存在的各种缺陷中，对行车危害较大的有：缩孔、疏松、严重偏析、严重夹杂、各种裂纹、白点和晶粒粗大等，这些缺陷也正是超声波探伤所能发现的。

（2）缺陷产生的原因

① 缩孔和缩管。缩孔和缩管属于铸造缺陷，它是在浇注钢锭过程中形成的，当液态金属注入钢锭模时，其凝固过程是由四周向中心、底部向上部逐渐进行并发生体积收缩，如果冷却过程中不能随时补入液态金属，那么在钢锭冒口处将形成喇叭形空洞，此空洞称为缩孔。当缩孔比较严重时，具有较大的长度，又称为缩管。在车轴中存在缩孔已不是原始状态，而是在锻造前未完全切除的残余缩孔或钢锭中二次缩孔。由于缩孔存在于车轴的中心部位，从一端向锻件内部延伸，在锻造加工时随着金属的延伸而被拉长，所以在轴内沿轴中心线呈条状分布。

② 疏松。疏松的形成与缩孔相同，也是由于金属在冷凝过程中由体积收缩而造成的。所谓疏松，其本质就是固态金属的多孔性或不致密性，与缩孔形成原因不同的是冷凝速度的差别，冷凝速度快时，其金属的体积收缩不能集中产生，因而形成弥散性的疏松。

在铸锭过程中，疏松与缩孔往往同时存在，经锻造的车轴，疏松情况会有所改善，但严重的疏松仍不能消除。

③ 夹杂物。金属的夹杂物可分为两类，即内在夹杂物和外来夹杂物。

内在夹杂物是车轴钢在冶炼、浇注和冷凝过程中，由于内部各成分间或金属与气体、容器等接触所引起的化学反应而形成的产物。这类夹杂物颗粒非常细小，而且弥散。但有时这类夹杂物在铸锭时，由于它的熔点和比重不同，易集中于钢锭的中心部位，这种现象称为偏析。密集在锻件中心部位的叫作中心性偏析；不在锻件中心部位，而呈方形的，称为方形偏析。

外来夹杂物一般是从炼钢炉、钢包或其他设备上掉下来的耐火材料，这种夹杂物较大，在锻造时被粉碎成较小的颗粒或压成片状，夹在车轴内部，这种缺陷也可称为夹灰。

④ 裂纹。轴钢在浇注、锻造和热处理等加工过程中，由于加工温度不当或不均匀，以及施加压力不适当或不均匀，都将引起金属的局部断裂，形成裂纹。裂纹的种类比较多，在一般工件内部或表面及近表面都可能产生裂纹，在新制车轴中常见的有以下 3 种。

中心锻造裂纹。这类裂纹的产生可归纳为 3 个方面的原因：一是锻造前工件加热不均匀和温度不足，即没有烧透；二是停止锻造温度过低，工件外部冷却快，而中心部位冷却慢，温差过大；三是由于高熔点金属或高熔点的夹杂物在晶界上密集析出。上述 3 种情况，使金属在承受压力加工时，由于各种塑性变形不同，在其交界面上将产生滑移甚至撕裂。

残余缩孔性裂纹。如果车轴毛坯所用钢锭有缩孔没被切除或钢锭内部存在二次缩孔，则在车轴中将形成残余缩孔裂纹。这种缺陷易存在于车轴内部，对车轴的危害也极大。

夹杂性裂纹。用夹杂物比较集中和比较严重的钢锭锻造车轴时，将会使车轴破裂而形成中心有夹心的夹杂性裂纹。这种夹杂性裂纹在车轴出现的部位不固定，如存在于车轴近表面，其危害性很大。

疲劳裂纹。在役检修车轴内部缺陷，除与新制车轴相同外，在运行过程中还会产生疲劳裂纹。疲劳裂纹在车轴上出现的位置不固定，但常见于车轴表面，其危害性较大。

⑤ 白点。在金属断口上，有时会发现圆形和椭圆形、表面光滑且呈银白色的斑点，直径大小不等，这种缺陷称为白点。

金属断口如果存在白点，它将严重影响材料的伸长率、收缩性及韧性。白点是由于在冶炼和浇铸过程中金属存在氢气造成的，在以后加热过程中，如果缓慢冷却，原子氢有从金属内部向外扩散的趋向，如果冷却过快，原子氢在金属内部聚集，并逐渐合成氢分子，氢分子很难从金属中向外扩散，在聚集的地方将造成巨大的局部压力，使金属破裂。白点在形成过程中，由于有扩散现象，因此就在轴内形成局部缺陷。白点一般存在于轴的中央部。

⑥ 晶粒粗大。轴中晶粒粗大有两种情况：一种是在钢的冶炼中只用锰铁或锰铁和硅铁脱氧时；另一种是在热加工过程中，加热温度不当。铁路用车轴的晶粒粗大属于第二种。晶粒粗大会大大降低车轴的韧性、抗拉强度，车轴在使用中易于发生脆性断裂，因此也是一种危害性较大的缺陷。

2. 车轴超声波探伤技术要求

车轴超声波探伤主要采用 0° 直探头纵波探伤法。

纵波探伤法是使用纵波直探头从车轴端面进行扫查，能够对车轴全长进行检测。纵波探伤法具有探测范围广、扫查速度快、探伤灵敏度高等特点，是超声波探伤中十分重要的一种方法，也是车轴探伤最早使用的探伤方法。

车轴超声波探伤可分 4 步进行：第一，对原材料进行粗探伤，以检查铸造性缺陷，使有严重缺陷的材料报废，这样可以省去锻打等工序；第二，对锻打、热处理后的毛坯轴（机加工前）实行超声波探伤，使热加工后有缺陷的毛坯轴不被使用或重新热加工，这样可以省去机加工工序；第三，组装轮对前的检测；第四，运行一定周期车轴的在役状态检测。

车轴经上述 4 步的层层把关，就能减少或杜绝因原材料有伤或运行疲劳缺陷而发生的断轴事故。

3. 探测条件的选择

用于车轴超声波探伤的仪器分为模拟仪器和数字仪器。

模拟仪器应具有以下性能指标：具有足够的显示亮度；水平线性误差≤2%，垂直线性误差≤6%；频带宽 1～5 MHz；灵敏度余量≥46 dB；探测深度≥3 m；衰减器总量≥80 dB；分辨率（纵波纵向）≥26 dB。

数字仪器应具有以下性能指标：具备自检功能、探伤图形存储功能、闸门报警功能、距离补偿功能、峰值搜索功能、距离－波幅曲线制作功能、零点自动校准或测距自动校准功能、探伤图形局部放大功能、探伤工艺参数存储功能、探伤数据处理和探伤报告打印功能。仪器主要技术指标应满足超声波探伤仪的主要技术要求。其采样频率应≥100 MHz，探测频率选用 2.5～5 MHz。探测方式以纵波单探头脉冲反射法为主、斜探头横波反射法为辅；采用 14～20 mm 的直探头和弧面斜探头，如 2.5P20Z 直探头。

试块材质应满足 TB/T1618 及其他技术规范的规定，并经过超声波探伤选择无内部缺陷的材料制造。

试块的用途：测试或校验仪器和探头的性能；确定探测灵敏度和缺陷大小；调整探测距离和确定缺陷的位置；测定材料的某些声学特性。

车轴超声波探伤所用的试块有：CSK－1 型标准试块、TZS－R 型标准试块、CS－1－5 型标准试块、TS－1（W）试块和半轴实物试块等。

4. 性能校验

超声波探伤仪器设备性能校验分为日常性能校验和季度性能检查。

日常性能校验主要检查探伤系统技术状态，使用标准试块校准零点和标定测距，正确调整或输入探伤参数，确定探伤灵敏度，并在实物试块上进行当量对比检测。校验完毕应填写"超声波探伤仪日常性能校验记录"。

季度性能检查主要检查超声波探伤仪的状态，测试超探仪主要性能指标，并按日常性能校验的内容进行检查。检查完毕应填写"超声波探伤仪季度检查记录"。

5. 探伤工艺方法

（1）纵波直探头贯通探伤法

检测目的：检测车轴的综合透声性能，发现内部危害性缺陷。

测距标定：由于检测车轴不同，使用的试块不同，所以可以使用多种方法标定仪器的水平扫描速度。常用的方法有 CSK－IA 试块法和对比试块法。

使用 TS－1（或 TS－IW）试块调整仪器的方法：将 2.5P20Z 探头放置在 TS－1（或 TS－IW）标准试块 B 面上，调整仪器，使试块第一次、第十次底面回波前沿分别对准荧光屏水平刻度的第 1、10 大格，此时水平刻度的每一大格代表车轴实际长度 240 mm，如图 2－95 所示。

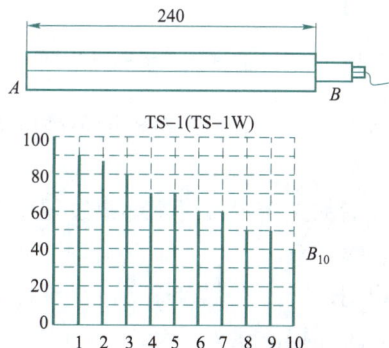

图 2－95 使用 TS－1（或 TS－1W）试块标定距离

新制车轴超声波检测时，还应绘制轴向探伤距离－波幅曲线，如图 2－96 所示。

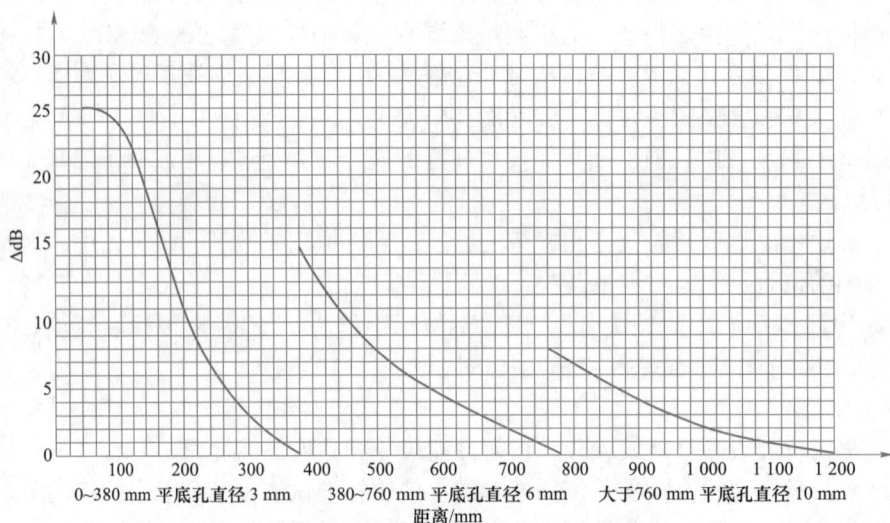

图 2-96　轴向探伤距离-波幅曲线

探伤灵敏度：当车轴无顶针孔时，将探头置于 TS-1 试块（50 号钢车轴用 TS-1W）的 8 面上，调整仪器，使其第十次底波高度为垂直刻度满幅的 90%，如图 2-97 所示，再增益 6 dB，耦合差另加 4~6 dB。当车轴有顶针孔时，在上述基础上再增益 3 dB，作为透声检测灵敏度。如果车轴有螺栓孔，在上述基础上再增益 6 dB，作为透声检测灵敏度。

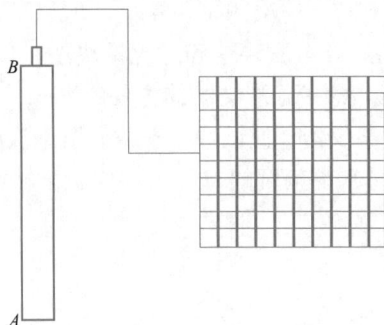

图 2-97　轴向透声检测灵敏度

轴向内部缺陷探伤灵敏度确定，应在上述透声检测灵敏度的基础上再增益 3 dB，即为车轴轴向内部缺陷的定量灵敏度。

透声扫查时，不得改变调节后的透声灵敏度。如果发现底面回波与始波间有可疑回波出现，应进行危害性分析，即大裂纹扫查。

关于大裂纹探伤灵敏度的说明：对于大裂纹探伤，一般可发现的裂纹深度为 24 mm，常用的探伤车轴大裂纹试块轴的人工裂纹深度为 7 mm。

探测面的选择和处理车轴穿透检查必须在车轴两端面分别进行。为保证良好的声耦合，在探伤前必须对两轴端探测面进行擦拭，除去油污，遇有不平整的钢印毛刺要用平锉或砂布打磨干净，并涂耦合剂。

探头扫查：用直探头在车轴两端面做轴向探测，探头围绕顶针孔做锯齿形移动，如图 2-98 所示，移动速度一般小于 30 mm/s。探头移动应有 10%的覆盖区，探头扫查范围应遍及轴端面的可移动区域，同时观察回波的变化。

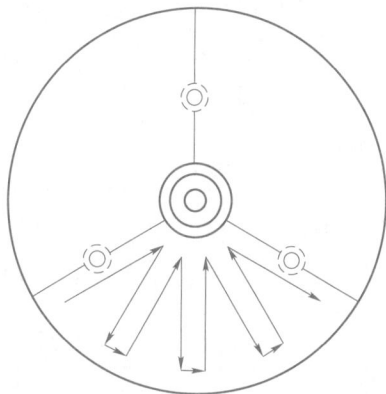

图 2-98　直探头扫查轨迹

每个端面均需探测两周，当发现缺陷时，可用斜探头在缺陷出现的相应表面校验。

工艺要求：每班开工前，对每一个需要使用的 0° 直探头，均应进行探伤灵敏度的校验或确认。需要注意的是，确定探伤灵敏度后，在实际探测轮轴、轮对和车轴时，只允许调节增益或衰减量，其他按键及参数均不得调整，并应分别在车轴两端面进行，转轮器应停止转动。

（2）纵波直探头径向检测

对于新制车轴，除应进行纵波轴向检测外，还应采用纵波直探头进行径向检测。

检测目的：发现车轴内部轴向缺陷。测距标定在 TS-2 试块上，将距探测面 $\phi5$ mm（$D/5$，$d/5$）和 $4\phi5$ mm（$4D/5$、$4d/5$）的平底孔回波高度调至垂直刻度满幅的 50%，其回波前沿分别对准第一大格和第四大格。径向探伤测距调整如图 2-99 所示。

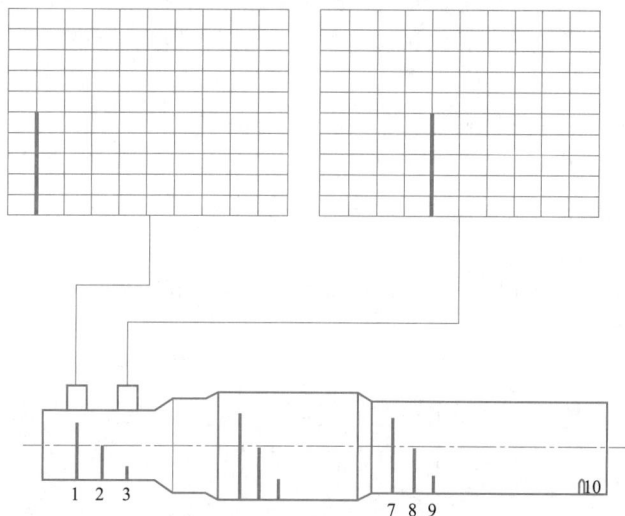

图 2-99　径向探伤测距调整

径向探伤距离–波幅曲线制作方法如下。

径向探伤距离–波幅曲线根据所用探头和仪器在 TS–2 试块上实测的数据绘制而成，制作时分别以 TS–2 试块上轴颈、轮座及轴身不同声程平底孔的测试分贝值，绘制相应的距离–波幅曲线。

轴颈部位灵敏度校准时，将直探头置于 TS–2 试块轴颈上，调整仪器，将 3 号平底孔回波高度调为垂直刻度满幅度的 50%，补偿试块与实物车轴之间的耦合差（以试块的底波和实物的底波高度分贝差计），再增益 4 dB，即为轴颈部位径向探伤灵敏度，如图 2–100 所示。

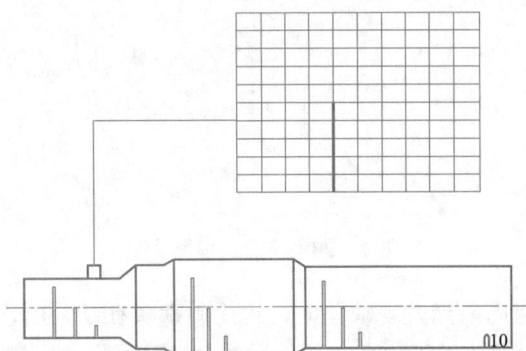

图 2–100　轴颈部位径向探伤灵敏度调查示意

轮座部位灵敏度校准时，将直探头置于 TS–2 试块轮座上，调整仪器，将 6 号平底孔回波高度调为垂直刻度满幅度的 50%，补偿试块与实物车轴之间的耦合差（以试块的底波和实物的底波高度分贝差计），再增益 4 dB，即为轮座部位径向探伤灵敏度。

轴身部位灵敏度校准时，将直探头置于 TS–2 试块轴身上，调整仪器，将 9 号平底孔回波高度调为垂直刻度满幅度的 50%，补偿试块与实物车轴之间的耦合差（以试块的底波和实物的底波高度分贝差计），再增益 4 dB，即为轴身部位径向探伤灵敏度。

采用底面回波衰减法时，将直探头置于 TS–2 试块轴身上，使 10 号锥孔处轴身底面回波高度为垂直刻度满幅度的 50%，补偿试块与实物车轴之间的耦合差，即为底面回波衰减法探伤灵敏度。

探测面采用 2.5P20Z 直探头或双晶探头，从全部车轴外圆面检测。

探伤要点：由于探伤范围较大，所以径向探伤通常使用超声波自动探伤机进行，采用水浸或局部水浸，纵波直探头或纵波双晶探头进行检测。

6. 缺陷波形特征及分析

车轴超声波探伤缺陷如前所述，主要有缩孔、疏松、聚焦性、裂纹、白点和晶粒粗大等，其波形特征分析如下。

（1）缩孔

因缩孔内部气体对超声波的反射很强，反射波在扫描线上游距离较长，当轴中存在严重缩孔时，从轴端探测底波衰减很严重，甚至没有底波出现。

（2）疏松

在超声波探伤中，由于疏松对声波的吸收很严重，因此不论探头在哪个方向探测，底波都会有明显的下降甚至消失现象，在疏松密集处有时可出现丛状的反射波。

（3）聚集性

由于这种缺陷在轴内的分布无规律，探伤时缺陷反射波出现的位置也不固定，又因其聚集的特点，出现的缺陷反射波亦不是一个而是多个，因此其反射波形不规则。

（4）裂纹

① 中心锻造裂纹反射波。当探头在轴端面做圆周向移动时，缺陷反射波变化很大，波形在扫描线上游动性很强，当轴内有中心锻造裂纹存在时，往往没有底波出现。

② 残余缩孔性裂纹反射波。残余缩孔性裂纹波很强，一般都出现在轴的中间部分，在轴表面探测时，缺陷反射波连续不断，缺陷严重时无底波出现。

（5）白点

探伤时白点反射波一般多出现在丛状反射波，当探头移动时，反射波有此起彼落的特点。

（6）晶粒粗大

在用 2.5 MHz 频率探伤时，晶粒粗大将引起超声波较大的衰减。在正常探伤灵敏度下，无缺陷波及底波出现，当增大探测灵敏度时，会出现很多杂乱反射波形。

车轴透声情况是根据车轴端面回波高度判断的，使用的是一种底面回波高度法。影响底面回波高度或者说影响端面回波高度的因素很多，不仅仅是材质晶粒和内部缺陷，还包括端面平整度、钢印、顶针孔及螺孔等，因此透声检测是一种综合检测。目前国内现行的车轴透声质量标准是针对热处理以后、精加工以前的毛坯车轴而言的，车轴还没有加工台阶和螺栓孔，端面反射情况会与成品轴有较大差别，与轮对车轴的差别可能会更大些，端面回波高度有时要差 3～6 dB。因此，在对轮对车轴进行穿透检测时，若发现端面回波与新轴标准有差异，应注意区分端面钢印、顶针孔、螺栓孔、台阶及轮饼等对回波幅度的影响。实际上，对在役轮对车轴而言，穿透检测的目的已不再是检查车轴的透声性，而应是发现大裂纹。

在进行超声波贯通检测，发现大裂纹时，必须注意轮轴固有回波（车轴假的超声指示）和大裂纹的区分，如图 2－101 所示。如果将大裂纹误判为车轴的固有回波，则会造成大裂纹的漏探；如果将车轴的固有回波当作大裂纹处理，则会造成误判。

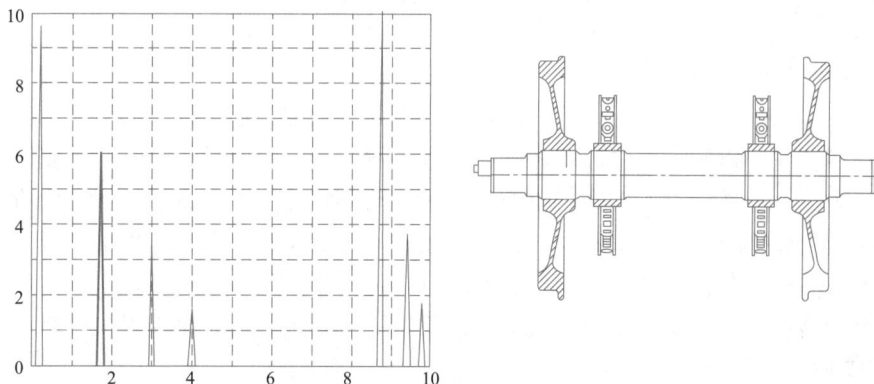

图 2－101　轮轴固有回波和大裂纹

（7）迟到回波

对于不同尺寸的车轴，在轮座前肩产生的三角形迟到回波有两种情况：一种是没有发生波形转换的，即只是纵波声程增长而产生的迟到回波；另一种是发生波形转换的，即在轮座前肩圆弧区由纵波变为横波，横波沿轴直径方向传播，到达另一侧的圆弧区反射后，再次转换成纵波反射回探头。

（8）固有波和裂纹波的区分方法

探头在轴端面或圆周面旋转一周，固有波的位置和高度会一直有比较稳定的指示，但裂纹波则会发生较大的变化。

对于圆弧部位的反射波，当更换探头频率时，由于声束扩散角的变化，往往不可能适当地射至车轴的相应部位。如果是裂纹波，则反射波位置、高度不会发生变化，而假显示则会消失或发生位置的变化。

7．质量控制

（1）轴向贯通检测

验收区域：指车轴端面中心至 1/2 半径范围以内区域，区域边界以探头中心为准。

车轴底面回波高度等于或高于荧光屏垂直刻度满幅的 40%，判定为透声合格。

荧光屏上 0～15% 的水平刻度范围内的林状波高度超过荧光屏垂直刻度满幅的 25%，判定为局部透声不良。

（2）径向检测

以车轴中心线为准，在 0.25D 范围（D 为成品车轴轴颈尺寸）内发现缺陷时，用底面回波衰减法进行复探。若第一次底面回波低于示波屏垂直刻度满幅的 50%，车轴不合格，否则合格。

在 0.25D 范围外，缺陷反射波高不应大于同距离处 ϕ3 mm 的平底孔反射波高。

在 0.25D 范围外，当缺陷反射波高小于同距离处 ϕ3 mm 的平底孔反射波高时，用底面回波衰减法进行复探。若第一次底面回波低于示波屏垂直刻度满幅的 50%，车轴不合格，否则合格。

2.6.2　轮对压装部位疲劳裂纹超声波检测

在车辆运行过程中，车轴不但承受负荷造成的交变弯曲应力，而且承受由扭矩产生的扭转应力。同时，在压装部位还会有压配合时所导致和残留的拉应力以及车轮和钢轨的冲击力等。在这些应力的长期作用下，轮心和轴在压装部位边缘的压配合会遭到破坏，逐渐出现非接触区，这样不仅造成了压装部位的应力局部集中，而且还可以使轮心和轴身在运行过程中发生相对微小滑动，并由此而导致擦伤，再受到水气等的侵蚀而出现许多坑穴，这实际上便提供了裂纹源。在一定的外力作用下，细小的腐蚀坑穴逐步扩大并连成一体，最后发展为危害性的疲劳裂纹。另外，由于车轴材质不好和热处理不当等原因，车轴本身还会存在许多固有缺陷，这更为疲劳裂纹的产生和发展提供了条件，因此车轴压装部位的裂纹是不断产生和普遍存在的。另外，车轴轴径卸荷槽部位和轴身部位也会产生疲劳裂纹。

车轴上的疲劳裂纹，如果不及时发现、消除或更换新轴，就有可能发生断轴事故。

1．裂纹特点

（1）裂纹出现的区域

在压装部位边缘的应力集中区域最容易产生横向疲劳裂纹。据统计，压装部位的裂纹大部分都出现在离外缘 10～35 mm、离内缘 5～30 mm 的两条带区内，如图 2-102 所示。

单位：mm

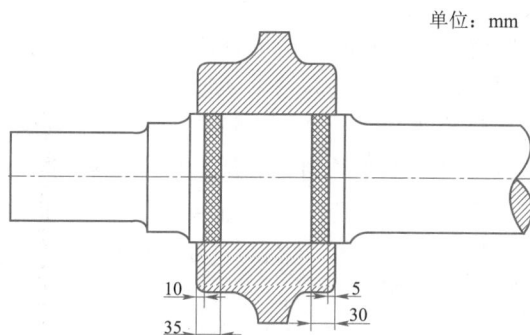

图 2-102　压装部位疲劳裂纹区域

　　轮对裂纹除出现在压装部位外，亦出现在轴身上，用力学观点分析，这种裂纹大多是纵向裂纹，但也不排除横向裂纹。特别是当轴身内部存在缺陷时，轴身裂纹也同样会导致车轴断裂事故。不过由于这种裂纹在车轴表面，所以用电磁探伤法即可解决。

　　（2）裂纹的走向

　　根据断裂力学的理论分析，裂纹是沿着与应力垂直的方向发展的。在压装部位，车轴除受弯曲应力外，还要受扭转应力，其主应力方向不与车轴轴线严格平行，因此裂纹平面也不与轴侧面严格垂直。试验表明，轮对压装部位裂纹平面多与轴侧面法线成 10°～25° 的夹角，且极有规律地外侧裂纹向内倾斜、内侧裂纹向外倾斜，如图 2-103 所示。这一规律符合断裂力学中论述的裂纹总是优先向着体积应变变化大的方向发展，轴身部位的横向裂纹走向亦遵循这一规律。

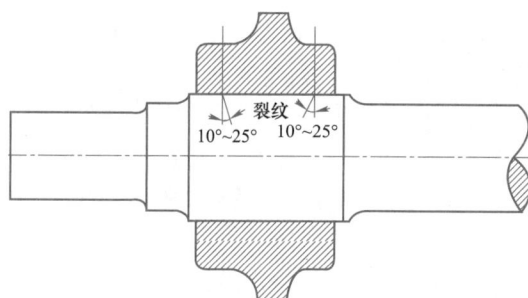

图 2-103　压装部位疲劳裂纹走向

　　2. 探伤方法

　　我国车轴超声波探伤开始于 1951 年，至今已有 70 多年的发展历史。在长期的发展过程中，车轴超声波探伤逐步形成了以下 3 种方法。

　　① 0° 探头纵波探伤法。主要对车轴的透声性能和内部大缺陷进行检测。

　　② 小角度纵波探伤法。主要从轴端对轴颈和轮座镶入部外侧进行检测。

　　③ 横波探伤法。主要从轴身对轮座镶入部进行检测。

　　上述 3 种探伤方法各有所长，使用中应相互配合。

3. 探伤工艺技术

（1）横波斜探头探伤

探测的目的：发现轮座内外侧、制动盘座内外侧横向疲劳裂纹。

探测面：轴颈、防尘板座、轴身、轮座与制动盘座之间。

探头：根据车轴型式和尺寸在 K0.7～K1.6 之间选择，探头频率为 2.5 MHz。

对于特定位置的缺陷，选择好探头的角度非常重要。在实际工作中，如果有新轴型需要探伤，应主要对探头角度进行核算和验证，不能简单地套用或照搬原来的工艺和方法。

试块：主要有 TZS-R 试块和实物轴（半轴）人工缺陷试块。实物轴（半轴）人工缺陷通常使用定长等深弧形和弓形等弦高两种，弧深、弦高通常有 0.5 mm、1 mm、2 mm、3 mm 等。

测距的标定：使用不同的试块，标距方法略有不同，可参考相应的试块说明或相关的标准。下面以 TZS-R 试块为例进行测距标定方法的介绍，如图 2-104 所示。

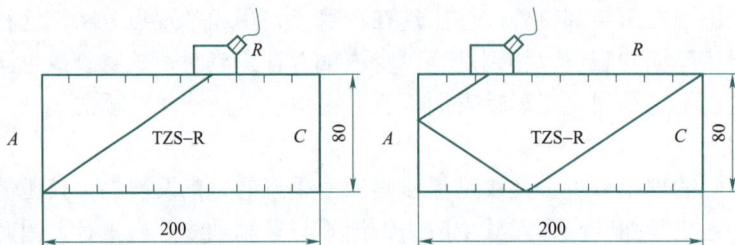

图 2-104　用 TZS-R 试块进行测距标定

将横波探头置于 TZS-R 试块 R 面上，调节仪器，使 A 面下棱角第 1 次最高反射波和上棱角第 1 次最高反射波的前沿分别对准荧光屏水平刻度线的第 2、4 大格，此时，水平刻度每一大格代表深度 40 mm，代表水平距离 $40×K$ mm。

调节灵敏度：调节仪器，使半轴试块上深度为 1.0 mm 的人工缺陷最高反射波幅度达到荧光屏垂直刻度满幅的 80%，增益耦合差，再补偿半轴实物试块与 TZS-R 标准试块相对应的人工缺陷的差值，以此作为横波探伤灵敏度。

扫查：扫查时探头移动区域必须保证探头扫查区域之和大于轮座（盘座）全长，即必须保证探头主声束覆盖轮座（盘座）全长。横波探头扫查时探头指向镶入部，沿轴向前后移动，同时沿车轴圆周方向转动，探头均匀受力，探头移动速度为 20～50 mm/s。

（2）小角度纵波斜探头探伤

探测的目的：发现轮座内外侧、制动盘座内外侧、轴颈根部（卸荷槽）横向疲劳裂纹。

探头和探测面：小角度纵波探头入射角 α 值与折射角 β 值的对应关系如表 2-11 所示。

表 2-11　小角度纵波探头入射角 α 值与折射角 β 值的对应关系

入射角/（°）	6	7	8	9	10	10.5	11	12
折射角/（°）	13.2	15.4	17.7	19.9	22.2	23.4	24.6	27

探测面：轴端面。

探头角度的选择：探头入射点置于轴端面 1/4 直径处，如图 2-105 所示。

轮座内侧裂纹区探头的最佳折射角：

$$\beta_1 = \arctan \frac{d/4 + D/2}{L_1}$$

轮座外侧裂纹区探头的最佳折射角：

$$\beta_2 = \arctan \frac{d/4 + D/2}{L_2}$$

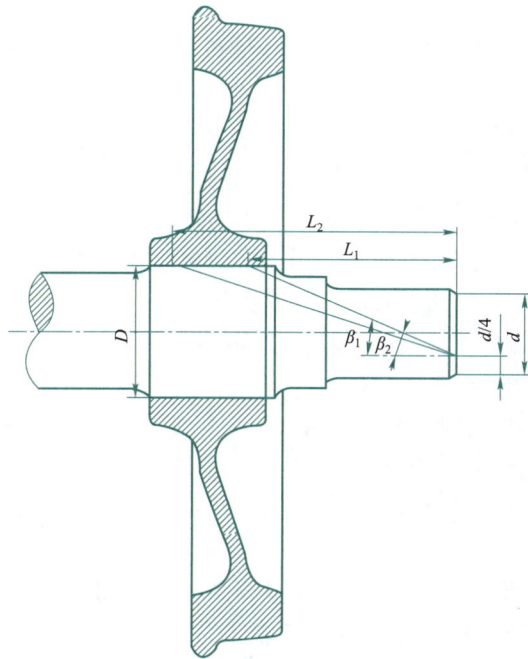

图 2 – 105　小角度探头角度计算

测距标定：将小角度纵波探头放置在 TZS – R 试块 B 面上，调整仪器，使下棱角和上棱角最高反射波的前沿分别对准荧光屏水平刻度的第 2、4 大格，则每一大格代表轴的水平距离 40 mm，如图 2 – 106 所示。

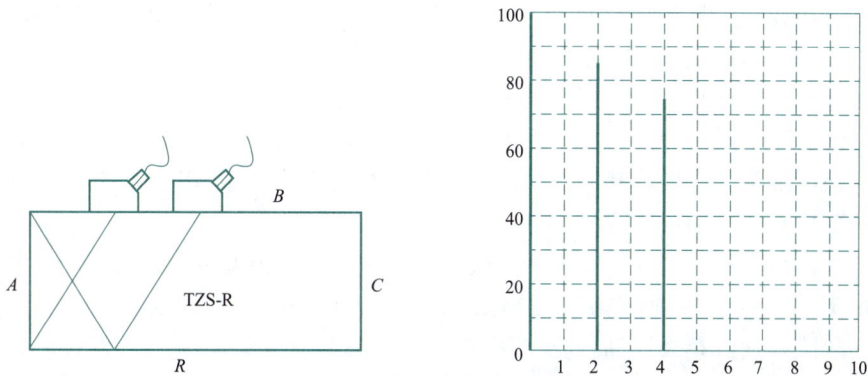

图 2 – 106　小角度纵波探头的测距标定

调节灵敏度：将小角度纵波探头放置在半轴试块端面上，调节仪器，使卸荷槽处深度为 1.0 mm 的人工缺陷最高反射波幅度达到荧光屏垂直刻度满幅的 80%，增益耦合差，再补偿半轴实物试块与 TZS－R 标准试块相对应的人工缺陷的差值，以此作为卸荷槽处小角度纵波探头探伤灵敏度。

扫查：使探头均匀受力，以 20～50 mm/s 的速度在轴端面（探头指向中心孔）做往复运动，并同时偏转 3°～5°，形成锯齿形移动轨迹。

2.6.3 空心轴超声波探伤

空心轴的几何形状或受力情况基本与实心轴相同，因此产生疲劳裂纹的位置和方向也与实心轴一致。

1. 空心轴超声波探伤方法

① 横波斜探头轴向探伤法：发现车轴外表面的横向疲劳裂纹。

② 纵波直探头径向探伤法：发现车轴内部轴向缺陷（一般只应用于新制车轴）。

③ 表面波探伤法：检查空心轴内孔表面的横向裂纹（一般只应用于新制车轴）。

④ 双晶探头纵波径向探伤法：发现车轴内部轴向缺陷（一般只应用于新制车轴）。

⑤ 横波斜探头周向探伤法：发现车轴外表面纵向缺陷。

2. 探伤技术要求

（1）空心轴半自动、自动检测系统组成

空心轴半自动、自动检测系统通常由机械部分、电气部分和辅助装置组成。

机械部分主要包括：移动小车、驱动单元，以及用于探头臂的运动小车、探头臂、探头架及液压系统。

电气部分主要包括：保险机构、控制和报警系统、不间断电源（UPS），以及用于机械管理的电子部件 PLC 或计算机、超声波电子部件、超声波检测系统和与计算机的连接通信部分。

辅助装置包括：轴端适配器，用于将探头导入车轴内孔中。

（2）探测面、探头

空心轴使用车轴空心孔内圆面作为探测面。

空心轴超声波检测探头是一个探头组件，主要包括：探头组件机械支撑、密封装置、导向装置、探头安装槽、探头固定装置、控制线管及输油线管（或进油管、回油机械装置）等。为了便于探头进入空心孔，通常还需要使用轴端适配器。

检测时探头与车轴内圆面的接触方式主要有两种：直接接触式（见图 2－107 上半区探头）、非接触式（见图 2－107 下半区探头）。探头不同的接触方式各有不同的优缺点，主要涉及探头的磨损、探头的更换、耦合效果，以及对内腔粗糙的包容程度、探头的移动效果、声波入射点的变化和缺陷的定位等。

根据需要，每个探头组件可安装不同数量的探头。探头类型主要有：轴向横波探头（或横波聚焦探头，主要有 2 MHz/38°、2 MHz/45°、2 MHz/50°、4 MHz/70°），用于探测车轴外表面横向缺陷（疲劳裂纹）；周向横波探头（或横波聚焦探头），用于探测车轴外表面纵向缺陷；纵波探头（直探头、双晶探头和/或聚焦直探头），用于探测车轴材质的内部缺陷；表面波探头，用于探测内孔表面的横向缺陷。

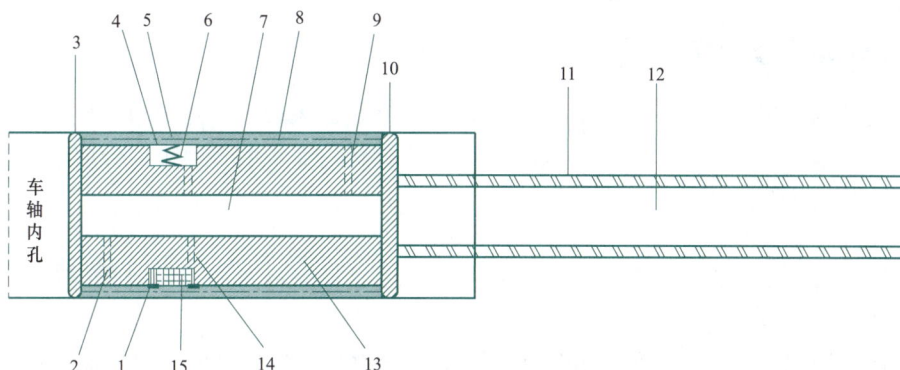

1—探头固定装置；2—进油孔；3、10—橡胶密封圈；4—探头固定装置；5—探头；6—弹簧；7—探头组件内腔；8—耦合液；9—出油孔；11—探杆；12—探杆内腔（内置油管和信号线）；13—探头组件机械支撑主体；14—线孔；15—探头。

图 2-107　空心轴超声波探伤探头组件结构原理

根据需要，每个探头组件可安装不同数量的探头，通常最少安装 2 个，轴向正反方向的横波探头，仅用于检修、检测车轴外表面裂纹。受车轴空心内径限制，最多可安装 7 个或 9 个探头，包括两种角度轴向正反向横波探头 4 个、正反向周向横波探头 2 个、直探头 2 个、正反向表面波探头 2 个。基本工作方式如图 2-108 所示。

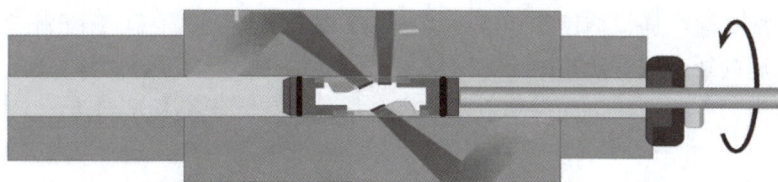

图 2-108　空心轴超声波探伤基本工作方式

3. 空心轴探伤设备的要求

不同轴段设置不同的检测灵敏度和深度补偿。定位精度：轴向移动 ±2 mm，周向旋转 ±1°。扫描模式：螺旋向前扫描，扫描螺距小于 10 mm 时可调，旋转速度大于 20 r/min 时可调。显示方式：A 型显示、B 型显示和/或 C 型显示。

4. 试块

根据需要，通常设计制作灵敏度对比试块，主要有：阶梯试块、实物样轴试块。阶梯试块通常适用于主机厂检测各型车轴；实物样轴试块用于对特定车轴的检测，主要用于在役车轴。

阶梯试块通常使用与车轴材质相同的材料，在不同直径位置制作同种人工缺陷，通过检测不同深度的人工缺陷，制作 DAC 曲线，可以实现对不同尺寸车轴的检测。

动车组空心轴探伤用对比试样轴采用与实际空心轴材质或声学特性（声速、衰减系数）相近的材料，按照空心轴相同的制造工艺制作。按不同的探测部位和探测要求，在车轴上用线切割或电火花方法加工人工缺陷，缺陷具体规格和灵敏度校验基准按照规定要求。

技术要求：轴型必须与被测空心轴的轴型相同，尺寸规格一致，内部无缺陷，外表面无损伤，轴孔内光滑无锈垢，轴孔起始处周围不得有飞边、毛刺，轴孔表面的粗糙度不得大于 6.3 μm。

2.6.4 车轮超声波探伤

车轮通过以下生产流程：切割、加热、轧制、等温、粗加工、热处理、检测、精加工、检测、包装。车轮的主要缺陷包括：表面夹杂、偏析、白点、缩孔残余、分层、中心疏松、折叠、裂纹及结疤等。

1. 探伤方法

车轮探伤分新造和在役两种情况。新造检测主要是检测材质缺陷和制造缺陷；在役检测主要是探测疲劳裂纹。

车轮检测原来主要是针对轮辋缺陷检测位置，根据机车车辆技术发展和运用需求，自 20 世纪初期开始，国内外检测标准中陆续增加了辐板和轮毂的检测要求。

车轮探伤目前主要采用从踏面、内侧面扫查方式，对于轮辋有时也采用从内径面检测的方式，检测车轮轮缘、轮辐板部位的缺陷。主要检测方法有以下几种。

纵波法：探头频率 2～5 MHz，适用于探测材质内部缺陷和周向疲劳裂纹，对径向疲劳裂纹的检测灵敏度很低。

横波法：一般为 45°～60° 横波探头，有时选用 25°～55° 横波探头，主要探测各种斜裂纹和径向裂纹。在特定情况下，使用 60° 以上横波探头，主要用于在不动车情况下车轮轮辋或轮箍疲劳裂纹的探测。

双晶纵波探头法：通常使用焦距 20～30 mm，频率 5 MHz，适用于检测近表面（主要用于踏面检测）周向缺陷或材质缺陷。

相控阵超声：主要用于自动探伤设备，提高检测效率，提高检测精度。

2. 试块

用于制作车轮实物试块的车轮应完好无损，轮缘和踏面无明显伤痕，车轮的表面粗糙度为 25 um。实物试块需满足轴向检测和径向检测。

由于目前试块类型较多，在此仅介绍常见的人工缺陷形式。

平底孔：在不同部位的 3 个不同深度处，加工直径为 3 mm（或 ϕ2 mm、ϕ3.2 mm）的平底孔，用于使用双晶探头或直探头检测，该方法应用最广。

踏面部位：车轮踏面滚动圆下加工 ϕ3 mm（或 ϕ5 mm）横孔，用于自动探伤或手工自踏面横波检测。

轮缘部位：在轮缘加工深 2 mm（3 mm）、10 mm 长的刻槽或人工锯口，用于轮缘疲劳裂纹的检测。

辐板部位：在辐板部位加工长 15 mm、深 3 mm 的刻槽。

任务 4　　　　任务 5　　　　任务 6　　　　任务 7　　　　任务 8

项目 3

货车运行安全动态监控系统

知识目标

- 熟悉 TFDS 的工作原理及功能、系统运用与管理及设备检修要求；
- 熟悉 TADS 的工作原理及功能，掌握 TADS 的系统运用与管理及设备检修要求；
- 熟悉并能陈述 THDS 的基本原理及基本构成，掌握红外线测温的基础理论；
- 熟悉并能陈述 TPDS 的基本原理及基本构成。

技能目标

- 熟知 TFDS 的操作过程，能对系统进行故障查找，熟悉设备检修与维护；
- 熟知 TADS 的操作过程，能对系统进行故障查找，熟悉设备检修与维护；
- 熟知红外线轴温探测系统的应用，能独立完成 THDS 的日常维护，能够处理常见故障；
- 能够识别 TPDS 的各组成部分，熟知 TPDS 常见故障的处理方法。

素质目标

- 培养学生严谨认真的学习态度；
- 培养学生认真细致的实践能力；
- 培养学生爱岗敬业的工匠精神；
- 养成良好的现场操作行为习惯。

任务 3.1　货车运行故障动态图像检测系统

3.1.1　货车运行故障动态图像检测系统简介

货车运行故障动态图像检测系统（TFDS）是一套集高速数字图像采集、大容量图像数据实时处理和精确定位、模式识别技术于一体的智能系统。系统由检测信息采集、信息处理传输和列检检测中心等设备构成，系统通过高速相机阵列，拍摄列车车底和侧下部的全部可视信息，经数字化处理后显示于检测中心的信息终端上。通过该系统的使用，可使列检作业环节减少，推动从人检到机检、静态检测到动态检测的转变，逐步实现检修分离，达到人、机结合的最优化，从而提高运输效率，保障运输安全。

1. TFDS 功能

TFDS 采用了当今的一些新技术，如高速摄像、大容量图像数据实时处理、模式识别、计算机及网络等技术。系统通过布置于钢轨之间的高速相机阵列，拍摄通过列车车辆的转向架、基础制动装置、车钩缓冲装置等关键部位的图像，经计算机处理后传输到室内分析室。室内检车员对抓拍到的图像进行分析，判别有关故障，从而达到动态检测车辆主要部位状态的目的。

TFDS 具备图像化监控运行列车关键部位的能力，其具有以下功能。

① 自动拍摄和筛选出车辆转向架、基础制动装置、车钩缓冲装置、交叉杆底部等的图像，实现对车底和侧下部的检测。

② 通过人机结合的方式对车辆图像信息和过车信息进行分析，判别故障。

③ 室内分析室按一车一档的方式建立并显示图像。

④ 自动对通过列车进行计轴、计辆和测速。

⑤ 自动识别列车车次、车号信息，判别货车车种、车型。

⑥ 自动生成列检所常用的统计报表。

⑦ 能够实现分散检测、全程追踪、全线联网、信息共享。

2. TFDS 设备功能

（1）图像数据采集、管理和显示

具体包括：图像数据采集、图像数据存储、图像数据查询、图像数据维护、图像显示、图像放大、图像缩小、亮度控制、对比度控制、图像滤波、图像增强、图像压缩与解压缩、动态配置图像显示方式和位置。

（2）列车信息显示

显示获得的列车的站号信息，包括：序号、类型（客货）、通过时间、总轴数、总辆数、机车数量、信源站名、信宿站名、平均速度、轴距表、定位表。车号自动识别信息包括：车次、机车车型、机车配属段、属性、车型、标准车号、换长、制造日期、制造厂。

图像可以按侧架、车钩、中间部、制动梁工位显示，也可以按辆显示，TFDS 图像识别及运用软件平台部件浏览端可以按辆显示整车侧部、整车底部等。

（3）故障发生部位居中显示

用户提交故障时，系统会根据用户所画故障的所在位置，自动截取标准大小图像，使故障位置居于整幅图像的中心区域。

（4）新增车体图像

新增车体侧面图像，增加了动态检车员的检测范围，通过车体图像可以查看车门有无破损、定检信息等。

（5）车辆故障分析员管理

人员管理：对列检人员进行管理，增加/删除人员，分配相应权限。

上班记录：记录人员上班时间。

下班记录：记录人员下班时间。

发现故障统计：统计每个员工发现的故障。

工作效率分析：统计每个员工查看图像的时间，分析该员工的工作效率。

工作态度分析：统计每个员工查看图像的时间，分析该员工的工作态度。

报表打印：打印符合部颁标准的报表。

3. TFDS 的组成

TFDS 的硬件结构包括轨边探测设备、轨边机房设备、列检检测中心设备三部分。

1）轨边探测设备

轨边探测设备主要由沉箱和侧箱、AEI 车号天线、车轮传感器等组成，主要完成过车检测、光源补偿和图像采集等任务。

（1）沉箱和侧箱

沉箱和侧箱主要完成货车图像的采集，主要由相机、补偿光源、除尘风机、电机等组成。

相机是拍摄运行车辆底部、两侧图像的装置，根据拍摄的需要一般布置在线路的中间和两侧。沉箱中安装有 3 台相机，侧箱中安装有 2 台相机。沉箱和侧箱具有抗振、防水和防尘功能，用于对相机和补偿光源进行防护。沉箱和侧箱实拍图如图 3-1 所示。

(a) 沉箱

(b) 侧箱

图 3-1 沉箱和侧箱实拍图

（2）AEI 车号天线

AEI 车号天线是车号采集设备的组成部分，其主要功能是采集货车底部标签，并通过同轴电缆传输至车号主机，从而采集列车的车次及车号信息等数据。

（3）车轮传感器

车轮传感器又称磁钢，分为两种：一种是无源车轮传感器，另一种是有源车轮传感器。

它们的作用是相同的，都是用来检测列车的到达和通过，同时采集列车的车速、轴距等信息。

① 无源车轮传感器。当车辆轮缘通过传感器时，车轮传感器线圈产生相应的磁感应电动势输出给系统设备，以供系统计轴、计辆、测速等。AEI 车号传感器和车轮传感器实拍如图 3-2 所示。

(a) AEI 车号传感器　　　　　　　　　　　　(b) 车轮传感器

图 3-2　AEI 车号传感器和车轮传感器实拍图

② 有源车轮传感器。有源车轮传感器传输的磁钢信号为电平信号（与无源车轮传感器的正弦信号不同），可以直接被计算机识别，免去了智能磁钢板处理的过程。

TFDS 包含 4 对（1#~8#）车轮传感器，目前应用的 TFDS 均采用 1# 和 2#、3# 和 4# 两对车轮传感器，1# 和 2# 负责计轴判辆，为 TFDS 是否开机提供依据；3# 和 4# 负责计算车速，为相机拍照速度和频率提供依据。车轮传感器的布局如图 3-3 所示。

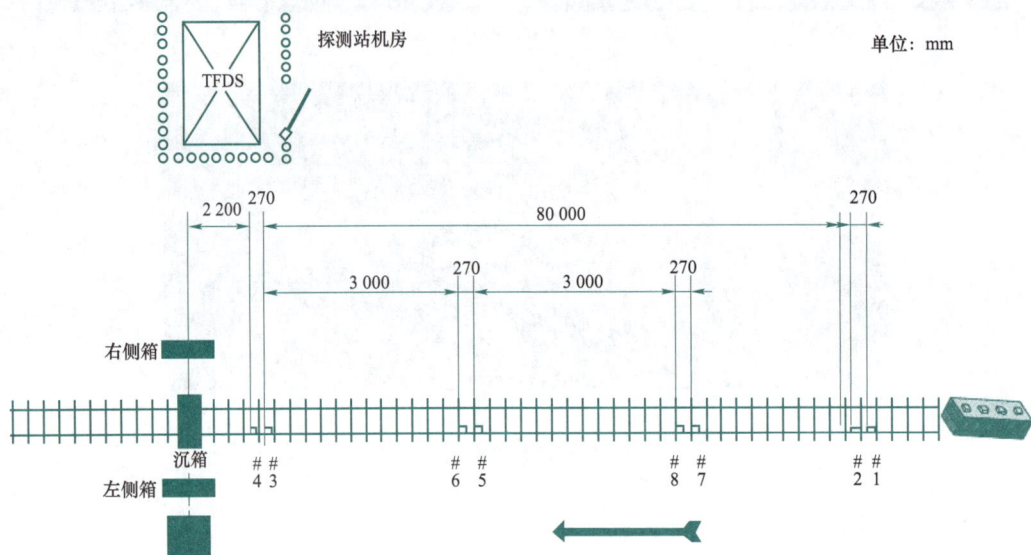

图 3-3　车轮传感器布局图

2）轨边机房设备

轨边机房设备包括车辆信息采集机、图像信息采集机、KVM 设备、电源控制箱、AEI

车号设备、UPS 设备等。

（1）车辆信息采集机

车辆信息采集计算机主要用于接收车轮传感器的信号，计轴、计辆、测速，控制补偿光源和保护门的开启和关闭，由 1 台高性能工业控制计算机配备 1 块多功能数据采集卡构成，完成图像信息的采集、计轴、计辆、测速等功能。

（2）图像信息采集机

图像信息采集机主要用来获取高速运行过程中列车部件图像，并通过网络设备传输至列检检测中心服务器。图像采集计算机共 4 台，均为高性能工业控制计算机，实物如图 3-4所示。

图 3-4　图像信息采集机

（3）KVM 设备

KVM 是 keyboard（键盘）、video（显示器）、mouse（鼠标）的缩写。KVM 设备的正式名称为多计算机切换器，简单来说，就是让系统管理员可以通过一组键盘、显示器和鼠标，控制多台服务器或主机的计算机外围设备。

（4）电源控制箱

电源控制箱主要为轨边设备提供稳定电源输出，接收磁钢信号，控制室外防护设备、探测设备的开关动作，以及线阵相机的频率输出。

（5）AEI 车号设备

AEI 车号设备是车号采集设备的另一个部分，其主要功能是读取 AEI 车号天线采集的列车车次及车号信息，完成运行中的货车底部车号标签信息的采集。

（6）UPS 设备

UPS 即不间断电源，是一种含有储能装置，以整流器、逆变器为主要组成部分的稳压稳频的交流电源。UPS 设备主要利用电池等储能装置在停电时给计算机/服务器、存储设备、网络设备、计算机、通信网络系统等提供不间断的电力供应。当市电输入正常时，UPS 将市电稳压后供应给负载使用，此时的 UPS 就是一台交流式电稳压器，同时它还向储能装置（如电池组）充电；当市电中断（事故停电）时，UPS 立即将储能装置（如电池组）的电能，通过逆变转换的方式向负载继续供应，使负载维持正常工作并保护负载软、硬件不受损坏。UPS设备通常对电压过大和电压太低都提供保护。

3）列检检测中心设备

列检检测中心设备包括双机热备服务器、磁盘列阵柜、光纤收发器、KVM 设备、UPS设备、列检信息终端计算机、网络交换机等。

TFDS 的组成如图 3-5 所示。轨旁成像装置布局图如图 3-6 所示。

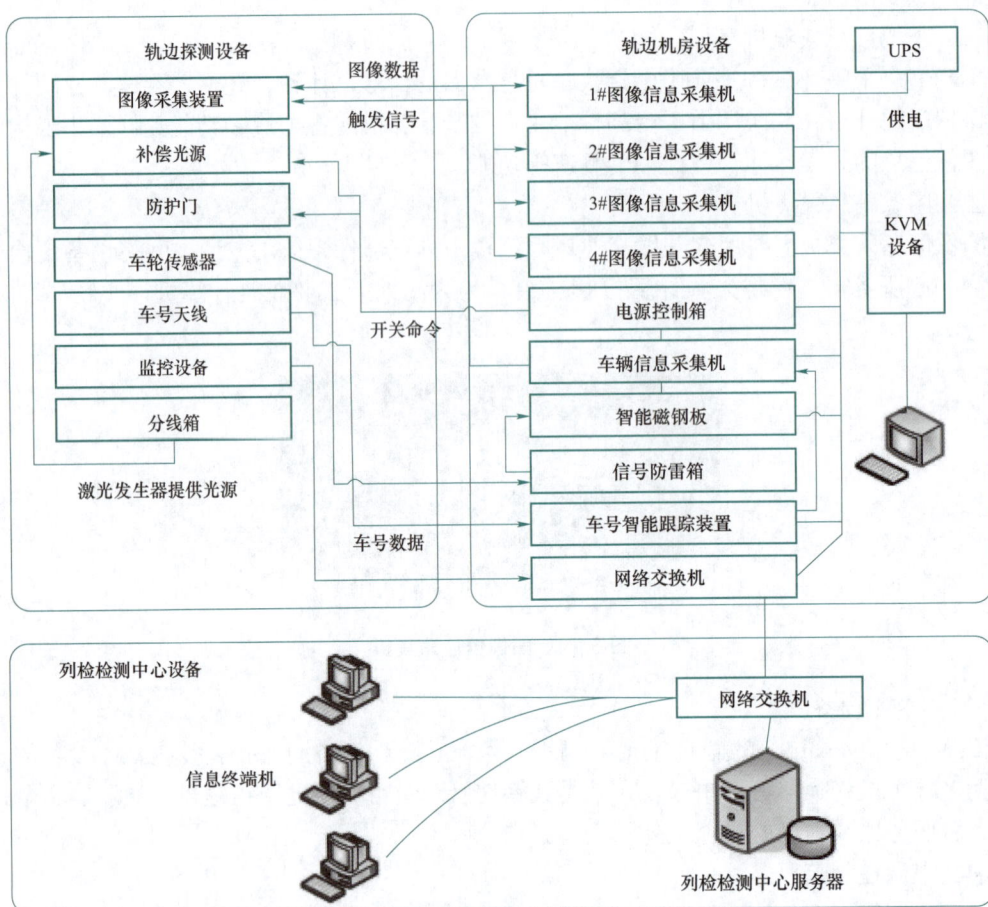

图 3 - 5　TFDS 的组成

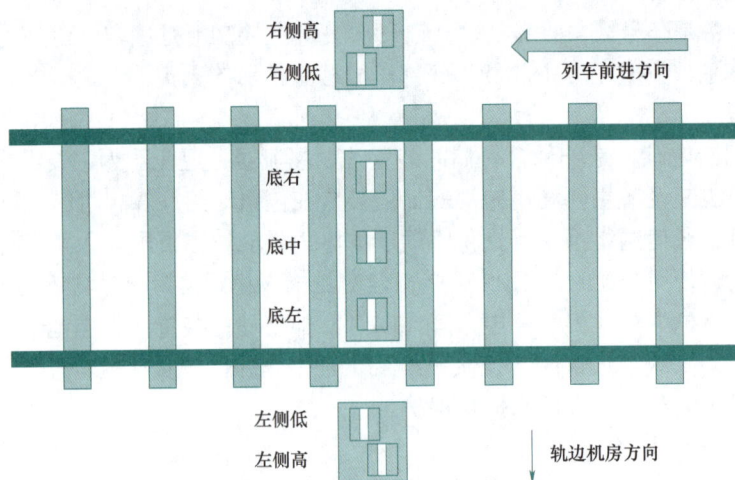

图 3 - 6　轨旁成像装置布局图

3.1.2　TFDS 运用与管理

1. TFDS 检查范围及质量标准

TFDS 动态检车检查范围及质量标准以 C70 型货车为例进行讲解。

1）侧架工位

对前台侧架部位采用"凹"字检查法，如图 3 - 7 所示，图片上部为列车运行方向左侧侧架，下部为列车运行方向右侧侧架，箭头线为鼠标运行轨迹。

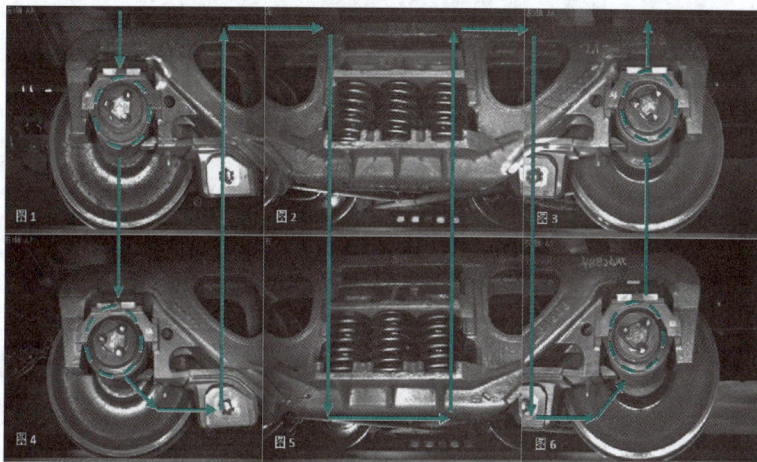

图 3 - 7　侧架工位检查

（1）侧架作业流程

左右 1 轴：侧架—承载鞍—轴承—车轮—侧架—承载鞍—轴承—车轮—交叉杆端部—侧架—交叉杆端部—侧架。

左右：侧架—摇枕—立柱磨耗板—摇枕圆弹簧—侧架—交叉杆—侧架—摇枕—立柱磨耗板—摇枕圆弹簧—侧架—交叉杆—摇枕圆弹簧—摇枕—立柱磨耗板—侧架—摇枕圆弹簧—立柱磨耗板—侧架。

左右 2 轴：侧架—交叉杆端部—侧架—交叉杆端部—车轮—轴承—承载鞍—侧架—车地板—车轮—轴承—承载鞍—侧架。

（2）侧架工位安全风险点

侧架工位的安全风险点为车辆脱轨、燃切轴。动态检车员重点对滚动轴承、摇枕弹簧、斜楔、侧架立柱磨耗板等重点部位进行放大检查，对发现的滚动轴承甩油等疑似故障，动态检车组长要进行关联（THDS、TPDS）确认。

2）制动梁工位

制动梁工位的安全风险点为车辆大部件裂折。动态检车员重点对制动梁支柱、下拉杆圆销、开口销等重点部位进行放大检查，对发现的制动梁支柱圆销、开口销丢失等疑似故障，动态检车员必须及时通知动态检车组长，由动态检车组长进行确认。

对制动梁工位采用"8"字检查法，如图 3 - 8 所示。

制动梁工位作业标准为：车轮无缺损，闸瓦、闸瓦插销无折断、丢失；安全索无脱落、丢失；制动梁安全链无折断、脱落；制动梁无裂损、折断、脱落；制动梁支柱圆销、开口销无折断、丢失；支柱夹扣及螺栓无丢失；移动杠杆无折断、丢失；中（下）拉杆无折断、丢失、脱落；中（下）拉杆圆销、开口销无折断、丢失；固定杠杆无折断、丢失；固定杠杆支点座、固定杠杆支点圆销、开口销无折断、丢失；下心盘螺栓无折断、螺母无丢失；交叉支撑装置扣板螺栓无丢失；脱轨制动装置拉环无脱落、丢失；交叉杆体无弯曲、变形、裂损、折断；摇枕及减振弹簧无折断、窜出、丢失；摇枕无裂损。

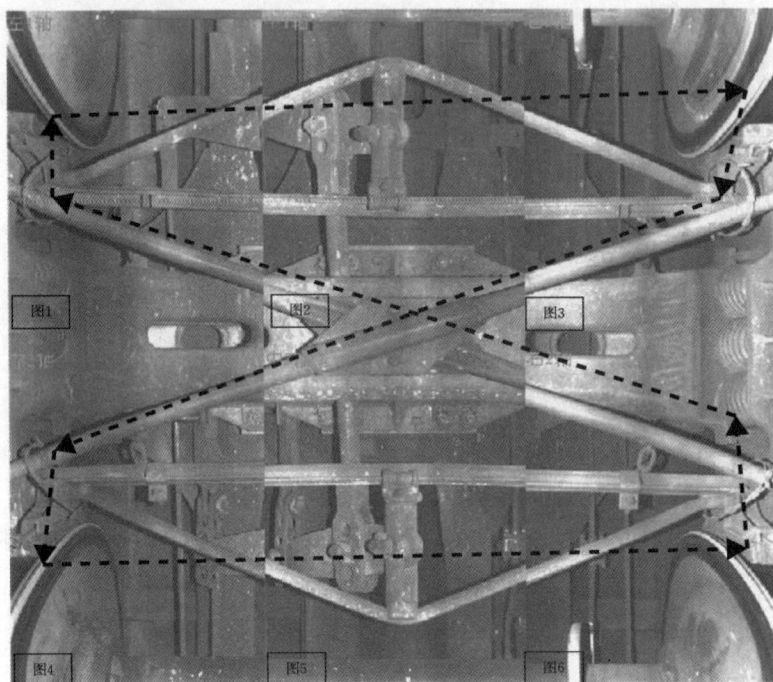

图 3 – 8　制动梁工位检查

3）钩缓工位和互钩差工位

（1）钩缓工位

对钩缓工位进行顺线检查，执行"e"字检查法，如图 3 – 9 所示。

钩缓工位作业标准为：从板及从板座无破损、折断、丢失；缓冲器及冲击座无破损；钩尾框无裂损；钩尾框托板无裂损；螺栓及螺母无丢失；牵引梁无弯曲、破损；安全托板无裂损；螺栓、螺母无丢失；钩尾扁销及托板、螺栓、螺母、开口销无折断、丢失；车钩托梁无裂损；螺栓、螺母无丢失，下锁销杆及下锁销无丢失；钩体无裂损；钩提杆无变形、脱落、丢失；钩锁锁腿无折断；车钩防跳插销及吊链无丢失；钩舌销无折断、丢失；制动软管连接状态良好；制动软管吊链无丢失；钩锁锁腿无折断；安全吊架螺栓、螺母无折断、丢失；车轮无缺损；车体地板无破损；制动主管卡子及螺母无丢失；端梁无弯曲、破损；折角塞门手把无关闭、丢失；钩提杆座无脱落、丢失；钩提杆复位弹簧无折断、丢失；人力制动机轴链及圆销、开口销无折断、脱落、丢失；人力制动机拉杆及吊架无脱落、折断、丢失；滑轮无丢失；轴链无折断、脱落、丢失；地板无破损；车轮无缺损；脱轨自动制动装置拉环无脱落、丢失。

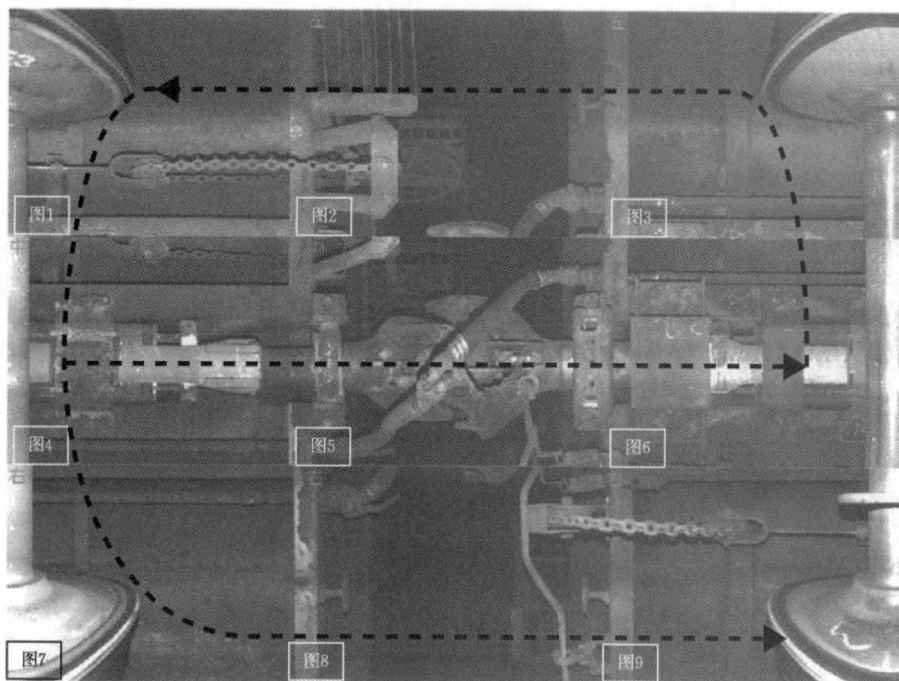

图 3 - 9　钩缓工位检查

（2）互钩差工位

对互钩差工位进行顺线检查，执行"V"字检查法，如图 3 - 10 所示。

互钩差工位作业标准为：端墙板无破损；端梁无弯曲、破损；钩提杆无变形、脱落、丢失；钩提杆座无脱落、丢失；钩提杆链无折断、丢失；人力制动机拉杆及吊架无脱落、折断、丢失；滑轮无丢失；轴链及圆销、开口销无折断、脱落、丢失；车钩连接状态良好；车钩防跳插销及吊链无丢失；制动软管吊链无丢失；制动软管连接状态良好；制动软管吊链无丢失；车钩防跳插销及吊链无丢失；折角塞门手把无关闭、丢失；端墙板无破损。

图 3 - 10　互钩差工位检查

（3）钩缓及互钩差工位安全风险点

钩缓及互钩差工位安全风险点为车钩分离，动态检车员应重点对折角塞门手把、钩尾框、

121

钩锁铁、缓冲器等重点配件进行放大检查。

4）中间部工位

对中间部工位进行顺线检查，执行"三"字检查法，如图3-11所示。

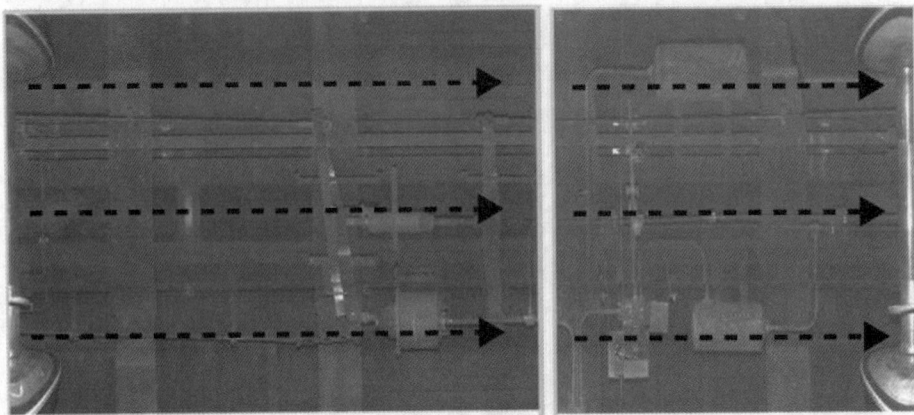

图3-11 中间部工位检查

中间部工位作业标准为：车轮无缺损；地板无破损；上拉杆及托架无折断、脱落；拉杆圆销、开口销无折断、丢失；车体地板无破损；地板无破损；铁路货车车号自动识别标签无破损、丢失；制动缸前杠杆及托架无丢失；制动缸前杠杆圆销、开口销无折断、丢失；闸调器无破损、丢失；制动缸后杠杆及托架无丢失；制动缸后杠杆圆销、开口销无折断、丢失；车轮无缺损；人力制动机拉杆无折断、脱落、丢失；拉杆链及圆销、开口销无折断、丢失；附加杠杆及托架无折断、丢失；连接杠杆无折断、丢失；制动缸活塞推杆无丢失；制动缸活塞推杆及圆销、开口销无折断、丢失；制动缸及吊架无脱落、丢失；制动缸堵无丢失；连接法兰及螺栓、螺母无丢失；支管卡子及螺母无丢失。

中间部工位的安全风险点为车辆配件脱落。动态检车员应重点对各风缸及基础制动杠杆、拉杆、人力制动机拉杆及链、缓解阀拉杆等易脱配件进行重点放大检查。

2. TFDS动态检查—列列车作业标准

（1）过车提示

① TFDS动态检车组长实时查询列车运行图监控软件，及时准确掌握作业列车开行计划。

② TFDS动态检车组长根据列车运行图实时监控软件显示的列车运行情况，在TFDS集中作业平台"TF工长管理"菜单下的"列车信息"栏，确定作业列车，双击修改"车次""编组类型"信息。

③ TFDS动态检车组长在TFDS集中作业平台"TF工长管理"菜单下的"智能分车"栏选定作业列车，并划分作业组别，如图3-12所示。

（2）开始作业

① TFDS动态检车组长下达"×组×行××次，编组××辆，准备作业"口令，并提示各工位核对列车车次和编组辆数。

② 各工位检车员等待接车，接到组长发布的准备作业口令后，打开"过车详细信息"界面，核对列车车次和编组辆数，如图3-13所示，确认准确无误后，依次回答"×号准备完毕。

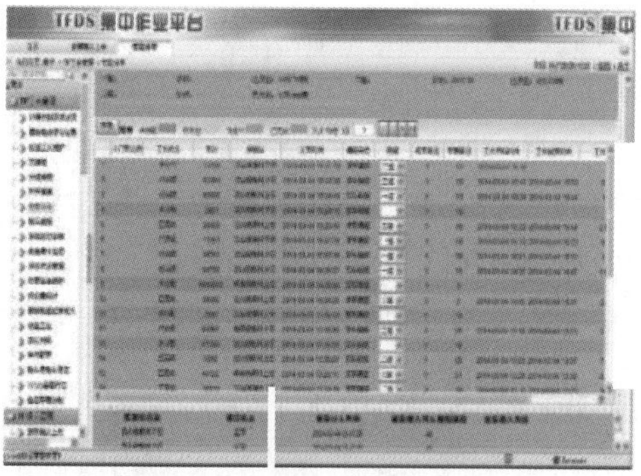

图 3-12　划分作业组别

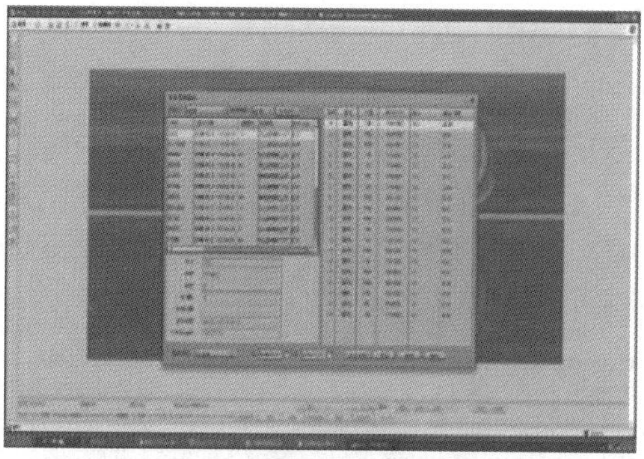

图 3-13　过车详细信息

③ 待各工位核对完毕并回复准备完毕后，TFDS 动态检车组长下达"××（探测站），××次，开始作业"指令，根据作业列车来车方向、编组及装载等情况，对易发车辆故障进行重点提示，并将作业状态显示屏操作至"作业中"，如图 3-14 所示。

各工位接到动态检车组长发布的开始作业口令后，使用鼠标左键单击"过车详细信息"，单击界面下方"确定"按钮进入作业界面。执行同步开始作业要求全组作业开始时间相差不得超过 1 min，每列车的技术作业时间原则上为 50 辆/10 min。

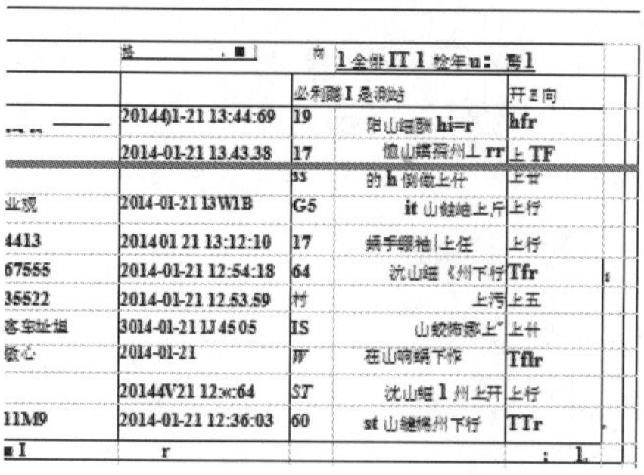

（a）核对信息

锦州，用车间 5T 作业场

（b）显示"作业中"

图 3-14　"作业中"显示位置

（3）浏览图片

① TFDS 动态检车员确认显示图片清晰、拼接完整、无异常，单击"后一幅"逐辆进行分析。

② 在浏览图片过程中，发现图片不清晰且影响分析时，单击客户端主界面左边的"图像调整"工具栏，调整图片的亮度、对比度。

③ 当发现局部丢图、窜图、曝光等异常情况时，动态检车员应报告动态检车组长，动态检车组长应在"TFDS 设备运行状态记录"中做好信息记录，并及时通知列检值班员，由列检值班员通知故障专修检车员对到达解体作业列车的相应车辆、部位进行人工检查，故障专修检车员在检查后将确认结果反馈至室内作业组。

安全风险点：TFDS 图片无法正常分析时，通知列检值班员，要求现场检车员进行人工检查。

④ 当 TFDS 设备发生故障、停电、设备检修等情况造成无法进行检测时，动态检车组长应立即通知动态检车工长启动非正常情况下作业预案，同时向动态监测车间反馈报修。

安全风险点：设备发生故障时，未按报修流程及时通知动态检测车间维修人员进行故障处理，延误 TFDS 正常作业。

（4）分析图片

按照动态检查一列作业程序及标准进行分析。

（5）故障加载

① TFDS 动态检车员接车作业，浏览图片发现车辆故障时，双击该图片，并放大进行分析，确认故障后压住鼠标左键拖动，在故障部位处进行标注，如图 3-15 所示。

② TFDS 动态检车员在故障图片上单击右键，弹出"提交故障"对话框，如图 3-16 所示。

图 3-15 故障加载

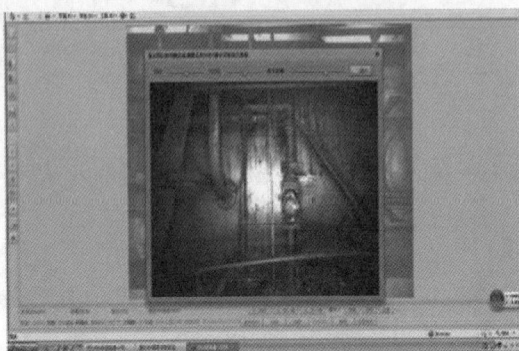

图 3-16 提交故障

③ TFDS 动态检车员在"提交故障"对话框中，正确选择故障部位、具体故障名称、严重程度，需要时调节右上角"亮度"和"对比度"按钮，使显示图片清晰，单击"提交"按钮，将发现故障信息保存到系统故障数据库中。故障确认页面如图 3-17 所示。

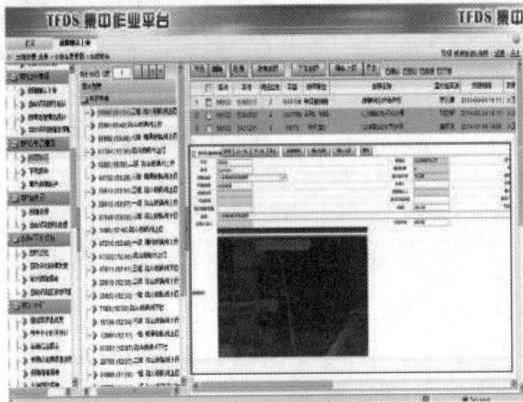

图 3-17 故障确认

④ TFDS 动态检车员发现系统故障库中无故障名称的故障时，应按段、车间制定的《TFDS 动态检查预报范围及质量标准细化措施》的故障加载规则，加载故障。

⑤ 在分析作业中，TFDS 动态检车员检查发现符合 TFDS 重点预报及拦停范围内的故障时，应立即口头通知 TFDS 动态检车组长"车次、机次位数、车号、故障部位及名称"，然后加载故障；TFDS 动态检车组长接到信息快速判断确认后，立即启动 TFDS 拦停故障应急处置预案。

安全风险点：TFDS 动态检车员在作业过程中，对于拦停故障未执行"先报告后提交"的规定，易造成事故。

⑥ TFDS 动态检查时发现进入国铁运行的非提速货车，TFDS 动态检车员要及时汇报给动

态检车组长，动态检车组长要核实该非提速货车进入国铁运行是否经过批准，如果未批准，应按以下要求办理：对停车且有人工技术检查作业的列车，动态检车组长及时通知列检值班员；对不停车或无人工技术检查作业的列车，动态检车组长要立即使用直通电话将非提速货车所在列车的车次、非提速货车编挂位置和车种车型车号等信息通知铁路局监测站红外线调度员。

（6）故障确认

① 动态检车组长单击作业平台"TF组长管理"菜单下的"故障确认上传"栏，选定作业列车，可实时查看TFDS动态检车员提报的车辆故障信息。

② 动态检车组长发现各工位误上报故障后，可在故障确认上传界面单击"删除"按钮，完成对误报故障的删除。

（7）图像分析完毕

TFDS动态检车员图像分析完毕后，使用标准用语依次汇报作业完毕，等待动态检车组长指示。标准用语为"×号作业完毕"。

（8）列车信息填报

全组各工位对本列车作业完毕后，动态检车组长应在"5T技术作业管理系统"中"TFDS作业信息管理系统"的"TFDS通过列车信息"页面中录入相关作业列车信息。

（9）故障信息预报

① 对于实行室外故障专修组故障确认作业方式的列车，动态检车组长应将检查范围内的故障全数下发，在TFDS集中作业平台"TF组长管理"菜单下的"故障确认上传"栏，选定作业列车，勾选全部应下发故障，单击"下发故障"按钮。

② 故障下发完毕后，电话通知列检值班员"××次故障已下发"。

（10）故障信息检查、确认、处理、反馈

当TFDS预报故障下发后，列检值班员向现场检车员做出提示，由现场检车员负责对TFDS预报故障进行现车确认及处理，并在作业完毕后及时反馈相应信息。

（11）故障信息收集上传

现场检车员对TFDS预报故障反馈完毕后，通知列检值班员进行复核，并由列检值班员通知动态检车组长，由动态检车组长勾选符合上传要求的全部故障，单击"确认上报"按钮，将故障上传至三级联网，如图3-18所示。

（12）作业完毕

全组各工位TFDS动态检车员报告作业完毕后，动态检车组长应将作业状态显示屏操作至"待检中"，如图3-19所示。

图3-18　确认上报　　　　图3-19　显示"待检中"

3.1.3　TFDS 设备检修

1. 岗位介绍

作业地点：安装 TFDS-3 型设备的探测站。

适用范围：适用于 TFDS-3 型设备半月检维护检修。

人员及工种要求：本岗位作业人员，工种为轴温检测员，且经教育科培训考试合格。

主要作业内容：对 TFDS-3 型设备进行半月检检修、月检检修。

2. 作业要点

① 作业中严格执行"上线作业安全管理办法"。

② 轨边设备检查无松动、裂损、脱落，安装尺寸符合规定。

③ 设备检测，各项指标符合检修标准。

④ 作业结束前后与车间调度员确认设备运行是否正常。

⑤ 检修风险图例，"⚠"表示如果不采取相应的安全措施，就会导致人身伤害。

TFDS-3 型设备检修维护作业流程如图 3-20 所示。

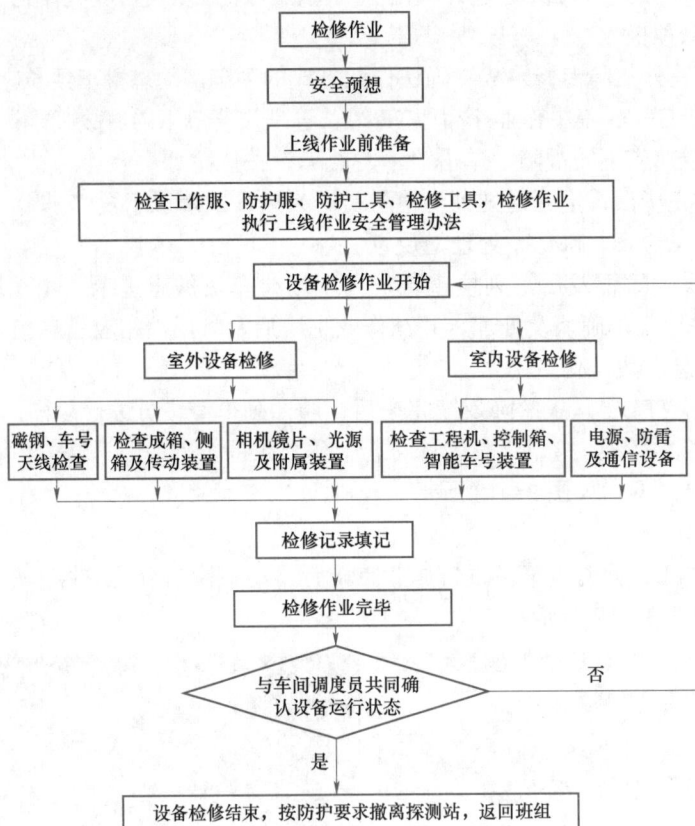

图 3-20　TFDS-3 型设备检修维护作业流程

3. 开工前准备

（1）召开安全预想会

现场负责人负责组织预想会，班组人员按照劳动保护规定着装，参加班组预想会；明确作业人员：现场负责人 1 人，驻站防护员 1～2 人，现场防护员 1 人，作业人员 1～2 人。

现场负责人布置当班工作，提示安全作业注意事项；作业人员要严格执行上线作业安全管理办法，按规定完成检修作业。

现场负责人传达作业内容：作业时间、作业地点、作业内容、影响范围等情况。结合当日作业具体内容组织分析当日天气、人员状态、工作内容、现场防护员、驻站防护员等情况。

（2）检修前的准备

① 现场负责人负责对作业人员进行作业前的安全卡控教育，对作业人员精神状态进行检查、确认，指定作业人员、现场防护员、驻站防护员。

② 按规定穿戴好劳保服装、防护马甲，证件、臂章、防护用具携带齐全。

③ 乘坐火车及客车时，严格遵守站车秩序，杜绝违章违纪、路风事件。

④ 检查确认工具、材料及防护用具状态是否良好。

⑤ 由现场负责人按照设备状态，对作业制订有针对性的检修计划。

（3）上线作业前准备及要求

① 天窗修（临时天窗点外）作业，驻站防护员应提前 1 h 到达车站运转室登记；现场作业人员天窗点前进入封闭网、横越未封锁线路，必须执行"双报告"，在现场防护员与驻站防护员防护下进入探测站。

② 驻站防护员按规定在车站"行车设备检修登记簿"上登记，申请调度命令或天窗点外维修命令。

③ 严格执行"双确认、三方控"制度，现场负责人接到驻站防护员通知可以上道命令后，明确天窗修命令号、里程位置、封锁时间等，通知车间复示调度设定检修标记。

4. TFDS－3 型设备检修维护作业程序标准

（1）底箱、侧箱检修

① 摄像机、补偿光源。

检修方法：用棉纱、镜头纸擦拭。

检修标准：摄像机镜头防护玻璃清洁无尘；补偿光源防护玻璃清洁无尘。

② 保护门、传动部分。

检修方法：各连接转动部动作灵活，如不灵活应加注润滑油，摩擦联轴器需除油泥后加注适量润滑油。

检修标准：保护门开关正常，箱内无异物；机械部分干净无锈；转动部位无卡死，各拉杆无弯曲变形；各转动部件转动灵活，各连接部螺丝紧固；接线端子无松动。

保护门、传动部分检修示意图如图 3－21 所示。

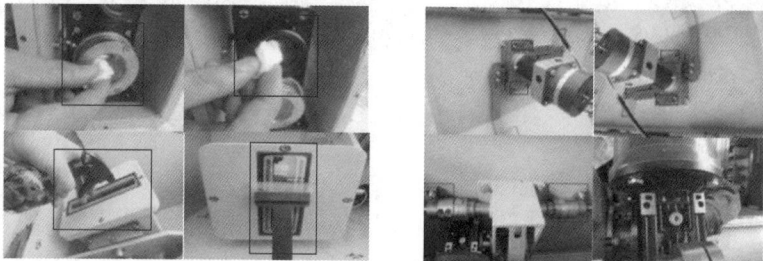

图 3－21 保护门、传动部分检修示意图

（2）车号天线检修

检修方法：直观检查、天线检测。

检修标准：各部位清洁无尘；车号天线紧固良好；天线外壳无裂损；天线每侧读取距离大于或等于 1.2 m；标签在天线上方 1 m 沿轨道方向移动；检测读取标签。

车号天线检修示意图如图 3－22 所示。

图 3－22　车号天线检修示意图

（3）磁钢及卡具检修

检修方法：直观检查；用安装尺、万用表、室外功能模拟器。

检修标准：1#～2#与 3#～4#磁钢中心距为 270 mm±2 mm；ZR 磁钢顶面与轨平面距离为 37 mm±2 mm，ZR 磁钢外沿与轨头内侧距离为 88+2～3 mm；ZR 磁钢及磁钢支架无松动、无锈蚀，磁钢外观无损坏；各紧固螺钉均有弹簧垫圈，引线无损伤断裂，引线护管保护作用良好；卡轨器不受钢轨及道床碴石挤压；ZR 磁钢阻值符合规定。

磁钢及卡具检修示意图如图 3－23 所示。

（4）分线箱间检修

检修方法：直观检查。

检修标准：光端子无松动；光电源端子无松动；散热风扇自动控制正常。

分线箱间检修示意图如图 3－24 所示。

图 3－23　磁钢及卡具检修示意图

图 3－24　分线箱间检修示意图

（5）监控摄像机检修

检修方法：直观检查、查看监控。

检修标准：监控摄像机工作正常；外观无异状；角度正常。

监控摄像机检修示意图如图 3－25 所示。

（6）空调检修

检修方法：直观检查。

检修标准：外观无异状；工作正常。

空调检修示意图如图 3－26 所示。

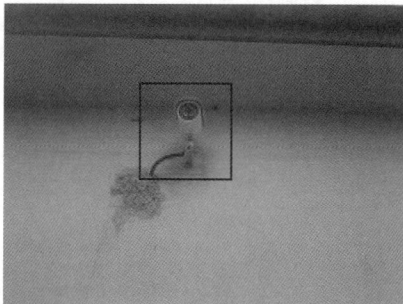

图 3－25　监控摄像机检修示意图

图 3－26　空调检修示意图

（7）设备外观检修

检修方法：用毛刷、除尘器。

检修标准：设备清洁、无尘。

设备外观检修示意图如图 3－27 所示。

图 3－27　设备外观检修示意图

（8）计算机、系统网络检修

检修方法：直观检查、检查防病毒软件运行状态。

检修标准：系统无病毒；光纤收发器工作正常；交换机工作正常；网络畅通。

计算机、网络系统检修示意图如图 3－28 所示。

(a) 计算机检修

(b) 网络系统检修

图 3－28　计算机、网络系统检修示意图

（9）控制箱检修

检修方法：过车观察，外观检查控制箱保护门、控制箱电源灯。

检修标准：保护门正常；补偿光源工作正常。

控制箱检修示意图如图 3-29 所示。

（10）电源检修

检修方法：直观检查、手动转换开关测试状态。

检修标准：UPS 不间断电源运行正常；电源箱无异状；UPS 电源输入电压为 176～253 V，输出电压为 210～230 V；接线端子无松动。

电源检修示意图如图 3-30 所示。

图 3-29 控制箱检修示意图

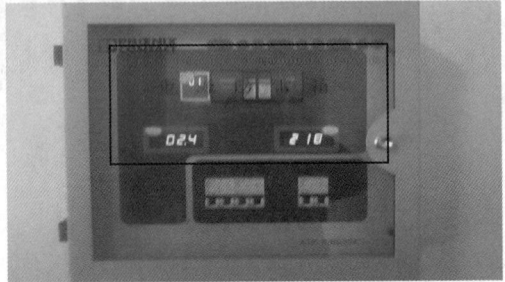

图 3-30 电源检修示意图

（11）各插件检修

检修方法：直观检查。

检修标准：各接口接插件无松动、脱落；显示器显示正常。

各插件检修示意图如图 3-31 所示。

图 3-31 各插件检修示意图

（12）防雷设备检修

检修方法：每月用防雷模块测试仪检测，春季整修用接地电阻测试仪测试。

检修标准：各防雷模块测试状态正常；各开关位置正确；综合防雷指标符合要求。

防雷设备检修示意图如图 3-32 所示。

（13）车号设备检修

检修方法：直观检查、用标签检测。

检修标准：指示灯工作正常；标签读取正确。

车号设备检修示意图如图 3-33 所示。

图 3-32　防雷设备检修示意图

图 3-33　车号设备检修示意图

（14）室内空调检修

检修方法：直观检查。

检修标准：机房恒温 20℃；风扇运转正常；制冷正常。

（15）检修完毕

① 现场防护员报告"人员、机具已下道，现场作业完毕"，驻站防护员回答"人员、机具已下道，现场作业完毕，驻站防护员明白"。

② 作业完毕后，包机人、作业组长与车间复示中心值班员三方共同确认探测站设备及其运行状态正常。清点作业现场工具，确认无遗漏后清扫卫生，消点。

③ 关闭机房照明及冬季取暖设备，锁闭机房门、栅栏门，状态由作业组长负责检查确认，损毁时及时反馈车间并到当地公安局报案，并及时修复。

④ 维修人员全部撤离栅栏网外，现场防护员立即通知驻站防护员"作业人员已全部撤离栅栏网"，驻站防护员回答"作业人员已全部撤离栅栏网，驻站防护员明白"，然后共同返回班组。

（16）完工分析

① 由工长和作业组长负责组织作业人员召开完工分析会，认真分析本次检修作业完成情况，对检修中发现的问题进行针对性分析，查摆存在的问题，制定措施，对作业人员分别进行点评。

② 包机人和作业组长到车间复示终端或通过远程调取所检修设备的探测数据，对比分析检修前后的设备状态。异地班组可通过远程操作进行调取分析，确认设备探测状态良好。

③ 检修用领取的线性光源、相机等器件须由领取人向车间调度员和工长汇报使用情况，携带的工具、材料、防护用具放回原处，对讲机、防护手机电量低于 60% 时及时充电，保证下次安全使用。

④ 对检修更换下来的配件进行分类，利用待业时间修旧利废，搞好班组竞赛评比工作，及时填记班组工作日志。

⑤ 技术总结，工长和作业组长对工作进行点评，对违章违纪人员提出批评。

5. TFDS-3 型设备传动机构检修

（1）更换侧箱电机

① 断开控制箱电源。

② 拆下电机电源线，用绝缘胶布保护好。

③ 卸掉 4 个内六角螺丝，侧箱电机即可拆下更换。

（2）沉箱电机更换准备工作

① 断开控制箱电源。

② 打开沉箱门，取下防尘板。

③ 拆下 3、4#相机。

④ 拆下电机电源线，用绝缘胶布保护好。

⑤ 在开门状态下，将螺丝松开。

更换沉箱电机示意图如图 3-34 所示。

图 3-34　更换沉箱电机示意图

（3）拆卸与更换沉箱电机

① 将固定沉箱电机减速器上的螺母卸掉。

② 拆下电机及减速器。

③ 拆下 3 个螺丝和该视角不可见的 1 个螺丝，即可拆下沉箱电机进行更换。

6. TFDS-3 型设备相机检修

（1）打开保护盖内部

拆下相机保护盒盖的 4 个螺丝，拧螺丝时不要用力过大，以免造成螺丝损伤。

（2）清洁保护盖

① 用脱脂棉清洁相机保护盒盖内部，脱脂棉要清洁，避免划伤保护盒盖。

② 清洁相机镜头和光源镜头。

③ 用脱脂棉清洁相机镜头和光源镜头，其中脱脂棉要清洁，避免划伤相机镜头和光源镜头，清洁时用力要适当，以免镜头发生角度偏移。

（3）安装保护盖

安装相机保护盖及螺丝，拧螺丝时不要用力过大，以免造成螺丝损伤。

（4）清洁保护盒盖玻璃

将玻璃水喷到相机保护盒盖上，用保护盒盖专用清洁工具进行清洁。喷洒玻璃水时角度要对准，喷水不要太多，防止玻璃水飞溅到设备接头上。

7. TFDS - 3 型设备更换侧箱

（1）准备工作

① 断开控制箱电源。

② 打开侧箱门。

③ 分别拆下侧箱内两个相机盒，打开相机盒后盖，断开相机控制线、电源线及激光发射器的光纤，并将各连线接头包扎好。

④ 断开侧箱电机电源线，用绝缘胶布保护好。

（2）旧侧箱拆除

① 将侧箱底部固定螺栓拧松。

② 分解侧箱底部横梁接头管路。

③ 将侧箱内各连线从底部进线口处穿出。

④ 作业负责人组织人员将侧箱从轨道边移到安全位置，装车运走。

⑤ 将侧箱基础进行拆除。

（3）安装新箱体

① 在选定放置底箱的两个灰枕之间的铁轨外侧 1 500 mm 处，打入两根基础桩，形成一个支撑侧箱的平台，平台上平面距离轨平面 350 mm。

② 将侧箱安放在两根基础桩上，并将箱体内用于连接箱体和基础桩的螺栓拧紧。

③ 把箱内设备的预留线材穿入钢编管中，在穿线的过程中要注意分开强电电缆和弱电电缆。

④ 将穿入钢编管的线材穿入底箱预留的相应强、弱电 50 号钢管中，通过钢管进入配线箱。

⑤ 侧箱安装完成后回填道砟。

（4）连接箱体内硬件并调试

① 打开侧箱门。

② 打开相机盒后盖，分别连接相机控制线、电源线及激光发射器的光纤，将拆下的两个相机盒安装在侧箱的相机盒安装座上。

③ 连接侧箱电机电源线，确保安装紧固。

④ 外观检查无异常后，打开控制箱电源。

⑤ 通过软件检查照相机工作状态及侧箱开关门状态，过车后跟踪过车图片和数据是否正常。

8. TFDS - 3 型设备更换沉箱

（1）准备工作

① 断开控制箱电源。

② 打开沉箱门，取下防尘板。

③ 分别拆下低左、低中、低右 3 个相机盒，并打开相机盒后盖，断开相机控制线、电源线及激光发射器的光纤，将各连线接头包扎好。

④ 断开沉箱电机电源线，用绝缘胶布包扎好。

⑤ 在开门状态下，拆除沉箱上盖紧固螺丝，取下沉箱上盖。

（2）旧沉箱拆除

① 作业负责人组织人员将沉箱四周的道砟清除。

② 分解沉箱底部横梁接头管路。

③ 将沉箱内各连线从底部进入线口处穿出。

④ 作业负责人组织人员将旧沉箱从轨道中心移到轨边安全位置，装车运走。

（3）安装新箱体

① 将需安装沉箱的两条灰枕间的两外侧道砟挖出，确保深 780 mm、宽 500 mm 范围内没有道砟，两侧打入基础桩。

② 清除安装位置轨枕中间部位的道砟，确保深 750 mm、宽 400 mm 范围内没有道砟。

③ 安装沉箱及底部横梁管路，将各线接头引入沉箱内。

④ 沉箱安装完成后回填道砟。

（4）连接箱体内硬件并调试

① 打开沉箱门。

② 打开相机盒后盖，分别连接相机控制线、电源线及激光发射器的光纤，并将拆下的 3 个相机盒安装在沉箱的相机盒安装座上。

③ 连接沉箱电机电源线，确保安装紧固。

④ 将沉箱上盖安装在传动机构上。

⑤ 外观检查无异常后，打开控制箱电源。

⑥ 通过软件检查照相机工作状态及沉箱开关门状态，过车后跟踪过车图片和数据看是否正常。

任务 3.2　车辆滚动轴承故障轨边声学诊断系统

3.2.1　货车滚动轴承早期故障轨边声学诊断系统简介

1. 研发背景

随着信号分析技术和计算机技术的进步，20 世纪 60 年代以来机械故障诊断技术得到了迅速的发展，目前滚动轴承早期故障的诊断主要采用振动或声学的方法。声学诊断方法具有早期发现故障、非接触测量等优点，特别适用于通过式在线监测和诊断，因此受到了铁路部门的重视。20 世纪 80 年代，以美国 TTCI 公司为代表的几家国外公司，开始研究利用声学诊断原理，检测运行中车辆的滚动轴承故障。20 世纪 90 年代 TTCI 公司对传感器进行了改进，设计了多个传感器的声学阵列，2000 年后才达到了实用程度。

澳大利亚 VIPAC 公司自 1991 年起开始研究铁道车辆轴承声学诊断技术，推出了声学监测系统——RailBAM（railway bearing acoustic monitoring system），该系统采用声传感器阵列提取轴承和车轮故障的声音特征，可早期发现轴承和车轮故障，提高列车安全性。此后，VIPAC 公司对该系统的性能和处理速度等又进行了改进，集成了车号识别功能，从 2001 年起，新系统在澳大利亚铁路投入现场使用，取得了很高的故障诊断准确率。目前该系统主要在澳大利亚的南部铁路网上使用，效果较好。

中国铁路哈尔滨局集团有限公司科学技术研究所在 20 世纪 80 年代末，根据国外的资料，也开始研究声学滚动轴承诊断技术，当时与哈尔滨船舶学院水声工程系合作，首先在理论上进行了研究，计算出轴承内圈、外圈、滚子故障的基本频率，然后设计出了方向性能较好的声呐传感器，并利用计算机进行了信号采集、滤波、分析处理。但由于采集信号短、故障判断的可靠性不高，一直进展不大。2003 年，该所又与 TTCI 合作，引进了它们的产品，并安装在大秦线试验。在试验过程中，该所对 TTCI 产品的硬件进行了全面的消化吸收，对软件进行了分析，对系统的组网方式进行了改进，经过 1 年的运用，取得了良好效果，适于在我国推广。

我国的车辆滚动轴承故障轨边声学诊断系统（TADS）由最初只能对货车轴承进行故障诊断预报已发展到对货车、客车和高铁动车的轴承都可以进行故障诊断和预报。由于国内的铁路线路复杂，车辆的车种车型多，国内铁路安装的设备数量在世界上是最多的，截至目前，全国各铁路局集团有限公司（以下简称铁路局）安装的 TADS 共计 90 余套，按照分散监测、集中报警、联网运行、信息共享的原则进行组网运行和网络化管理，设立全路列车轴承运用状态动态数据库，实现了网络及计算机软硬件平台共用、信息共享和综合报警，实现了全路局间互控、报警跟踪。同时，经过多年的发展，国内已完成具有独立知识产权的 TADS 设备的研制和生产，国内独立研制的 TADS 设备已经正式投入使用。中国铁路总公司于 2016 年 4 月开始推进动车组 TADS－1 设备统型工作，2019 年 8 月制订了动车组 TADS－1 设备统型技术方案，采取统一各厂家设备数据接口方式，实现多点联网综合预报。

应该指出，轨边声学诊断系统增强了轴承的预警能力，将防范关口前移，体现了"预防为主"的安全指导思想，使行车安全性更高。但滚动轴承的失效模式是多样的，并非所有的故障都能在运转中产生异常噪声，因此声学系统不可能解决所有的轴承故障诊断问题，而总有一部分轴承故障是声学系统难以识别的。未被声学系统识别的故障继续发展，有可能进入后期阶段而产生高温，所以声学系统不能取代红外系统，而是红外轴温探测系统在功能上的重要补充。

2. 系统功能

车辆滚动轴承故障轨边声学诊断系统（TADS）通过安装在轨边的声学传感器阵列对运行的铁路车辆滚动轴承噪声进行实时采集，探测站计算机采用信号处理技术和声学诊断技术对运行车辆滚动轴承的内圈、外圈和滚子等部件的裂缝、破损等故障进行在线、早期的诊断预报并形成报文，通过专用网络传输到各铁路局、中国国家铁路集团有限公司（以下简称国铁集团）控及跟踪预报系统，监控及跟踪预报系统对轴承故障情况进行监控，并依照一定的判别标准进行扣车报警，同时对数据进行存储和显示。利用 TADS 联网监控，可以实时监控运行中的车辆滚动轴承状态及分布，实现对滚动轴承从新造、装用、检修，直至报废全生命周期的动态追踪和闭环监控管理。

TADS 主要由地面探测站和监控及跟踪预报系统组成。地面探测站的功能如下。

① 自动检测通过列车滚动轴承的滚子、内圈、外圈的裂纹、剥离、磨损等故障。

② 适应车速：30～120 km/h。

③ 自动计轴、计辆和测速。

④ 预报故障轴承的车号和轴位的自动定位。

⑤ 自动识别列车车次、车号。

⑥ 能存储 1 个月的过车数据。

⑦ 系统自检和远程维护、升级和监控功能。

在以下条件下，TADS 探测设备能正常工作：室内设备：温度 0～30℃，湿度≤85%；室外设备：温度 $-40\sim70℃$，湿度 $\leqslant93\%$。

监控及联网跟踪预报系统是 TADS 的重要组成部分，其功能如下。

① 日常监控。分为"运用监控""设备监控""当日信息"三项，"运用监控"主要是针对运用用户监控使用，主要显示最近通过的列车信息、前二级需排车的故障轴承最新信息和重点关注故障轴承最新信息。"设备监控"显示所有 TADS 探测站的运行状况，包括通信状态和设备状态。

② 过车查询。能够按照通过车时间范围、探测站等条件进行单一或联合查询，查询结果可以指定排序条件和排序方式，以列表方式显示其详细信息。

③ 车辆追踪。分为"车号追踪"和"编组查询"两部分，可以输入追踪车号或者编组号，选择查询时间范围进行车辆追踪查询。

④ 故障轴查询。可对不同探测站的不同类型的故障按照时间范围进行查询，显示内容有序号、车种车型、车号、辆序、远/近端、轴位、故障类型、疑似级别、关注级别、过车时间等信息。

⑤ 统计报表。能够按照一定时间范围进行过车统计和故障轴统计，统计结果以报表形式显示。过车统计以探测站为单位显示编组信息（总编组数和故障编组数）、辆信息（总辆数和故障辆数）、轴信息（总轴数、故障轴数和故障率）。故障轴统计显示不同类型和不同级别的个数统计。

⑥ 报警管理。针对达到重点关注标准的报警故障轴承进行报警轴承查询、检查结果反馈、检查结果查询、分解结果反馈和分解结果查询。

3. TADS 的组成

TADS 主要由地面探测站、节点服务器、铁路局服务器、国铁集团服务器、复示终端组成，如图 3-35 所示。

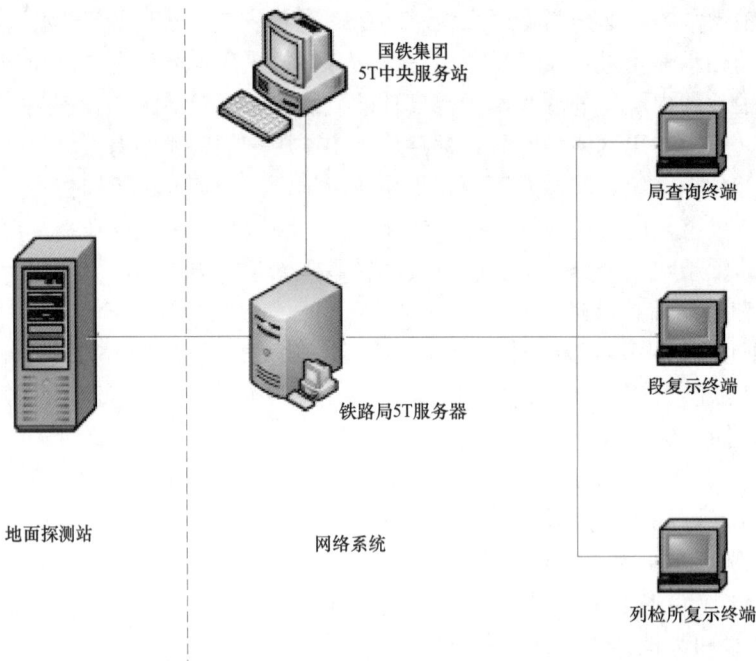

图 3-35 TADS 组成

1）地面探测站

TADS 地面探测站可分为室外和室内两大部分，室外部分主要由 TADS 轨边设备和 AEI 设备组成，该部分主要是对通过的列车采集其轴承的声音信号，并进行计轴、计辆，采集车辆信息。室内部分主要由设备机柜和 UPS 电源组成。

（1）室外设备

TADS 地面探测站的室外设备主要包括保护箱（声音传感器阵列）、车轮传感器（磁钢）、AEI 设备和图像车号识别模块等。TADS 地面探测站设备的整体布局如图 3-36 所示。

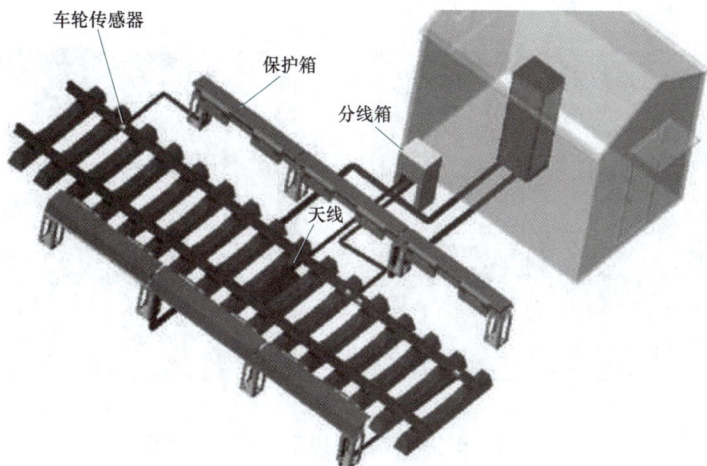

图 3-36　TADS 地面探测站设备的整体布局

① 保护箱。保护箱主要是保护声学传感器。保护箱是具有抗振性能的箱体，设有保护门。保护门受保护门传感器控制，当没有列车通过时，保护门处于关闭状态；当有列车通过时，保护门传感器打开保护门，并使其处于打开状态，这时声学传感器将对通过的列车进行声音采集。列车通过后，保护门传感器将关闭保护门，使保护门处于关闭状态。保护箱和声学传感器如图 3-37 所示。

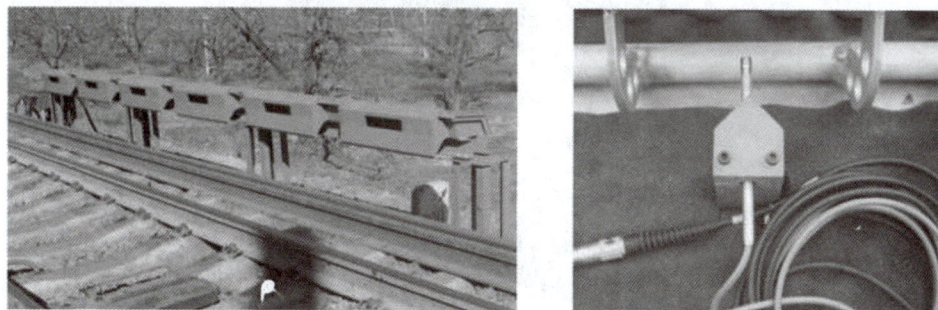

图 3-37　保护箱和声学传感器

保护箱安装在钢轨的两侧，每侧有 3 个，每个保护箱内有 2 个声学传感器，共 6 个声学传感器，用于采集车辆轴承运转产生的声音信号。它采用指向性设计，具有很好的声学波瓣图，直接朝向轴承，能够减少噪声影响。

② 车轮传感器（磁钢）。TADS 地面探测站采用 5 个车轮传感器，用卡具固定在钢轨上，

2 个用于声学采集，3 个用于车号的采集。车轮传感器的作用是列车接近时自动启动系统采集程序，打开声学传感器保护箱的保护门和 AEI 设备天线，进行计轴计辆、车轮定位等信息采集。

③ AEI 设备。AEI 设备包括 AEI 车轮传感器、分线箱和天线。AEI 车轮传感器用卡具固定在钢轨上，AEI 地面天线用卡具固定在枕木上，分别用高压胶管引入 AEI 分线箱后进入轨边机房。在列车接近时，AEI 车轮传感器自动启动 AEI 系统的采集程序，打开 AEI 设备天线，对通过列车的车次、车号、车速等信息进行采集，为声学设备提供过车信息。车轮传感器（磁钢）和 AEI 设备如图 3-38 所示。

(a) 车轮传感器（磁钢）　　　　　　　　(b) AEI 设备

图 3-38　车轮传感器（磁钢）和 AEI 设备

④ 图像车号识别模块。图像车号识别模块运用图像识别技术，拍摄动车组侧部涂装的车号，经图像车号主机分析识别，将车号信息发送给 TADS 主机。图像车号识别模块如图 3-39 所示。

图 3-39　图像车号识别模块

（2）室内设备

TADS 的室内设备包括设备机柜和 UPS。设备机柜包含主处理计算机（MA），远、近端信号采集处理工业控制机（FS、NS），电源信号分配箱（SIPS 箱），远程电源控制箱，HUB 箱，KVM 转换器箱，AEI 主机，防雷箱。探测站室内设备如图 3-40 所示。

图 3－40　探测站室内设备

① UPS。UPS 为在线式，当正常的供电电源停电时，UPS 将为设备临时供电，使设备在停电期间能够继续工作；来电后自动切换到电源供电方式，设备使用正常的供电方式。

② 主处理计算机。主处理计算机协同两台远、近端信号采集处理工业控制机同步工作，接收远、近端信号采集处理机数据，对判别的轴承故障数据进行综合判断分析，通过与 AEI 数据结合，确定故障轴承的位置并完成数据存储和上传。

③ 远、近端信号采集处理工业控制机（FS、NS）。远、近端信号采集处理工业控制机用来采集声音信号，并对采集的信号进行判断处理，是 TADS 的重要组成部分。远、近端信号采集处理工业控制机接收室外设备采集到的轴承噪声信号后，通过安装在计算机上的软件进行处理，完成轴承的诊断判别工作，并把处理后的数据传送给主处理计算机。远、近端信号采集处理工业控制机还可以对室外的声学传感器和声学磁钢进行检测，通过检测可以判断室外的声学传感器和声学磁钢的工作状况。

④ 电源信号分配箱（SIPS 箱）。电源信号分配箱有两个功能：一是对系统的其他设备提供接口电路，进行信号分配；二是对声学传感器阵列箱保护门开关及箱内风扇的开关进行控制。

⑤ 远程电源控制箱。远程电源控制箱向车号地面 AEI 主机，探测站主计算机，NS、FS 数据采集计算机，SIPS 箱，HUB 箱，NS、FS 放大器箱等设备提供电源输出。它通过电话线与室内电话直接连接，通过拨打电话方式，可以在其他地方远程控制各个机器设备的电源开关。

⑥ HUB 箱。HUB 箱将 3 台计算机（主处理计算机，远、近端信号采集处理工业控制机）联网，构成网络化连接，提高了轨边设备综合处理数据能力及数据的高速交换能力，并且提供向上传输数据的通道，同时为 KVM 转换器提供电源。

⑦ KVM 转换器箱。KVM 转换器箱可以实现 3 台计算机（主处理计算机，远、近端信号采集处理工业控制机）对显示器、鼠标、键盘的任意切换功能。

⑧ AEI 主机。AEI 主机能自动识别列车的车次、车号信息，计轴、计辆、测速，并将有关数据提供给 TADS 设备，完成对预报的故障轴承车号和轴位的自动定位。

⑨ 防雷箱。防雷箱是对除声学传感器外各种传感器信号、通信信号、控制电源信号进行抗雷电冲击及抗浪涌保护的装置，是保证系统安全的必要设备。

2）节点服务器

节点服务器完成基本的数据处理及接口报文形成等功能，并上传数据报文给铁路局服务器，对系统数据传输进行实时监控。节点服务器也可以不设置，数据直接传送给铁路局服务器。

3）铁路局服务器

铁路局服务器是 TADS 网络的关键部分，它采用具有 NT 内核的 Windows 2000 操作系统和 Oracle 8i 大型数据库，负责接收节点服务器发来的接口报文（包括数据、声音和自检信息等），创建数据库和监控管理网站，并对轴承状况进行跟踪评判，对故障轴承进行预报。

铁路局服务器实现的主要功能如下。

① 实时显示、接收并处理 TADS 探测站的数据报文，建立数据库，将探测站数据入库，对故障轴承进行跟踪对比、预报。

② 将处理结果上传给国铁集团。

③ 查询、统计、打印通过列车的轴承声学检测信息。

④ 追踪故障轴承的发展过程。

4）国铁集团服务器

国铁集团服务器是数据库的中心，它建立了全路车辆滚动轴承运行状态数据库和各种轴承故障档案数据库，通过收集大量的数据，建立滚动轴承早期故障诊断专家系统，自动调整系统判别模型，综合评价各种轴承运行状态和质量，为铁路车辆制造和检修提供科学、合理的依据。

5）复示终端

复示终端包括红外中心复示终端、车辆段复示终端、列检所复示终端和其他复示终端。各复示终端通过访问各级服务器管理网站，实现对 TADS 探测数据的实时监控，对故障轴承进行报警，并可以对历史探测数据进行查询和统计。复示终端的主要功能如下。

① 实时复示相关 TADS 处理的过车报文和轴承故障报警信息，并进行处理、显示、打印、存储、汇总、统计分析。

② 实时对 TADS 设备状况进行监视，打印显示地面设备故障等信息。

③ 准确监测地面 TADS 设备预报的轴承故障情况，实现故障轴承的报警、跟踪。

④ 通过 TADS 轴承声音图谱播放软件，各复示终端还可以在线收听故障轴承和正常轴承的声音并观看声音图谱（正常轴承和故障轴承声音的三维图谱）。

4. TADS 工作原理

TADS 就是利用声学传感器阵列，采用现代声学诊断技术，对运行列车的车辆滚动轴承所发出的故障信号（声学噪声）进行实时的拾取、滤波、采集，并经过后台分析处理，实现对故障轴承的预报。TADS 采用了声学传感器阵列技术和多传感器信号合成及定位技术，保证了系统对故障轴承诊断的可靠性和准确性。利用故障轴承信号拾取技术和系统降噪技术及频谱分析和小波分析技术，使得系统对故障轴承缺陷程度具有极高的预报精度。该系统与车号自动识别系统结合，可以实现故障轴承的车号和轴位的自动定位。

TADS 探测站的基本诊断流程如图 3-41 所示。

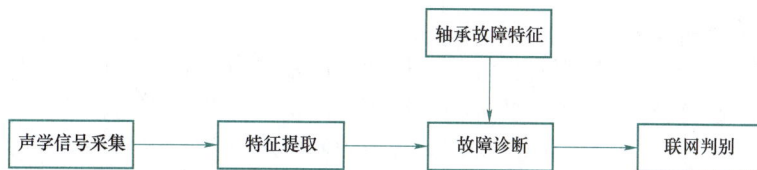

图 3-41 TADS 探测站的基本诊断流程

1）轴承的振动和噪声

（1）外部激励引起的振动和噪声

与轴承接触的其他振源（如传动轴、壳体等）对轴承产生激振力，引起轴承的振动和噪声。这种振动和噪声以低频周期成分为主，一般在轴承总的振动能量中所占比例不大。

（2）轴承的结构特点引起的振动和噪声

当滚动轴承承载时，由于滚动体的公转，使轴承负荷区的滚动体数目不断变化，滚动体在不同位置时所受力的大小也不一样，因而承载刚度发生变化，引起轴心起伏波动，产生振动和噪声。在一定的转速下，这一振动或噪声具有确定的性质，频率较低。

（3）轴承的制造和装配误差引起的振动和噪声

在正常状态下，这部分因素造成的轴承振动和噪声占主导地位。制造方面的因素包括轴承零件加工面（内、外圈滚道面和滚动体工作面）的波纹度、形位公差、滚动体直径误差等，装配方面的因素包括轴承偏心、转子不平衡、轴弯曲等。这些制造和装配因素造成的激振力大多数都具有周期性，但由于在实际情况下各因素之间的关系十分复杂，所以总的激振力随机性较强，频率成分较多，从而正常轴承在这些激振力的联合作用下所产生的振动和噪声也呈现出较强的随机性，含有多种频率成分。

（4）轴承的内部缺陷或故障引起的振动和噪声

当轴承零件的滚动工作面出现故障（如剥离、碎裂、点蚀、塑性变形等）时，在轴承运转中滚动体碾压到故障部位，就会产生冲击振动，这种冲击振动与正常情况下的振动不同，它具有很宽的频率范围，常能激起轴承零件的共振，引发异常声响。这种信号的特点是每个冲击的作用时间很短，时域能量不大，但频谱丰富且冲击具有周期性。

综上所述，正常状态的轴承在运转中也有十分复杂的振动和噪声，其信号总体上表现出随机特性，虽含有周期成分，但频率较低，能量较弱。一旦轴承内部出现局部损伤，则振动和噪声信号的结构将发生变化，出现周期性的冲击脉冲，引起轴承系统的高频共振响应。正常轴承与故障轴承声音图谱如图 3-42 所示。

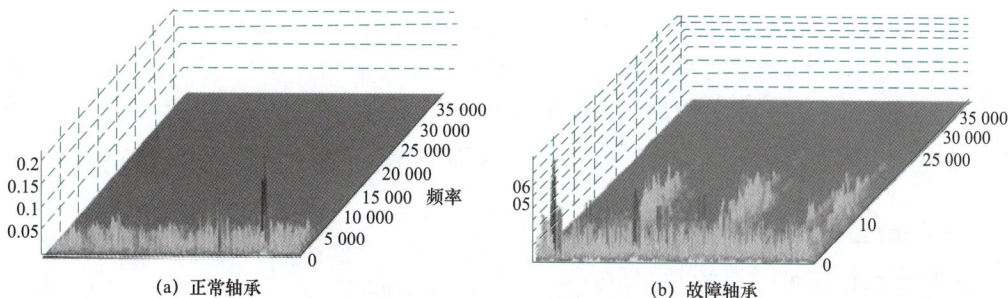

(a) 正常轴承　　　　　　　　　　(b) 故障轴承

图 3-42 正常轴承与故障轴承声音图谱

2）滚动轴承声学诊断

利用声传感器提取轴承的声音信号，采用特定的信号分析技术，可以从时域、频域或幅域提取出轴承的故障特征，再应用各种模式识别方法，就能实现滚动轴承的故障诊断。幅域特征可以反映故障的严重程度，频域特征可以反映故障的部位，因为故障部位不同，其产生的重复冲击频率是不一样的。根据轴承运动学原理，如果已知轴承的几何参数和转速，就可以计算出各个轴承零件产生故障时的特征频率。对实测信号进行分析，查找特征频率成分，即可判断故障所在。轴承声学诊断的关键技术有以下几种。

（1）声学信号的采集与合成

声学传感器的指向区域大约在 6.5 m，若采用单独的声学传感器，在这么大的指向区域内保持接收信号灵敏度的一致性是不可能的，从而难以对轴承故障做出准确判断。为此，TADS 采用单侧 6 个声学传感器阵列，每个声学传感器指向性设计的有效区域为 1.1 m 左右，并相互交叉，保证了某一个轴承在探测区域内传感器接收的轴承振动信号是连续的。由于采用 6个传感器，就要求 6 个声学传感器接收信号的灵敏度一致，因此系统在每个传感器与放大器之间采用自适应校准技术，保证了 6 个声学传感器接收信号灵敏度的一致性。由于采用 6 个传感器，对于某一个轴承来说就需要将 6 个传感器接收的信号进行合成，这种信号合成技术也是此系统的关键技术。对于相邻轴承同时进入声学传感器阵列探测区，系统采用测速、测距等技术来区分不同轴承信号。由于采用了传感器阵列技术，使得系统对轴承的声信号提取更加全面和准确，保证了系统对故障轴承诊断的可靠性和准确性。某一轴承的噪声信号合成如图 3－43 所示。

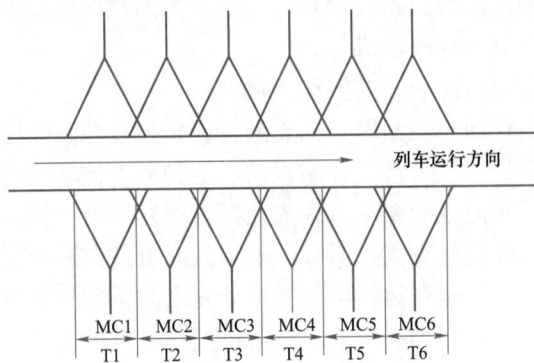

图 3－43　某一轴承的噪声信号合成

（2）滚动轴承状态识别

滚动轴承状态识别是根据轴承的运行信息对其状态进行分类。由于运行过程与环境的复杂性，一般来说所采集的信号与状态之间并不存在一一对应的关系，这就需要应用各种模式识别方法来进行诊断。常用的方法有：简单对比分析法、逻辑判别法、贝叶斯分类法、信息距离判别法、模糊诊断法、灰色系统法、专家系统法、神经网络法，以及上述几种方法的相互结合。

3）TADS 车辆方位和轴位的定义

（1）按照运行方向定义

按照运行方向，列车运行方向的左端依次定义为左 1～左 4，列车运行方向的右端依次定义为右 1～右 4。

（2）按照标签位置定义

将车辆距离标签安装位置近的一侧定义为 A 端，另一侧定义为 B 端，需要与列车运行方向区别开。从 B 端看向 A 端，距离 A 端较近的第 1 个车轴的右侧定义为 A1 轴承，另一侧即左侧，定义为 A2 轴承，第 2 个车轴的右侧定义为 A3 轴承，另一侧为 A4 轴承。

4）TADS 地面探测站存在的主要问题

① 由于列车运行的环境噪声来自多种声源，如轮轨噪声、空气动力噪声等，对测量结果均有较大影响，且受空气的温度、湿度、污染和风、雨的影响，信噪比很低。因此，声学诊断技术应用于轴承，要解决的关键技术就是设法提高信噪比，开发具有优良指向特性和低噪声级的传声器。

② 在复杂的背景噪声条件下提取轴承的状态特征，需要有效的信号分析方法。

③ 系统的实用性应满足不同车速和载荷的运行条件，在工况不一致的前提下识别轴承的故障是困难的，需采用先进的模式识别方法，并用大量的实测数据进行调整和训练。

④ 传感器及其他附属设施需要在野外环境下全天候工作，因此装置的环境适应性及工作可靠性都将面临挑战。

3.2.2　TADS 运用与管理

1. 运用与管理标准

1）预报标准

（1）故障类型

货车滚动轴承早期故障主要分为外圈故障、内圈故障、滚子故障和未知故障 4 类。

（2）单次预报标准

故障预报等级分为一级报警（严重，红色）、二级报警（一般，橙色）和三级报警（用于 5T 系统追踪，黄色）。

（3）扣车预报标准

TADS 在单次报警的基础上，实行全路联网综合评判。综合评判报警标准如下。

① 轴承连续经过 3 次探测，3 次一级报警的。

② 轴承连续经过 5 次探测，其中有 3 次一级报警的。

③ 轴承连续经过 6 次探测，其中有 3 次二级及以上报警的。

④ 轴承连续经过 8 次探测，其中有 5 次三级及以上报警的。

达到上述标准之一时，铁路局监测站的监测终端和列检复示站的复示终端自动显示扣车信息。

2）处置标准

（1）TADS 单次预报及处置

TADS 单次一级报警或综合评判报警时，TADS 动检值班员须通知列检值班员，由列检值班员通知现场检车员对报警轴位进行轴承转动检查。对无故障的轴承，工长须进行复核，现场检车员将确认信息和处理结果报告列检值班员，由列检值班员复核后反馈给 TADS 动检值班员，录入系统。

对有故障的轴承，工长须进行确认，确认后在轴承外圈的正下方粘贴不干胶标志，注明"TADS 故障"字样，并将有关信息报告列检值班员。列检值班员复核后办理扣车，并将现场确认和处理信息反馈给 TADS 动检值班员，录入系统。故障车辆送站修作业场更换轮轴后，须及时将故障轮轴送至车辆段，由车辆段主管安全的副段长组织有关车间主任、轮轴专职人员、安全专职人员、5T 运用专职人员等对故障轴承进行退卸，分析判断轴承故障，形成"TADS 报警轴承故障诊断分析报告"，妥善保存轴承故障损品，并将退卸和分析结果、故障数码照片反馈给 TADS 列检复示站，由 TADS 动检值班员自系统报警之日起 15 日内录入系统。

（2）直通列车 TADS 预报及处置

有 TADS 复示站的列检作业场，因列车通过或停车时间不能满足检查要求等，对 TADS 单次一级报警和综合评判报警车辆无法进行检查处理的，须预报给前方站或列车到达站的列检作业场按相关规定进行检查处理。具体预报和检查处理办法由铁路局制定。

3）责任界定

① TADS 未对轴承故障进行一级预报及扣车预报的轴位，现场检车人员只进行轴承外观检查。

② TADS 值班员未及时将系统预报故障信息向列检值班员报告，未做系统预报记录，未将处理结果及时录入系统，销毁、涂改和丢失记录，违章操作造成人为设备故障，在计算机上使用无关软件发生病毒感染，因系统故障未及时通知维修人员的，由动态检车员负责。

③ 列检值班员未及时将 TADS 值班员的报告信息通知现场检车组以及通知信息错误的，由列检值班员负责。车辆运行安全监测站值班员（调度员）未按规定程序办理拦停手续、迟办或错办的，由值班员（调度员）负责。

④ 每班列检作业组均包含现场检车组和动态检车组，共同组成一个质量责任主体，由现场检车组工长统一管理。接到列检值班员的故障通知后，未做确认处理，未做现场处理情况记录和未向动态检车组反馈处理情况，销毁、涂改和丢失记录的，预报的车号或故障与现场不符而没有向列检值班员核实的，由现场检车人员负责。

⑤ 铁路货车安全防范系统预报重大故障，需要对货物列车进行拦停、甩车处理的，不列行车事故；未按预报信息进行检查确认和扣车处理，排到邻局后被邻局做扣车处理的，由该铁路局负责。

⑥ 当发生热轴拦停甩车、经分解轴承存在故障时，经查 TADS 对该位轴承进行过一级预报或扣车预报、检查铁路局无反馈确认记录或有反馈确认记录但无 HMIS 更换车轮记录的（直通车除外），追究该铁路局责任。

⑦ 当发生热轴拦停甩车、经分解轴承存在故障时，经查 500 km 区段内，该铁路货车途经的 TADS 未对该位轴承进行过一级预报或扣车预报（不包括轴承保持架故障），经分析，属于 TADS 存在漏报的，根据修程，由 TADS 供应商或系统检修、维护单位负责。

⑧ 未经国铁集团批准，车辆处、车辆段不得允许任何单位及个人随意修改 TADS 软件，凡发生上述情况的，追究车辆处或车辆段管理责任。

2. TADS 联网应用系统的使用

TADS 联网应用系统主要包括两个应用级：铁路局应用级和国铁集团应用级。在各级服务器上，创建 ASP.NET 架构网站，通过访问后台数据，向各查询、统计、监控、复示终端提供相应的功能，主要包括用户管理、实时监控、系统监控、当日信息、数据查询、详细信息显示、报警轴承管理、统计报表、信息维护和使用帮助等。其中铁路局应用级相对于国铁集团应用级，增加了报警轴承确认、检查结果反馈、分解结果反馈三项功能。TADS 联网应用系统如图 3-44 所示。

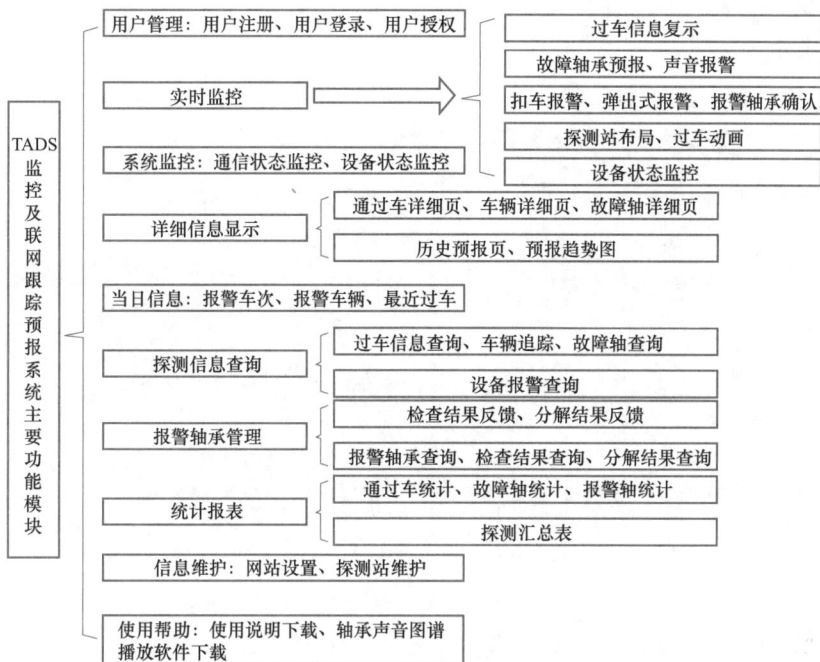

图 3-44　TADS 联网应用系统

1）用户管理

用户管理员负责管理在网站中注册的所有用户，可以为每个已经注册的用户分配相应的权限，也可以注销某个用户使其无法登录网站。用户分配的权限说明如下。

① 未授权用户：没有任何权限的用户。

② 普通用户：一般的浏览用户。

③ 值班员：动态检车员、列检所值班人员，除具有浏览权限外，还具有报警轴承确认、检查结果反馈、分解结果反馈等权限。

④ 管理员：用户管理员。

如图 3-45 所示，在登录页面使用已注册的用户名和密码进行登录，可进入系统。

(a) 用户登录

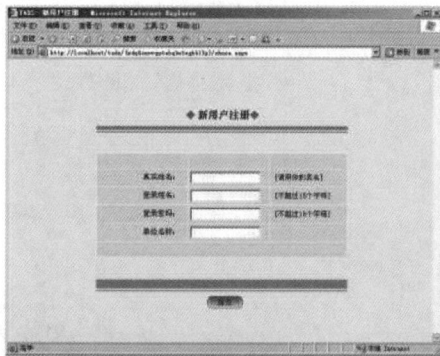

(b) 用户注册

图 3-45　登录及注册

2）日常监控

日常监控时可以使用"实时监控"功能或"当日信息"中的"复示监控"功能。

（1）实时监控

如图3－46所示，实时监控功能界面主要有以下几个模块。

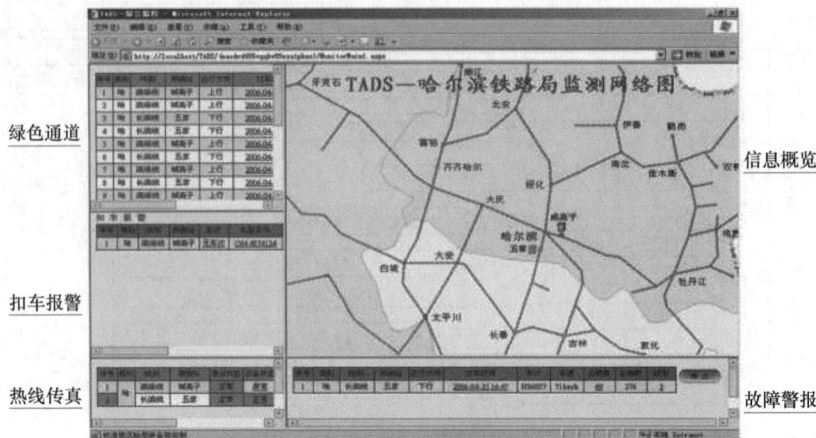

图3－46 实时监控

① 绿色通道：显示最近通过的正常列车信息（10列）。

② 扣车报警：显示当日所有的符合扣车标准的和一个月内未确认过的扣车报警轴承信息；对于符合扣车标准的故障轴承，还会在屏幕上方弹出扣车报警窗口。

③ 热线传真：显示所有TADS探测站的运行状况，包括"通信状态"和"设备状态"。

④ 信息概览：显示TADS探测站的安装位置，并能够实时动态地显示过车信息。

⑤ 故障警报：显示最新的含有故障轴承的列车警报信息，能够进行声音报警。

（2）复示监控

在复示监控的"过车信息"窗口中显示最近通过的列车信息，如图3－47所示，包括正常列车和有预报的故障轴承的列车信息，单击某列过车信息，可以在"详细信息"和"故障信息"窗口中显示该列车的车辆信息和故障轴承信息。

图3－47 复示监控

（3）查看详细信息

网页中的各个功能页面采用统一风格，页面中带有下划线的内容具有超链接功能，单击该内容，可以查看详细信息。一般约定为："过车时间"为打开通过车详细信息页，"车号、辆序"为打开车辆详细信息页，"轴位"为打开故障轴详细信息页，"预报次数"为打开故障车辆或故障轴承历史预报页。

3）过车查询

过车查询能够按照通过车时间范围（起始时间和终止时间）、铁路局、探测站等条件进行单一或联合查询。查询结果有局别、线别、探测站、运行方向、过车时间、车次、车速、总辆数、总轴数、级别（本列内所有故障轴承的最高级别）和处理端等信息，以报表形式显示。

4）车辆追踪

车辆追踪是指对一定时间范围内的某一个货车车号进行追踪。车辆追踪结果包括过车时间、探测站、辆序、车辆方位、车辆轴数、故障轴承数和车辆最高故障级别等信息，以报表形式显示。

5）故障轴查询

故障轴查询能够按照通过车时间范围（起始时间和终止时间）、铁路局、探测站、故障类型、故障级别和预报次数等条件进行单一或联合查询。查询结果有车种、车型、车号、辆序、远/近端、轴位、故障类型、故障级别、过车时间、预报次数和是否报警等信息，以报表形式显示。

6）统计报表

（1）过车统计

过车统计能够按照全路、铁路局的级别进行一定时间范围内过车统计。统计结果以探测站为单位，有车辆列数信息（总列数和故障列数）、辆信息（总辆数和故障辆数）、轴信息（总轴数、故障轴数和故障率），以报表形式显示。

（2）故障轴统计

故障轴统计能够按照全路、铁路局的级别进行一定时间范围内故障信息统计。统计结果以探测站为单位，包括各个故障类型、各个故障级别的故障轴承数量及汇总数量，以报表形式显示。

（3）报警轴统计

报警轴统计能够按照全路、铁路局的级别进行一定时间范围内报警信息统计。统计结果以铁路局为单位，包括所辖探测站总的监测情况以及对报警的类别、车辆的检查与处理结果，以报表形式显示。

（4）探测汇总

探测汇总能够按照全路、铁路局的级别进行一定时间范围内报警信息统计。统计结果以探测站为单位，包括各个探测站的监测情况、各个故障级别、各个故障类型的故障轴承数量及汇总数量，以报表形式显示。

7）报警管理

报警管理中的各项功能只针对达到扣车报警标准的报警故障轴承。

（1）报警轴承查询

报警轴承查询可以按照通过车时间范围（起始时间和终止时间）、铁路局、探测站、故障类型、故障级别、确认情况、检查情况等条件，对 TADS 预报的符合扣车标准的报警轴承进行单一或联合查询。查询结果有序号、线路、探测站、车次、车型车号、辆序、轴位、过车时间、故障类型、故障级别、预报次数、确认情况、检查情况和分解情况等信息，以报表形式显示。

（2）报警轴承确认

在日常使用中，针对报警提示框没有及时弹出进行确认的情况，网页还提供了报警轴承确认功能。单击"报警管理"下的"报警轴承确认"按钮，即可对未经确认的报警轴承进行确认。

（3）检查结果查询

单击主页面左侧功能选择区"报警管理"下的"检查结果查询"按钮，进入报警轴承检查结果查询条件页。检查结果内容包括检查人、检查时间、辆序、车号、过车时间、轴位、轴号、轴承位置、是否甩车、是否换轮等信息，以报表形式显示。

（4）检查结果反馈

对于扣车报警和单次预报一级的故障轴承，值班员在进行确认并通知现场人员检查后，还需填写列检的实际检查情况，并上报国铁集团。

（5）分解结果查询

单击"报警管理"下"分解结果查询"按钮，进入分解结果查询条件页。分解结果查询内容包括探测站、辆序、车号、轴位、过车时间、轴承编号、故障类型、故障缺陷、照片数量、分解单位等信息，以报表形式显示。在查询结果页单击"照片数量"，可以打开故障轴承分解照片信息页。

（6）分解结果反馈

在检查结果反馈信息中填写为"换轮"的故障轴承，需要在15日内填写车辆段（检修车间）的分解结果反馈信息。

8）当日信息

（1）报警车次

单击"当日信息"下的"报警车次"按钮，可以进入页面，显示结果为线路名称、探测站名称、运行方向、过车时间、车次、车速、总辆数、总轴数和故障级别。

（2）报警车辆

单击"当日信息"下的"报警车辆"按钮，可以进入页面，显示结果为本铁路局范围内当日（按18点计）探测到的含有故障轴承的车辆信息。显示内容包括线路名称、探测站名称、过车时间、辆序、车辆方位、车辆轴数、故障轴承数和故障级别。

（3）最近过车

单击"当日信息"下的"最近过车"按钮，可以进入页面，显示结果为线路名称、探测站名称、运行方向、过车时间、车次、车速、总辆数、总轴数和故障级别。

9）系统监控

单击主页面左侧功能选择区的"系统监控"按钮，进入TADS设备监控查询页，通过选择铁路局来确定监控范围，还可以选择TADS设备告警内容（包括全部、告警设备、正常设备）进行查询。

10）使用帮助

单击"其他功能"下的"使用帮助"菜单，可以进入帮助页面。在该页面中可以下载轴承声音播放软件和最新的TADS使用说明书。

3. TADS 值班员作业程序

1）接班

接班前按规定着装，参加点名，听取车间负责人传达上级领导的指示精神和当日工作要求。点名会完毕后由动态检车组长带队，列队回工作岗位。动态检车组长布置当班任务，提出注意事项，与交班值班员面对面交接列车检测情况（重点了解交班期间通过探测站但未到达列检所的列车检测情况），上班遗留工作，检查所负责的台账、报表、设备和卫生情况，检查微机硬件设施及电源设施、网络系统是否正常工作，与列检值班员（列检值班员与车站信号楼）核对微机时钟，保证时间记载一致，精确到 10 s 以内；保持室内干净整洁、工具、备品准备齐全，做好作业前的准备工作。

2）监控

上岗后，登录 TADS 系统，单击"实时监控"，查看本探测站的"通信状态""设备状态"是否正常（绿色表示正常，黄色表示不正常）。若不正常，立即按照段 5T 设备故障信息传递流程通知设备维修人员，并按规定填写"货物列车安全防范系统设备故障报修记录簿"，如表 3-1 所示。

表 3-1　货物列车安全防范系统设备故障报修记录簿

设备故障情况			设备故障报修情况				恢复使用时间	停机时间	设备故障原因		
设备名称	发生时间	故障概况	报告人	通知时间	维修值班员	段调度值班员			通信	电力	设备

单击"当日信息"，进入"复示监控"界面，查看"过车信息"，逐列监控 TADS 报警情况，并随时与列检值班员联系。当"过车信息"中出现一、二、三级报警信息时，查看"详细信息"及"故障信息"，确认线别、探测站、运行方向、过车时间、车次、车速、车型、车号、车辆方向、轴位、故障类型，并将信息按"货车滚动轴承早期故障轨边声学诊断系统（TADS）工作日（班）志簿"格式要求填写登记，如表 3-2 所示。

表 3-2　货车滚动轴承早期故障轨边声学诊断系统（TADS）工作日（班）志簿

TADS 值班员：_____　　　月____日____白/夜班　　　班次_____

探测站名	通过时间	车次	编组辆数	机次	车型车号	预报位置	故障类型及预报级别				TADS 值班员判断鉴定结果	处理结果	故障反馈	备注
							滚子	外圈	内圈	未知				

3）预报及处置

对 TADS 单次一级报警信息或综合评判报警信息和 TADS 值班员辨别、确认轴承有问题的报警信息，TADS 值班员必须立即填写（或打印）"TADS 预报处理车辆故障信息卡"的"日期""编号""预报情况"栏，一式两份，自存一份，送交列检值班员一份。同时，按规定的项目填写"货车滚动轴承早期故障轨边声学诊断系统（TADS）工作日（班）志簿"的有关内容。

在复示站所在的列检所停车作业时，TADS 值班员将"TADS 预报处理车辆故障信息卡"交列检值班员；列检值班员接到"TADS 预报处理车辆故障信息卡"后，在回执上签字，并立即向现场检车员通报，现场检车员按照"处置标准"进行处理。列车在复示站所在的列检所虽不能停车作业，但在本站区其他列检所停车技检作业时，TADS 值班员须将"TADS 预报处理车辆故障信息卡"的内容电话通知给对列车进行技检作业的列检所列检值班员，列检值班员向现场检车员通报报警信息并做好记录，现场检车员按照"处置标准"进行处理，如表 3-3 所示。

表 3-3　TADS 预报处理车辆故障信息卡

日期：　　　白班　　　　　　　　　　　　　　　　　编号=0920—01

预报情况	10 时 25 分，××探测站 TADS 检测 25011 次列车，编组 49 辆，预报以下故障，请按规定处理：					
	序号	机次	车型车号	方位	预报故障及级别	TADS 值班员鉴定结果
	1	24	C62-4512468	L4	外圈剥离 3 级	轴承异音，外圈故障
	2	25	C62-4512469	L4	外圈剥离 1 级	
检查确认处理情况	动态检车组长：张三　　　　列检值班员：李四 时间××时××分					
	序号	车号		现车位置	实际故障情况	处理结果	检查确认人
	1	C62-4512468		1	起轴检查无异状	放行	王二
	2	C62-4512469		8	起轴检查无异状	放行	赵五
记事						

TADS 自动对故障轴承在国铁集团中央数据库中的历次运行状态进行查询比较，当认为该轴承达到一定的危险程度并需要做换轮处理时，会在列车即将到达的列检所提示扣车报警，在实时监控界面中设立扣车报警窗口，扣车报警窗口如图 3-48 所示。

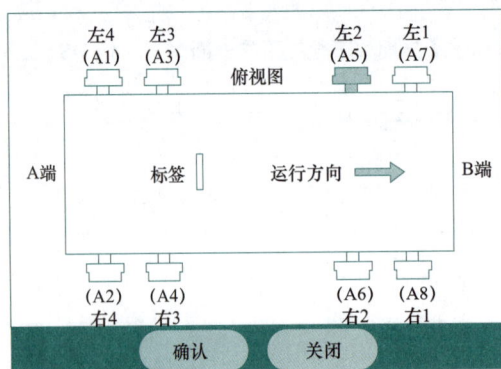

图 3-48　扣车报警窗口

现场检车人员还需将检查确认结果向列检值班员报告，列检值班员向动态检车组进行反馈，由动态检车员将检查确认结果录入系统中。填写方法：单击"报警管理"下的"检查结果反馈"按钮进入页面，单击"填写"按钮，在下方会出现检查情况登记表，需要填写或选择的内容包括是否直通车、轴承位置、是否甩车、是否换轮、轴号、检查人和检查时间（其中带"*"的为必需填写项）。需特别注意的是，在"是否直通车"选项中，当选择非直通车时，必须选择轴承位置、是否甩车和是否换轮等选项，进行现场检查的轴承必须填写标识板上的轴号。确保填写的信息准确无误后，单击"提交"按钮即可。

4）故障轴承分解与反馈

对轴承存在故障的货车需要按有关规定办理扣车手续，并在轴承外圈的正下方粘贴不干胶标志，注明"TADS 故障"字样，如表 3－4 所示。

表 3－4　TADS 甩车粘贴标志格式

扣车日期：	车次：		车号：
预报：机后位，左（右）　　　位		预报级别：	
甩车地点：	处理人：		处理日期：
预报设备：TADS			

将故障车辆调至站修所后进行换轮处理，故障车轮送至车辆段检修车间进行轴承退卸处理。检修车间对轴承退卸分解后，对发现的故障进行拍照存档，由车辆段安排专人汇总轴承故障类型及照片，15 日内补录入 TADS。TADS 预报轴承故障处理流程如图 3－49 所示。

图 3－49　TADS 预报轴承故障处理流程

动态检车员登录 TADS 系统，单击"报警管理"下的"分解结果反馈"按钮，进入分解结果反馈页，如图 3－50 所示。

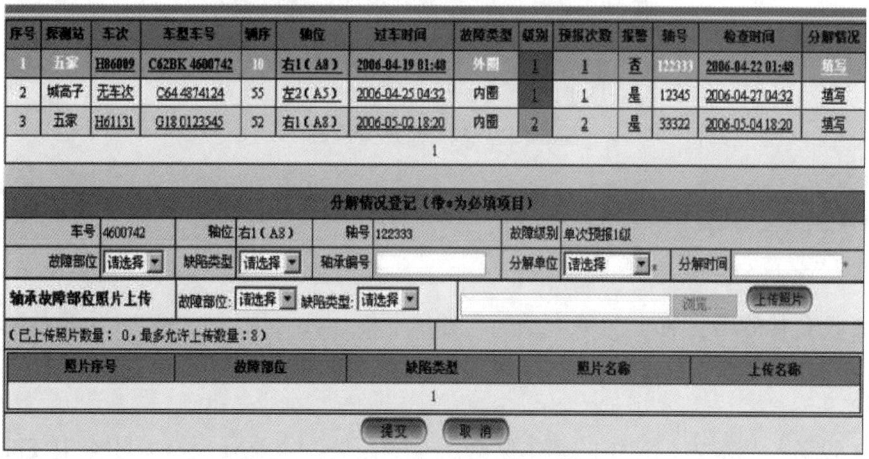

图 3－50　分解结果反馈

在检查结果反馈信息中,"换轮"的故障轴承会自动显示在分解结果反馈页面中,单击"填写"按钮,在下方会出现分解情况登记表。填写步骤如下。

(1) 分解情况登记

① 故障部位:选择轴承实际的故障部位(内圈、外圈、滚子、保持架),如果有多个故障存在,则填写 TADS 预报的故障类型。

② 缺陷类型:选择轴承实际的缺陷类型。

③ 轴承编号:填写轴承上的编号(只有部分类型轴承存在编号,没有则可以不填)。

④ 分解单位:选择分解单位(检修车间)。

⑤ 分解时间:填写车辆段实际分解轴承的时间,格式为 YYYY – MM – DD HH:MI。

(2) 轴承故障部位照片上传

在轴承故障部位照片上传区域中,依次选择该照片的故障部位和缺陷类型,并单击"浏览"按钮选择该照片,照片为 JPEG 格式(文件扩展名为.jpg),然后单击"上传照片"按钮上传照片。成功上传的照片会显示在已上传照片列表中。

(3) 提交

当所有故障部位照片都成功上传后,单击"提交"按钮,将分解情况反馈信息及已上传的照片一同提交给服务器,完成分解结果反馈。

如果没有提示错误信息即表示反馈成功,反馈信息填写成功的故障轴承不再显示。如果仍然显示在需要填写列表中,可以用鼠标右键选择"刷新"。故障轴承分解照片如图 3 – 51 所示。

图 3 – 51 故障轴承分解照片

3.2.3 TADS 设备维护

1. TADS 设备检修维护管理

TADS 设备检修维护管理的基本原则、各级职能、人员要求与 TPDS 设备检修维护管理基本相同。

2. TADS 设备检修基本规定

TADS 设备检修基本规定中的基本原则、检修分类、作业安全与项目 4 中 TPDS 设备检修基本规定相同。

检修时间、方式和地点，详见 TADS – TTCI – 01 型探测站设备小修标准和大修标准，具体如表 3 – 5 所示。

表 3 – 5　TADS – TTCI – 01 型探测站设备小修标准和大修标准

项目	日、月检	春秋整修	小修	大修
检修时间、方式和地点				
修时	1 天	1 天	5 天	20 天
地点	现场	现场	指定单位	指定单位
方式	包人	包组	包组	定人

序号	项目	检修标准	检修方法
TADS – TTCI – 01 型探测站设备小修标准（室外设备）			
1	磁钢夹具	① 清洁，无锈蚀； ② 卡轨器不受钢轨及道砟挤压； ③ 紧固	① 清扫、除锈、刷漆、加油润滑； ② 观察； ③ 紧固
2	磁钢	① 清洁紧固； ② 磁钢高度为（40±2）mm； ③ 车号识别装置开关门磁钢距（270+2）mm； ④ 最大干扰信号或噪声应小于或等于 200 mV； ⑤ AEI 轴距大小符合要求； ⑥ 测量 WS1 与 WS2、WS1 与 MIC1、WS2 与 MIC1 的距离，并与 TADS 主机中设置的数值进行核对； ⑦ 检测 WS1 与 WS2 磁钢是否工作正常； ⑧ 检测车号系统磁钢工作状态； ⑨ 在 2 年使用期内	① 清扫紧固； ② 测量校正； ③ 测量校正； ④ 用示波器观察接车时和静态时的磁钢信号、干扰信号和噪声； ⑤ 用 AEI 仿真设备查看 AEI 轴距信息，根据大小调整磁钢间距； ⑥ 出现偏差及时通知设备厂家进行参数修改； ⑦ 用磁力线切割器测试磁钢，确认是否能打开保护门； ⑧ 用磁力线切割器测试磁钢，确认车号系统磁钢板是否有信号； ⑨ 超期更换
3	车号识别装置天线	① 表面清洁，无锈蚀； ② 不受挤压，紧固； ③ 密封不良、开裂、破损更换； ④ 当标签距天线高度为 1 m 时，每侧水平读取距离大于或等于 1.2 m； ⑤ 天线护罩使用不得超过 3 年	① 清扫、除锈； ② 紧固； ③ 观察； ④ 用测试标签测试天线作用范围； ⑤ 超过 3 年时更换
4	传感器阵列	① 清洁干净； ② 螺帽紧固，接触良好； ③ 风扇无擦片，响声正常； ④ 远、近侧保护门，开启、关闭同步正常，无卡滞且关闭紧密； ⑤ 清洁箱内，紧固箱内螺帽，电缆接头紧固； ⑥ 检查声音传感器的位置，并调整； ⑦ 测试声音传感器和前置放大器的工作状态； ⑧ 防尘网完好； ⑨ 密封胶圈完好	① 清扫； ② 观察； ③ 听风扇声音； ④ 检测保护门是否同时打开及关闭； ⑤ 清洁箱内须用吸尘器和毛刷，勿用鼓风机； ⑥ 用专用卡尺调整声音传感器的位置； ⑦ TADS 综合测试仪，TADS 动态模拟设备； ⑧ 超期、破损更换； ⑨ 超期、破损更换

序号	项目	检修标准	检修方法
5	轨边分线箱及 HZ-12 分线箱	① 清洁干净； ② 螺帽紧固，接触良好； ③ 同轴电缆松紧适度； ④ 检查配线接触良好	① 清扫； ② 观察； ③ 检查配线； ④ 开箱检查
6	电缆	① 外皮与芯线绝缘＜10 MΩ 时更换； ② 芯线与芯线绝缘＜10 MΩ 时更换； ③ 电缆与接插件接触良好； ④ 检查同轴电缆，同轴接头紧固，电缆无死弯	① 万用表测量； ② 万用表测量； ③ 直观检查； ④ 直观检查
	TADS-TTCI-01 型探测站设备小修标准（室内设备）		
1	主计算机	① 清洁，无尘； ② 光驱工作正常； ③ 系统无病毒； ④ 硬盘工作正常； ⑤ 系统工作正常； ⑥ 采集列车正常； ⑦ 连接电缆无损坏，插座插头无氧化、牢固	① 开箱清扫电源及风扇； ② 放测试光盘试读； ③ 检查病毒并清除； ④ 观察硬盘灯工作状态； ⑤ 观察 TADS 所有软件程序是否正常运行； ⑥ 观察 tsatv 程序是否形成过车报文； ⑦ 检查配线
2	从计算机	① 清洁，无尘； ② 光驱工作正常； ③ 系统无病毒； ④ 硬盘工作正常； ⑤ 系统工作正常； ⑥ 采集列车正常； ⑦ 连接电缆无损坏，插座插头无氧化、牢固； ⑧ A/D 卡、I/O 卡工作状态良好	① 开箱清扫电源及风扇； ② 放测试光盘试读； ③ 检查病毒并清除； ④ 观察硬盘灯工作状态； ⑤ 观察 TADS 所有软件程序是否正常运行； ⑥ 观察 tads_abd 程序，在过车状态下或触发 WS 磁钢后是否工作正常； ⑦ 检查配线； ⑧ 测试软件检测
3	电源信号分配箱	① 清洁，无尘； ② 前面板指示灯显示正常，未过车时，power、NS_close、FS_close 指示灯常亮，过车时，power、NS_open、FS_open 指示灯常亮； ③ 连接电缆无损坏，插座插头无氧化、牢固	① 清扫； ② 触发手动开关或敲击 WS 磁钢； ③ 检查配线
4	远程电源控制箱	① 清洁，无尘； ② 工作指示灯正常； ③ 测量输入输出电压； ④ 连接电缆无损坏，插座插头无氧化、牢固； ⑤ 测试自动应答控制部分工作正常	① 清扫； ② 观察； ③ 用万用表测量； ④ 检查配线； ⑤ 远程控制操作重新启动系统

序号	项目	检修标准	检修方法
5	KVM	① 清洁，无尘； ② 能正常切换 3 台计算机； ③ 电缆连接牢固，无松动； ④ 鼠标、键盘能正常使用	① 清扫； ② 手动操作切换； ③ 检查配线； ④ 手动操作
6	放大器箱	① 清洁，无尘； ② 查看前面板指示，对比每个信道的参数正常	① 清扫； ② 按"放大器操作说明"进行查看，如有信道参数与其他不同，手动恢复参数，如不能恢复须及时与厂家联系
7	车号识别装置	① 清洁，无尘； ② 查看各板件指示灯状态是否正常； ③ 连接电缆无损坏，插座插头无氧化、牢固； ④ 查看数据正常； ⑤ 检查各电路板外观有无损坏，与总线接插接触良好，各板跨接套位置正确； ⑥ 各种指标正常	① 清洁； ② 观察通信灯状态及小键盘显示状态； ③ 检查配线； ④ 用 AEI 仿真设备收数； ⑤ 依次检查电路板； ⑥ AEI 综合测试仪
8	HUB	① 清洁，无尘； ② 三指示灯是否正常； ③ 电缆连接牢固，无松动	① 清扫； ② 检查机箱后部通信灯状态； ③ 检查配线
9	防雷箱	接插牢靠，接线端子牢靠，防雷接触良好、牢靠	直观检查
10	机柜	清洁，周围无杂物，门锁无破损	清扫，查看
11	电源电涌保护装置	① 清洁，无尘； ② 指示灯及显示是否正常； ③ 不间断电源运行正常，转换正常； ④ 测量地线电阻，地线电阻值小于或等于 4 Ω	① 清扫； ② 观察； ③ 使用万用表测量； ④ 使用接地电阻测试仪，不合格补做
12	温控箱	① 机笼无变形或锈蚀破损； ② 加热器无短路或断路； ③ 温控电路不超出控温范围； ④ 通风风机运转正常	① 直观检查； ② 用万用表电阻挡测量； ③ 直观检查； ④ 直观检查
13	UPS 及电池柜	输出稳定	不稳定更换
TADS – TTCI – 01 型探测站设备大修标准（室外设备）			
1	磁钢	更换	更换
2	车号识别天线	更换	更换
3	轨边分线箱及 HZ – 12 分线箱	① 清洁干净； ② 螺帽紧固，接触良好； ③ 同轴电缆松紧适度； ④ 表面无锈蚀	① 接线端子清扫，重新配线； ② 除锈，刷油漆

序号	项目		检修标准	检修方法
4	传感器阵列		① 清洁干净； ② 螺帽； ③ 保护门状态传感器； ④ 风扇； ⑤ 防尘网； ⑥ 保护门电机； ⑦ 专业继电器； ⑧ 密封胶圈； ⑨ 防尘网声音传感器； ⑩ 检查声音传感器的位置，并调整； ⑪ 测试声音传感器和前置放大器的工作状态	① 清洁； ② 更换； ③ 更换； ④ 更换； ⑤ 更换； ⑥ 更换； ⑦ 更换； ⑧ 更换； ⑨ 更换； ⑩ 用专用卡尺调整声音传感器的位置； ⑪ TADS 动态模拟设备，TADS 综合测试仪
5	电缆		外皮与芯线绝缘＞10 MΩ	＜10 MΩ 时更换
			芯线与芯线绝缘＞10 MΩ	＜10 MΩ 时更换
			电缆与接插件连接情况：接触良好	直观检查，接触不良则更换
		同轴电缆	① 同轴接头紧固，无损坏； ② 同轴电缆无死弯	① 直观检查，损坏更换； ② 检查读标签情况，有死弯更换
TADS – TTCI – 01 型探测站设备大修标准（室内设备）				
1	地线		接地电阻小于 1 Ω	用接地电阻测试仪检测，超标时补做
2	电源防雷		更换	更换
3	电源信号分配箱		更换	更换
4	远程电源控制箱		更换	更换
5	KVM		更换	更换
6	放大器箱		① 清洁，无尘； ② 查看前面板指示，对比每个信道的参数	① 清扫； ② 如有信道参数与其他不同，手动恢复参数，如不能恢复须及时与厂家联系
7	车号识别装置		机箱更换； 检测电路板，RF 模块	AEI 故障板诊断分析仪，AEI 综合测试仪
8	HUB		更换	
9	通信及信号防雷		接线端子：无锈蚀或断裂	直观检查，锈蚀或断裂时更换
			接插情况：接线端子牢靠，防雷板接触良好、牢固	直观检查
			防雷组件接触电阻：小于 1 Ω	用万用表电阻挡测量通道输入和输出端子，超标更换
10	UPS 及电池柜		输出稳定	用万用表交流挡测量，输出不稳定则更换
11	温控箱		更换	
12	机柜	①清扫	无灰尘及多余物	打开前门，用吹尘器清扫
		②箱体	变形、锈蚀破损，更换	直观检查

3. TADS 调试及故障处理

1）静态测试

（1）检查电源及电源连接线

用万用表测量外线电压的幅值是否在允许的范围内，电压幅值允许范围内可查看 UPS 的电压输入指标，但最好为 220 V，如满足要求，可将电源接入 UPS，否则在未满足要求之前，绝不能将电源引入 UPS 或直接引入设备。查看各电源连线是否有松动，插座上的插头是否牢固。

（2）磁钢配线检查

① 在防雷箱后面板用万用表测量磁钢的阻值。万用表测得的电阻值均为 1 200 Ω 左右，说明磁钢到主机箱之间是连通的，通常测量值为磁钢直流内阻 1 200 Ω 加上磁钢到设备之间的电缆阻值。五型磁钢直流内阻为 1 200 Ω，三型磁钢内阻为 1 800 Ω，磁钢出厂时内阻值及正负极性标注在磁钢上。

② 校验磁钢的极性。用示波器或指针式万用表测量磁钢的正负极性，将示波器表笔的探针分别接 AEI 磁钢正极和负极（在机箱后面板端子上测量，万用表的红表笔接磁钢正极，黑表笔接磁钢负极），示波器电压幅值调到 5 V，万用表用直流 30 V。用扳手或其他金属物体轻敲相对应的磁钢，示波器显示先正后负的波形为正确，先负后正则说明极性反了，万用表指针先右后左为正确，否则极性反了。需注意，TADS 的磁钢极性与 AEI 磁钢的极性相反，即示波器显示应为先负后正。

2）上电静态调试

先打开 UPS 的电源开关，再开设备开关。系统的调试主要分为两部分：一是 AEI 设备的调试；二是 TADS 的调试。

（1）AEI 设备的调试

观察主机板、键盘板指示灯状态和键盘显示，如果键盘板灯全亮、主机板灯快速闪亮、键盘显示 CH－SYS－O 或 CH－SYS－4，则为正常状态。用键盘命令读取站名看设置是否正确，并通过键盘命令打开天线，将标签放到天线上方 1 m 处，前后移动标签，测量读取范围是否符合要求（两边均应大于 1.2 m），如图 3－52 所示。

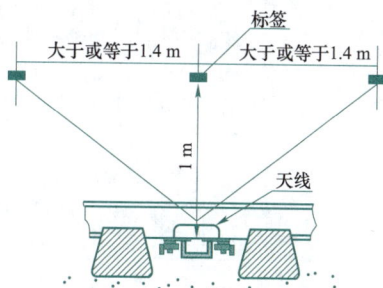

图 3－52　天线的作用距离

（2）放大器箱的设置

① 放大器的设置：316 mV/Pa（20～10 Hz）。

② 传感器的设置：根据厂家提供的资料对麦克风的灵敏度进行设置。

③ 传感器的供电设置：供电电压 40 V，极化电压 200 V，电缆长度根据实际长度以 4 m

为单位进行设置。

④ 输入/输出设置：选择"YES"。

⑤ 存储设置：对每个麦克风的设置进行存储。

（3）保护门的测试

利用 I/O 卡测试软件，对保护门、风扇进行开/关控制，并检查保护门、风扇状态，测试接近开关的状态是否正确，I/O 卡的输入是否正确。其目的是检查保护门控制系统的配线连接是否正确。I/O 卡测试完成后，关闭测试程序。用铁制扳手划磁钢模拟过车，保护门应该打开，风扇停止转动，从机软件 ABD 应该处于接车状态（如果 ABD 软件没有运行，SIPS 箱前面板的 OPEN 指示灯不亮，室外的保护门也不会打开）。开门之后，过一段时间，系统应该自动复位。用手动按钮直接测试室外保护门的打开和关闭，按一次打开，再按一次关闭。保护门的打开和关闭直接由 SIPS 箱供电，与上位机运行的程序无关。

（4）磁钢的测试

用 A/D 卡所带的 DSCVIEW 软件检查磁钢的波形是否正常，要求磁钢的输出波形光滑无波纹，在 20 km/h 速度下输出幅度必须大于 1.5 V，否则应调整 SIPS 箱前面板放大器的放大倍数（一般不用调整）。磁钢输出的模拟信号必须是先负后正的。

（5）声学传感器的测试

用 TTCI 提供的 Miccheck 软件检查 12 个传感器在一个标准信号源下的输出，以检查传感器及放大器的设置等情况。要求 12 个传感器输出信号一致，其幅值输出误差在 5%～7%之内，波形光滑无波纹。用随机声源测试单个通道的输出幅值：将声源套在一个麦克风上，运行 Miccheck 软件，当声源到位之后，按"Collect"开始收集，当波形稳定之后，按"Stop"按钮，把 12 个传感器的测试结果按编号保存好。测试 NS 第 5 通道时的输出波形（单频正弦波），其他通道暴露在空气中，其输出波形为背景噪声波形。声学传感器静态测试如图 3-53 所示。

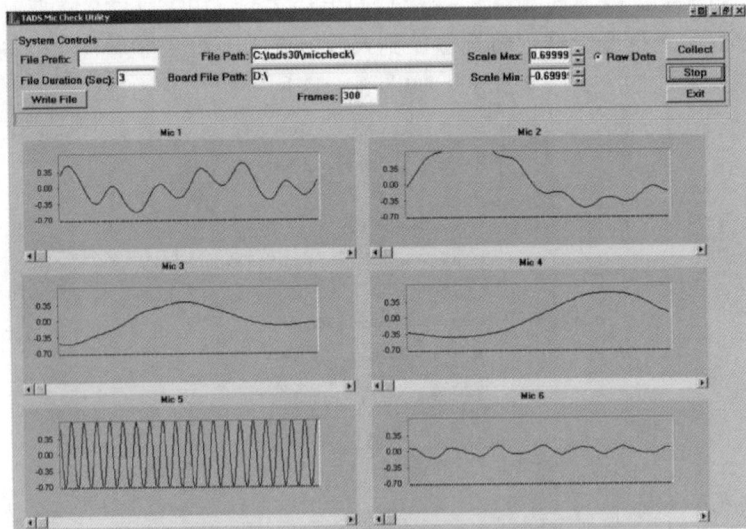

图 3-53　声学传感器静态测试

3）小车测试

弹簧小车架设完毕后，需室内、室外工作人员互相配合，当小车准备好等待发射时，在室内的调试人员按下"TPin"按钮，打开室外保护门，这时释放小车，等小车通过麦克风阵列之后，松开"TPin"按钮，从机生成数据的声音报文之后，把各声音信号保存好，完成数据的收集。

4）过车测试及 AEI 结合

当列车通过后检查通过车报文，检查接收的数据是否正常，同时检查通过车的标签安装位置与 AEI 报告的方向是否一致，如果正常，设备即调试完毕。

5）常见故障分析及处理

（1）开关门不关或不开故障

检查保护箱里的保护门传感器是否失灵，如果失灵则进行更换，如果没有失灵，则检查室内防雷箱上的接线头是否松动。如果检查都完成，再检查防雷箱里的防雷模块是否有损坏的，最后检查 SIPS 箱里的继电器工作是否正常。

（2）没有过车信息

检查磁钢是否松动，磁钢线连接是否牢固，室内防雷箱上的接线头是否松动。如果检查都完成，再检查防雷箱里的防雷模块是否有损坏的，如没有则测试计算机里的软件是否工作正常。

（3）没有远、近端数据采集计算机软件的过车序号

检查主处理计算机里的 C：\TADS30\SyncFiles\TrainID.txt 文件是否丢失，如果丢失，则新建一个文件，并打开该文件配置相应的参数。例如，对于 03L0001GWFL，其中 03 代表年，L 代表月份（相应的月份定义见表 3-6），0001 代表该月内的过车流水号（注意：此处应当查询以前过车的流水号，添加一个比以前过车流水号大的数字），GWFL 代表该站的站号和设备编号。

表 3-6   相应的月份定义

月份	1 月	2 月	3 月	4 月	5 月	6 月	7 月	8 月	9 月	10 月	11 月	12 月
字母	C	D	E	F	G	H	I	J	K	L	M	N

（4）整列车或整列大部分车辆都预报轴承故障

检查放大器工作是否正常、是否断电，数据采集计算机上的 A/D 卡是否有问题，室外的 MIC 连接是否有问题，MIC 是否损坏，MIC 到室内机柜的 MIC 线是否损坏。

（5）车轮传感器（有源磁钢）故障

检查控制箱前面板车轮传感器信号指示灯，确认显示异常的车轮传感器，在轨边先对故障车轮传感器进行更换。

（6）保护门故障

打开轨边机柜后门，手动操作控制箱开关门开关，观察开关门传感器指示灯状态，如果异常，则更换开关门传感器。

（7）麦克风故障

打开麦克风测试程序，在轨边逐个敲击麦克风，确定故障麦克风后进行更换。

（8）AEI 无车号故障

重启控制箱和 AEI 车号机顶盒。

（9）麦克风信号放大器故障

观察麦克风信号放大器电源指示灯，3 个红色灯长亮表示正常，否则需要更换麦克风信号放大器。

（10）通信故障

故障现象：MA 主机数据无法正常上传；时通时断；网络通，数据无法上传。

故障分析：网络故障；网线接触不良；HUB 端口故障；传输软件异常退出；网卡故障。

（11）WS1 与 WS2 不匹配

故障现象：WS1 与 WS2 计轴不相等；WS1 或 WS2 轴数为零。

故障分析：列车车速过低或过高；车轮传感器松动；车轮传感器极性接反；车轮传感器电压判别门限设置不一致；车轮传感器采集波形幅值过小或过大；车轮传感器线虚接；信号干扰。

（12）单端处理

故障现象：FS 端没有接车数据；NS 端没有接车数据。

故障分析：接车软件异常；工控机异常；通信故障；系统时间不一致；车轮传感器极性接反；文件操作异常。

（13）保护门故障

故障现象：保护门弯曲无法开启或关闭；保护门开启或关闭不正常。

故障分析：保护门电机故障；限位开关故障；SIPS 箱故障；I/O 卡故障。

（14）AEI 超时

故障现象：AEI 超时过多；无车号数据。

故障分析：MA、FS、NS 程序运行异常；低速停车；工控机系统时间不一致；AEI 处理程序异常；反向过车。

（15）声音采集异常

故障现象：声学传感器通道不通；声学传感器通道有噪声；一端预报故障轴过多；整列车预报故障轴过多；一直未预报故障轴。

故障分析：放大器故障；声学传感器或者传感器线故障；保护门故障；A/D 卡故障。

（16）轴承分类文件中的轴数与 TADS 中不一致

故障现象：最近 3～5 列车轴承分类文件中的轴数与 TADS 中不一致；实际列车丢失。

故障分析：车轮传感器故障；系统时间不一致；两列车间隔时间太短。

（17）无法读取主机过车序号

故障现象：NS、FS 从机无法读取过车序号；无法访问 MA 主机；过车序号显示一下就一直是等待状态。

故障分析：过车序号文件丢失；MA 主机 C 盘共享文件丢失；从机参数设置错误；计算机病毒。

任务 3.3　车辆轴温智能探测系统

3.3.1　车辆轴温智能探测系统简介

车辆轴温智能探测系统（trace hotbox detection system，THDS）或红外线轴温探测系统，是利用安装在轨边的温度探测装置，采用辐射测温技术，实时检测运行状态下的列车轴承温度，以发现车辆轴承故障隐患，保证铁路运输安全的车辆安全防范系统。

车辆的载荷是通过轴承传递给车轴，再通过压装在车轴上的车轮传递给钢轨的。高速运行的车辆轴承承受重载并相对于车轴进行高速转动。显然轴承是铁道车辆转向架的关键部件，其状态直接影响行车安全。轴承在运转过程中由于材料缺陷、加工或装配不当、润滑不良、水分和异物侵入、腐蚀剥落及过载等原因都可能导致其损坏。当然，即使在安装、润滑和使用维护都正常的情况下，经过一段时间的运转，轴承也会出现疲劳剥落和磨损等现象，进而影响正常工作。轴承若发生故障，其正常的油润摩擦就被破坏，如果不及时对这些轴承故障发出警告、采取措施，当轴温达到一定程度时，便形成热轴，甚至使车轴切断，从而发生严重的列车安全事故，给铁路运输带来重大财产损失。

铁路车辆轴承温度过高是车辆轴承出现故障的一个重要表征，而且轴承故障的严重程度与轴承温度的高低有着复杂而密切的关系。THDS 通过装设在轨道两侧的感温探头准确测量轴承温度，科学、合理地对异常轴温进行判别，并与其他车辆安全防范系统配合使用，可以更准确地发现轴承早、中期故障。通过 THDS 对轴承温度进行监测是发现车辆轴承后期严重故障，防止热切轴的重要手段。

1. 我国红外线轴温探测系统发展历程

红外线轴温探测系统先后经历了一代机、二代机、三代机和四代机 4 个阶段。

20 世纪 70 年代我国开始研制一代机，采用热敏电阻测温、交流放大、不定量测温、描笔式记录仪输出，人工判断热轴。通过科研人员的努力，于 1973 年试制出了第 1 台样机。1977 年铁道部完成对 HZT－Ⅰ型描笔式红外线轴温探测器的技术鉴定，1978 年在全路推广运用。HZT－Ⅰ型描笔式红外线轴温探测器由安装在进站咽喉区外边的探头、探头附近的发送端机和列检所内的接收端机组成，由接收端机的描笔式记录仪根据轴温信号绘出轴温波形，供值班员判别后通知列检人员处理。探测器不具备数据处理和储存记忆功能，以探测滑动轴承为主，适应的列车速度为 5～70 km/h。

1985 年后，研制了二代机早期产品，采用热敏电阻测温、直流放大、定量测温、计算机进行数据采集和处理，自动判别预报热轴。20 世纪 90 年代，大面积推广使用二代机，探测站无人值守，实现分局中心、复示站、探测站的网络连接，主要代表机型有哈科所（威克）HTK－391、广汉厂（科峰）HTZ－2000、航天部 502 所（康拓）HBDS－Ⅱ。HBDS－Ⅱ型红外线轴温探测系统（简称二型机）是红外线设备代表机型之一，经历了单点就地复示和联网监测两个阶段，并最终形成了以模拟网为主干网的综合预报网络系统，于 1993 年通过铁道部技术评审。

1998 年以后，采用光子器件，研制推广适应高速列车的探测系统，主要代表机型有哈科所（威克）HTK－499、广汉厂（科峰）HTZ－2000+、航天部 502 所（康拓）HBDS－Ⅲ。HBDS－Ⅲ型红外线轴温探测系统（简称三型机）是为适应我国铁路逐步提速的形势，探测快速列车、高速列车轴温的需要开发的新型红外线轴温探测系统，可满足探测以 360 km/h 速度运行的列车轴温和热轴报警的需要，于 2000 年通过铁道部技术评审。

随着列车提速以及铁路装备"跨越式发展"的部署和实施，对红外线轴温探测系统提出了新的要求。特别是随着车速的提高，用户对列车运行安全更加重视，铁路运营管理部门对探测站的测量精度、信息采集的广度、热轴预报兑现率、探测站设备维护的方便性、无故障运行时间、故障排除时间等指标提出了更高的要求。针对这些要求，必须开发新一代的热轴探测站设备，以满足红外线轴温探测智能化、网络化、信息化和标准化的要求。计算机技术和传感器技术的发展，为发展新一代红外线轴温探测系统提供了技术基础。根据铁道部指定的标准，新型探测站命名为 THDS－A 型红外线轴温探测系统（简称四型机），并在 2006 年通过了铁道部技术评审。

THDS 有 4 个突出特点：一是统一技术标准，关键零部件实现了互换，便于维护；二是采用双探头技术和全息采集技术，从轴承的中隔圈和密封罩两个位置采集温度，既能避免部分车型结构性漏探，又能避免阳光干扰和接触式密封装置摩擦热造成的误报，进一步提高了热轴预报的准确性、可靠性；三是能够与 5T 信息对接，为实现综合预报奠定了基础；四是利用数据库和网络智能化技术，完善了数据统计分析功能、设备故障的自检功能。

THDS 实现了"分散探测，集中报警，联网运行，信息共享"，提高了红外线轴温预报的兑现率，更加有效地保障了列车安全、高效的运行。

2. 系统功能

THDS 的核心功能是采用非接触式的红外线测温技术，利用轨边设备实现对在线运行列车轴箱温度的动态采集，并通过通信网络将轴温、设备状态等信息传送到上位机集中处理，对温度超限的轴箱和设备故障进行报警。该系统可加装智能跟踪装置，对车号信息进行采集，实现热轴车辆车号与轴位的准确定位。

3. 红外线测温的基础理论

1）红外线的概念

红外线是一种不可见光，是位于可见光中红色光以外的光线，故称红外线。它的波长范围大致在 0.75～1 000 μm。红外线在电磁波谱中的位置如图 3－54 所示。工程上把红外线所占据的波段分为 4 个部分，即近红外、中红外、远红外和极远红外。红外光的本质与可见光或电磁波一样，具有反射、折射、散射、干涉、吸收等特性，它在真空中也以光速传播，并具有明显的波粒二相性。

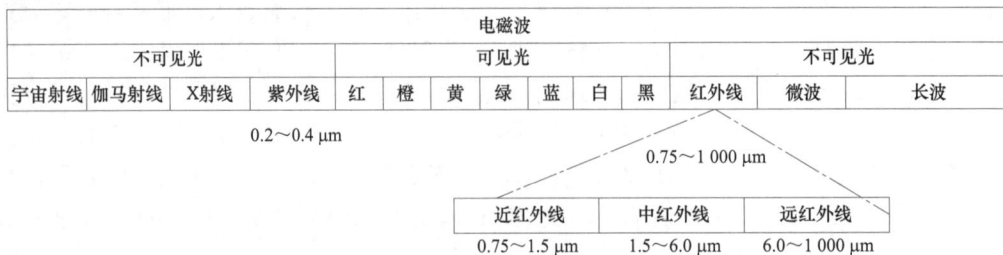

电磁波												
不可见光				可见光							不可见光	
宇宙射线	伽马射线	X射线	紫外线	红	橙	黄	绿	蓝	白	黑	红外线	微波	长波

0.2～0.4 μm

0.75～1 000 μm

近红外线	中红外线	远红外线
0.75～1.5 μm	1.5～6.0 μm	6.0～1 000 μm

图 3－54 红外线在电磁波谱中的位置

2）红外线辐射

在自然界中，所有温度高于热力学零度（－273.15 ℃）的物体，由于自身分子的热运动，都在不停地向周围空间辐射包括红外波段在内的电磁波，而且通过一定的设备可以检测到这些不同波段的电磁波。不同波段的电磁波，它的能量也是不同的。物体的红外线辐射能量大小与波长的分布和它表面的温度有着十分密切的关系。因此，通过对物体自身辐射的红外线能量的测量，可以准确地测出物体表面的温度。这就是红外线测温理论的依据。

3）红外线探测器

红外线是一种看不见的电磁波，它不像可见光那样容易被人们发现。为了探测红外线的存在而制成的探测装置便是红外线探测器。红外线探测器一般由光学系统、红外线传感器、信号放大及处理电路等组成。某些探测器需要在低温条件下工作，因此有的红外线传感器还包括探测器的制冷装置。红外线探测器基本上是一个光学－电子系统：将接收到的红外线辐射转换为电信号，让人们间接地感知红外线的存在，并测出红外线的波长和强度，再通过后续处理和计算，达到测温的目的。

红外线探测器按其作用原理一般可分为两大类，即热探测器和光子探测器；按照放大电路的种类可分为直流探头（放大电路为直流放大电路）探测器和调制探头（放大电路为交流放大电路）探测器。

（1）热探测器

当入射的红外线能量使得探测器温度升高，导致探测器的某些物理性质发生变化，进而转化成可测量的信号时，就可以确定入射红外线能量的大小。热探测器主要有 4 类：热释电型、热敏电阻型、热电阻型和气体型。因铁路红外线轴温探测系统中主要应用热敏电阻型热探测器，所以这里重点介绍该类型。热敏电阻型探测器是利用某些金属或半导体材料的电阻率随温度变化而制成的探测器。当热敏电阻吸收红外线辐射而使其温度变化时，其电阻率也发生变化。将热敏电阻串联在恒流电路中，电阻率的变化可转化为电压的变化，此时红外线辐射能量可转化为电压输出。由于热探测器温度变化后才会导致其物理性质发生变化，所以热探测器的响应速度较慢。热敏电阻的响应时间常数为毫秒级。采用该种探头的红外线轴温探测系统适用的车速较低，一般在 160 km/h 以内。

（2）光子探测器

光子探测器属于光电红外线探测器，它是利用某些半导体材料在红外线辐射照射下产生光子效应，使材料的电学性质发生变化，通过测量电学性质的变化，可以确定红外线辐射的强弱。利用光子效应制作的红外线探测器称为光电探测器（光子探测器）。光子探测器的特点是灵敏度高、响应速度快、响应频率高，但需在低温下工作，所以需要半导体制冷器为其制冷。目前车辆轴温光子探测器（光子探头）为光电导型红外线探测器，其使用的半导体材料为碲镉汞（HgCdTe）。当红外线辐射照射到光子探测器敏感元件表面上时，碲镉汞材料中有的电子和空穴在光子能量作用下从原来不导电的束缚状态变为导电的自由状态，使敏感元件的导电率增加、电阻值减小。该元件使用时需加偏压和制冷。光子探测器可分为调制和非调制两种。

4.红外线测温的角度

THDS 采用双探采集轴承温度，如图 3－55 所示。外探与内探两种角度均能无遮挡地扫描到轴承热区，可以真实地反映轴承温度。

单位：mm

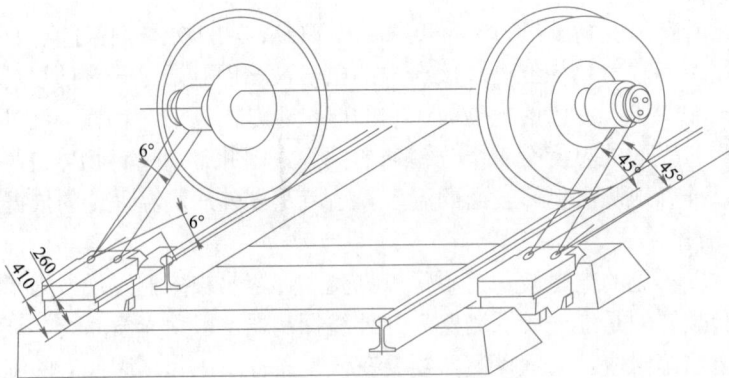

图 3-55 双探角度

外探方式探头元件中心低于轨面 160～180 mm，距钢轨内侧面（415±5）mm，与钢轨内侧夹角为 6°～8°，探头仰角为 45°。左、右两探头元件中心连线与钢轨垂直，采集距离为 450 mm。

内探方式探头元件中心距钢轨内侧面（260±5）mm，与钢轨平行，仰角为 45°±1°，左、右探头元件中心连线与钢轨垂直。

5. 红外线轴温波形

外探波形的特点是标准的 32 点梯形波，滚动轴承波形标准如图 3-56 所示。

① 起始部分，按轴承类型和扫描点位置不同，波形起始部分的点数也不同，一般有 2～4 个点。

② 上升沿部分，一般有 3～6 个点。

③ 平顶部分，随着车速变化，其宽度也不相同，一般 8～14 个点。

④ 下降沿部分，一般有 3～6 个点。

⑤ 尾部，一般 3～5 个点。

内探扫描轴温曲线，波形顶部比较平直，宽 10～14 个点。对于内探角度探测的某些货车 1、3 轴，由于挡键遮挡的缘故，故波形的顶部宽度较窄（约为标准波形的一半），此类波形属于正常波形。

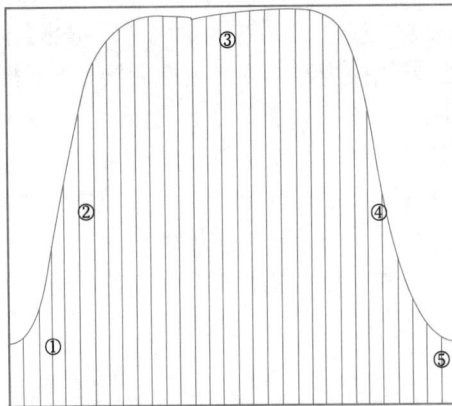

图 3-56 滚动轴承波形标准

内、外探波形都较为平滑，同等车速、相同设备状态时波形顶部水平点数较多，因采样位置的差异，轴温略有不同，一般内探角度轴温略高于外探角度轴温。内、外探扫描轨迹如图 3 – 57 所示。

图 3 – 57　内、外探扫描轨迹

3.3.2　红外线轴温探测系统的基本构成

红外线轴温探测系统的网络拓扑如图 3 – 58 所示。

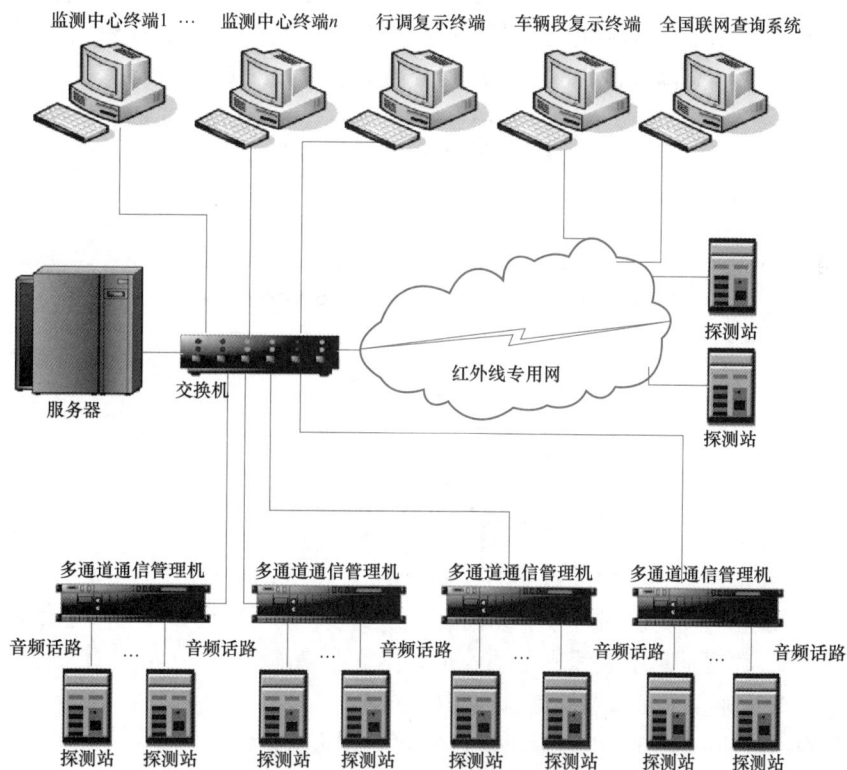

图 3 – 58　THDS 网络拓扑图

红外线轴温探测系统是由探测站、列检复示站、监测中心、车辆段复示终端、行调复示终端和全路联网查询系统等设备共同组成的远程实时监控铁路运行车辆安全的联网系统,从 THDS 中包含的各类设备的功能来看,监测中心和地面探测站无疑是这一系统的核心,地面探测站完成系统核心功能,监测中心是整个网络监测系统的枢纽。

1. 探测站

红外线轴温探测站是整个系统的基础,也是系统的主要部分,它通过轨边装设的红外线探测器对通过车辆的每个轴承温度进行实时监测,并将监测信息实时上传,进行实时报警;通过配置故障智能跟踪装置,实现车速、车次、车号跟踪和热轴货车车号的精确预报,重点探测车辆轴承温度,对热轴车辆进行跟踪报警,重点防范热切轴事故。其具体功能如下。

① 自动监测运行车辆的轴承温度。

② 自动判别列车(上、下行)运行方向。

③ 自动测速、计轴、计辆。

④ 自动预报热轴和跟踪报警。

⑤ 系统设备自检。

⑥ 远程维护。

⑦ 过车数据存储、信息传输。

⑧ 配备车辆智能跟踪装置,读取机车、车辆车号信息,识别车辆轴位。

工控机启动后,系统自动运行探测站软件,主程序派生出若干线程,分别为界面显示模块、自检功能模块、通信控制模块、数据采集模块及数据处理模块等。各线程之间切换采用消息传递机制,利用消息函数自带的参数进行分类处理,如图 3-59 所示。

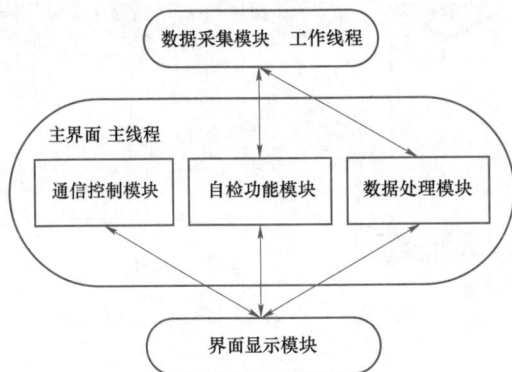

图 3-59 系统功能模块

数据采集模块是整个系统中最重要的模块,主程序把该模块设置为最高优先级处理的线程。该线程中还派生出侦测磁钢信号子线程、电压信号采集子线程和车号信息处理子线程,3个线程同时运行。数据采集模块线程主要实现以下 5 个功能。

① 全列过车时轴温波形和磁钢信号波形的采集。

② 辅助磁钢板的中断信号处理及轴距、车速数据采集。

③ 列车车号信息的采集。

④ 外围硬件 I/O 控制及环箱温、靶温等温度处理辅助数据采集。

⑤ 系统工作时独立的自检信息所需数据的采集。

数据处理模块主要针对过车时采集的全程波形进行分析处理，得到过车时的速度、轴距、轴温等关键信息。

在系统运行过程中，自检功能模块定时刷新各个实时状态，同时定时检查各个状态是否变化，如果变化会在本地保存报文并上传至中心。

界面显示模块提供完善的人机交互功能，可使探测站硬件的所有操作直观方便。

通信控制模块使用独立的功能模块，采用文件共享的存储方式，与探测站主程序完全独立，互不干扰。

2. 列检复示站

复示站可根据需要设置，一般设置在列检所或通信线路条件较差的区段。复示站管理若干个探测站。在日常状态下，复示站负责各探测站与监测中心之间通信通道的汇集和分配，接收和处理所管辖探测站传来的数据，并具有打印和报警的功能。一旦远程话路通信中断，复示站能自动承担起对探测站的控制任务，与探测站构成一个独立的子系统，使轴温监测工作不中断。待通信恢复后，又可以将复示站所缓存的数据重新发往监测中心。

复示站的主要功能是：实时显示探测站监测信息，热轴自动报警；实时监控探测站运行状态，自动生成统计分析报表。

复示站的设备包括计算机终端、打印机、红外线调度电话、不间断电源及电源防雷设备、红外线监测中心。其中计算机应设置两台，以保障系统能不间断地工作（一台计算机作为冷备份或热备份）。

3. 监测中心

监测中心设于铁路局调度楼内，负责管内红外线轴温探测系统的管理，区间车辆热轴监测、预报，日常数据的统计分析和汇总，信息反馈，不间断掌握管内红外线轴温探测系统的工作及运用情况，车号地面识别 AEI 设备的监控以及即将投入使用的车辆"5T 设备"的运行监控工作，及时向有关部门通报系统及有关设备故障。监测中心的具体功能如下。

1）数据处理功能

数据处理是监测中心的主要功能，所有的列车探测数据以及设备状态和自检信息都通过监测中心处理并预报，包括对数据的解析、存储、查询、打印和故障报警。

（1）过车数据处理

THDS 可动态探测客车、货车的各类轴箱的温度，并智能化地处理轴温信息。监测中心接收到列车数据后，会分解数据并通过智能跟踪，同时结合 5T 信息进行热轴预报。

THDS 分 3 个级别进行热轴预报：微热（监护运行）、强热（前方站停车）、激热（立即停车）。

（2）自检数据处理

THDS 具有完备的自检功能，可对设备自身的工作状态进行检测，在设备出现故障时可及时报警。按照故障对 THDS 影响的程度，设备故障可分为一般故障、严重故障和紧急故障3 个等级。当设备出现一般故障时，不影响设备的正常探测，可安排在最近一次的检修中处理解决。当设备出现严重故障时，系统经自动调整，仍可以维持正常的探测，需要在 24 h 内处理解决。当设备出现紧急故障时，系统已经不能正常工作，且影响行车安全，必须在《红外线轴温探测系统管理检修运用规程》规定的时间内排除故障。

一般故障包括：磁头故障、环温故障、板温故障。

严重故障包括：挡板故障、探头故障、热靶故障。

紧急故障包括：保护门故障、交流电故障、直流电故障、通信故障。

同时发生几个一般故障时，在影响系统探测功能的情况下，将提升故障等级。

（3）数据存储

数据存储分为两种：监测主机本地文件存储方式和服务器数据库存储方式。其中本地文件存储方式：存储最近的列车数据、热轴信息、自检信息及临时存储转发数据。服务器数据库存储方式：可以大量存储各种数据，包括列车的详细数据、自检详细数据、热轴详细信息及相关5T信息。

（4）数据查询

数据查询分为列车数据查询和自检信息查询。列车数据查询可以按照热轴和探测站两大类进行查询。两大类又可以按照站名、车型（客车或者货车）、热级（微热、强热、激热）、故障及时间范围进行细分查询，也可以根据条件查询选定的历史数据并进行分析和导出，导出的数据保存为原始报文格式。自检信息查询以站名、时间、故障类型作为查询条件进行查询。查询的结果显示自检发生的设备站名、发生的时间、自检确认的时间等必要内容。

2）热轴跟踪及5T综合预报功能

热轴跟踪是根据车号信息从数据库中查出该列车在前方所有站的信息（可以跨越中心主机的范围，在铁路局内跟踪），并画出热轴跟踪曲线图，用于热轴跟踪判别以及值班员和维护人员分析。5T综合预报要求在铁路局设置5T信息服务器，服务器中存储TADS、TPDS等信息，并向红外线软件提供相应的数据接口。监测主机实时接收THDS监测信息，根据热轴评判模型进行单点热轴评判，当出现微热以上报警时，根据THDS监测主机提供的热轴车号及轴位自动调用铁路局5T服务器上的全路5T报警信息，按5T综合预报标准进行热轴综合预报。同时TPDS、TADS的报警信息被保存在红外线监测站主机中，红外线中心软件可随时显示、打印这些信息。

3）数字化信息交换功能

按照上位机专用的通信协议，监测中心完成整个网络中的数字化数据传输，为全路联网计算机、列检复示、行调复示中心、车辆段复示中心等提供共享信息。为了使不同厂家之间的数据能够进行数据交互，必须统一定义数据交互报文的标准格式。标准数据报文包括信息报文和确认报文。信息报文包括列车数据报文、探测站状态与自检信息报文、下发数据报文、上传数据报文和文件传输报文五类，并包含子类。报文的格式主要参考了红外线全路联网采用的标准报文格式，并根据THDS的特点和要求进行了修改和扩充。

① 列车数据报文：探测站对列车的探测数据报文。该报文由各红外线厂家的程序模块在接收到本厂探测站列车探测数据后，按照标准报文的格式实时生成并提交给中心程序。

② 探测站状态与自检信息报文：探测站的状态信息和自检的数据信息报文。该报文由设备厂家的程序模块在本厂探测站状态发生改变或接收到探测站自检数据时，按照标准报文格式实时生成并提交给中心程序。

③ 下发数据报文：由监测中心（复示中心）生成的、对探测站发送命令的信息报文。该类报文由中心程序按照标准报文格式生成，发送给厂家提供的程序模块。各厂家的程序模块解析报文内容，并将其转换为本厂探测站所能识别的信息下发到探测站。

④ 上传数据报文：探测站上传除列车数据报文和探测站状态与自检信息报文以外的各种信息报文，其内容主要是探测站根据中心命令反馈的信息或探测站上传的其他信息。该类报文由设备厂家接收到相应信息后，按照标准报文格式实时生成并提交给中心程序。

⑤ 文件传输报文：考虑到有时候需要将某些文件进行打包传送，而不必具体到文件的内容，或者某些文件过大，需要分包传送，特提出此类报文。

⑥ 确认报文：接收方收到上述五类报文后向发送方发送报文已经收到的确认信息。

4）系统管理功能

该项功能涉及整个监测系统运行参数，因配置和维护功能对系统的影响很大，涉及系统的核心功能设置，所以只有管理员才有权限操作。在进入本项操作前需要确认管理员身份，通过用户名和密码登录后才能进行配置和维护操作。

5）远程维护功能

（1）发送控制命令

控制命令是监测站发起的启动探测站某项功能的操作指令，包括发送在线检测和远程启动除雪命令。

在线检测：由探测站接收命令后启动探测站的完整自检功能，并形成在线自检报告反馈给监测站。

启动除雪：当轨边设备因为下雪影响探测时，可以由监测站发起启动除雪命令，探测站在接收到指令后启动除雪功能。

（2）发送调取命令

发送调取探测站目录、调取探测站波形及调取探测站全列波形的命令，并接收探测站对应的反馈信息。调取命令主要用来获取存储在探测站的信息。

（3）检修设置

在维修人员进行例行检修或有计划的设备维护、停用时，设置探测站检修状态并做出标记，提醒值班人员设备处于检修状态，避免对值班人员判断设备状态产生不必要的影响。

6）数据浏览及统计分析功能

数据浏览及统计分析功能由监测中心服务器上的 Web 服务实现，可以供授权用户通过铁路办公网页浏览、查询监测中心所有数据，主要目的是为管理者和维护者随时了解监测站数据提供方便。

4. 车辆段复示终端

车辆段复示终端设于车辆段，由车辆段动态检测车间管理。车辆段复示终端由计算机、通信接口设备、防雷装置及配套设施构成，通过铁路计算机网络与铁路局车辆运行安全监测站和车辆段管内探测站连接，实时监控车辆段动态检测车间管内探测站的设备故障，不间断掌握网络和设备运行状态，汇总、统计、分析及上报相关数据。

车辆段复示终端负责其所管辖探测站的数据信息的处理，侧重于对探测站运行状态和自检预报的监视，为维修人员检修设备提供方便。其主要功能为：实时监控、显示动态检测车间管内的探测站监测信息和设备运行状态；数据统计和报表生成。

5. 行调复示终端

行调复示终端是供行车调度人员使用的终端设备。行调复示终端负责强热和激热的信息报警，并将行车调度的操作反馈到监测主机。

6. 全路联网系统

THDS 的全路联网系统通过铁路信息主干网，把国铁集团查询中心、铁路局监测站、复示站和探测站联系起来，使红外线轴温探测系统的信息实时、准确地在网上共享，实现了对列车轴温探测信息的全路共享和全程监控。

全路联网系统通过查询中心终端主机的监控程序，实时监控全路红外线网络的运行状态和热轴预报信息。在车辆主管部门设立查询终端，通过 THDS 全路联网系统网站，查询全路红外线轴温探测情况，随时掌握详细的热轴预报信息。全路联网系统可以自动生成日、月工作报表和设备故障考核报表并通过网页的形式发布，以便主管单位定期进行全路红外线探测信息和设备状态信息的汇总、分析和考核工作。

铁路局监测中心在完成管内热轴报警工作的同时，负责对局管内红外线网络运行状态进行不间断监控，掌握和了解红外线探测设备的运行状况，及时处理设备故障信息。通过局级 THDS 全路联网系统提供的网页功能，红外线值班员可以反馈管内列车拦停处理情况，红外线管理人员可以定时对红外线探测数据和设备的故障情况进行统计、汇总。

全路联网系统网站共分为综合查询、拦停甩车、统计报表、设备管理、人事管理和用户管理及其他 6 个模块，每个模块又分为若干子模块。

（1）综合查询模块

综合查询模块是全路联网系统网站提供的基础功能之一，是用户使用红外线数据最直接的途径。它提供对红外线过车数据、车号数据和自检数据的综合查询，所以在功能上分为过车查询、车号查询和故障查询 3 个部分。由于红外线数据是设备自动采集的，所以该模块只能查询数据而不能修改数据。

过车查询功能是指可以查询任意一列通过某红外线探测站的列车的全部情况，包括列车数据、热轴数据、车辆数据、轴箱波形等。过车查询结果界面如图 3－60 所示。

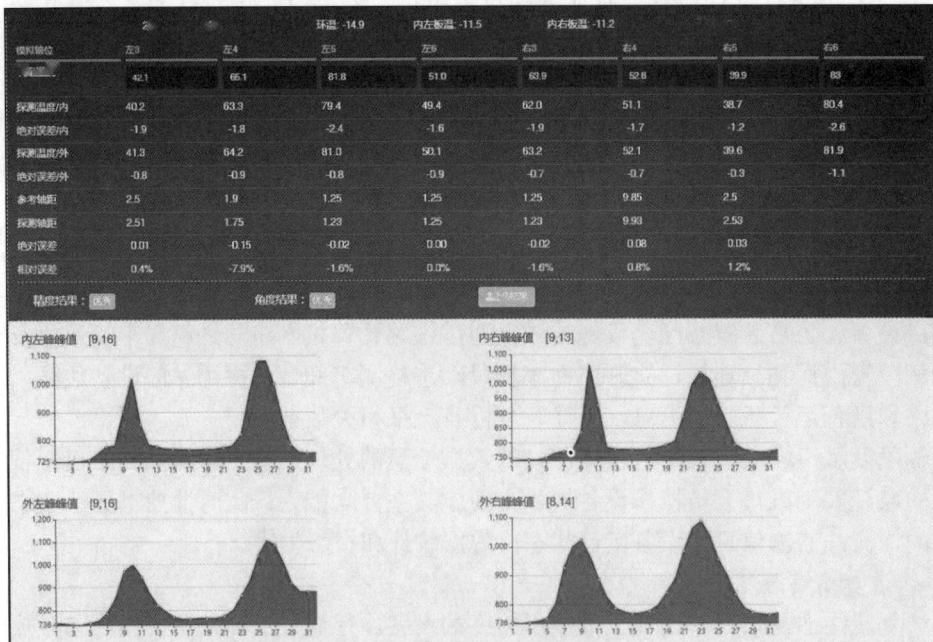

图 3－60　过车查询结果界面

车号查询功能，显示该车号通过各个红外线设备的轴温数据。

故障查询功能主要是显示全路红外线设备的故障发生情况。探测站可以通过自检的方式，把自身发生的故障及故障的恢复通过报文的方式发送到全路联网数据库中。故障查询功能就是利用该信息，使用户掌握每个探测站何时发生了何种故障，以及是否自动或人为地得到恢复、中断时间等信息。

（2）拦停甩车模块

拦停甩车模块是全路联网系统网站的重要基础功能。当探测站发现热轴并进行报警后，监测中心会根据热级的情况采取相应的措施，即可能产生拦停或甩车的行为。由于这些信息不能自动获取，所以需要一种交互手段，由监测中心值班员对拦停甩车等措施的执行上报给全路联网系统，以便用户快速准确地掌握红外线热轴拦停和反馈信息，及时准确地了解和分析热轴原因和处理结果。所以，该模块对红外线设备预报热轴的统计和分析具有十分重要的意义。

（3）统计报表模块

在全路联网系统网站中，统计报表模块是一个十分重要的模块。统计报表模块是在查询的基础上，对数据进行进一步汇总。它通过一定的基准对一组数据进行分析，并得到可打印的结果。

全路联网系统网站提供的统计报表主要包括过车相关报表（过车报表、故障统计报表、拦停甩车报表、热轴统计报表、可疑列车数据统计报表等）、数据流量报表（日流量统计报表、月流量统计报表等）、设备相关报表（厂家统计报表等）。每种报表都分日报和月报，每日或每月定时生成。报表按国铁集团和铁路局分别统计。在国铁集团只统计到各个铁路局，在铁路局则统计到各车辆段或车间。报表统计结果采用 Excel 文件显示，可以存为 Excel 文件或者直接打印。

（4）设备管理模块

设备管理模块主要是对进入全路联网系统的红外线设备进行统一管理和查询。通过网站可以根据铁路局或线路查询设备当前情况、关键部件维修情况，特别是掌握其大修时间，并据此提供一份未来大修的规划。

为了严格规范对设备信息的修改，全路联网系统网站引入"申请—审核"机制，即对设备信息数据进行的任何增加、删除和修改操作，必须经过"申请"和"审核"，只有在申请的操作通过审核后才可以正式生效。

设备查询模块提供了全面了解设备情况的途径，通过该模块，可以了解铁路局、线路或名称相近的设备信息。

全路联网系统在局级系统网站中为用户提供了对联网系统中探测站信息进行管理操作的功能，主要是完成对探测站信息的添加、删除和修改等操作。

（5）人事管理模块

全路联网系统网站增加了红外线从业人员的信息登记和管理模块，存储了全路红外线相关工作人员的基本信息，包括工作证号、姓名、所属铁路局（车辆段）、政治面貌、在职状态、职称、工作时间等。

通过人事管理模块的相关功能，用户可以对人员信息进行查询、统计，也可以对人员信息进行添加、修改和删除等。

（6）用户管理及其他模块

全路联网系统各级网站提供了对网站用户进行管理的模块。由于联网网站采用基于角色的权限管理，因此用户管理模块除包含对用户信息进行管理外，还包含了对系统角色的管理。

3.3.3　THDS 设备及其工作原理

THDS 地面探测站设备包括室外设备、室内设备及连接电缆。室外设备和室内设备之间由电缆连接，完成对运行列车轴温、轴距、速度等信息的自动检测，通过对检测数据的分析判断，完成自动识别客、货车，自动计轴、计辆，自动检测列车速度，自动计算轴温，自动预报高温轴，自动传输报文及系统自检等功能。THDS 地面探测站组成图如图 3−61所示。

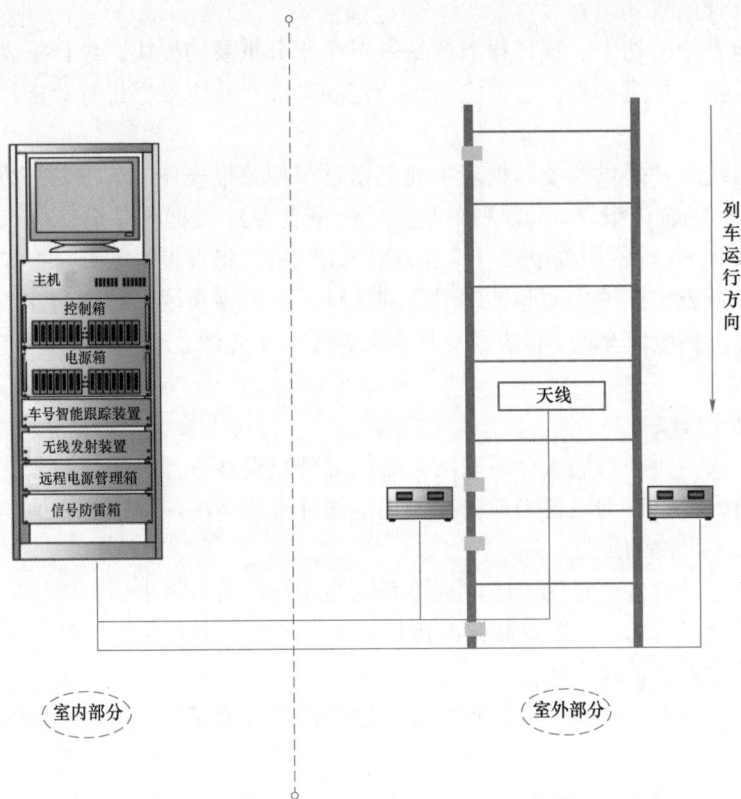

主机
控制箱
电源箱
车号智能跟踪装置
无线发射装置
远程电源管理箱
信号防雷箱

天线

列车运行方向

室内部分

室外部分

图 3−61　THDS 地面探测站组成图

室外设备包括卡轨器、红外轴温箱扫描器、轴温探头、磁钢（车轮传感器）、环温箱、室外天线等。室外设备是地面探测站的重要组成部分，主要的传感器都安装在轨边的红外轴温箱扫描器中。室外轨边设备如图 3−62 所示。

图 3－62　室外轨边设备

室内设备包括探测站机柜、电源防雷箱、信号防雷箱、不间断电源（UPS）等。探测站机柜中配置有探测站主机、控制箱、电源箱、车号智能跟踪装置、远程电源管理箱等。室内设备如图 3－63 所示。

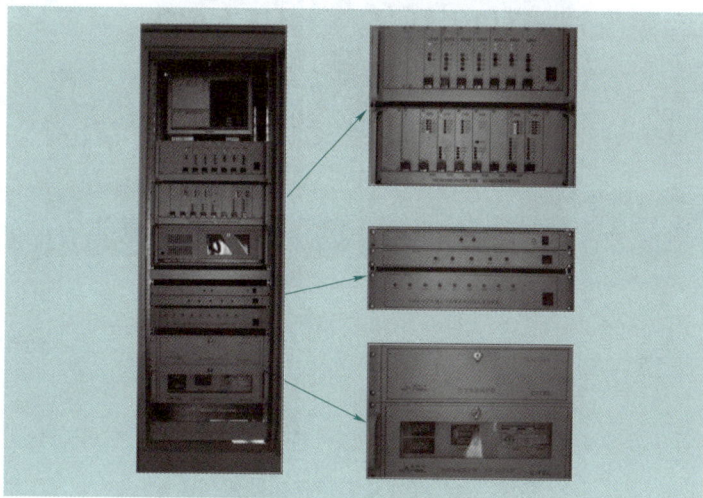

图 3－63　室内设备

1. 室外设备及其工作原理

1）卡轨器（卡具）

卡轨器是轴温扫描器的安装承载平台，要求卡爪与钢轨之间可靠连接，并保证一定的安装精度和稳定度；同时要求为轴温扫描器提供一级减振，以保证轴温扫描器具有较为一致的、稳定的安装角度和位置，为探头瞄准提供稳定的平台，减缓钢轨振动对扫描器的冲击。卡轨器的设计着重考虑了卡爪和托架的钢性，通过扩大卡爪和钢轨底面的接触面积和托架的机械强度，保证了卡轨器安装尺寸的一致性和稳定性。卡轨器为轴温扫描器提供了安装面，为了保证其探测方位还设计有调节机构。安装后，探头能够沿钢轨方向、垂直钢轨方向直线移动。此外，卡轨器还为 2#、3# 车轮传感器提供了安装基面，能够满足在 50 kg/m 轨、60 kg/m 轨、75 kg/m 轨等不同轨型上安装的需要。为了减小轨边振动、冲击对探头的影响，卡轨器和轴温扫描器设计有双级减振器，试验证明减振效果很好，可保证探头在高速重载列车运行区段的正常使用。

2）红外轴温箱扫描器

红外轴温箱扫描器（探头箱）是探头及其辅助设备的承载体和防护体，由顶罩、上箱体、下箱体组成，其内部组件有探头、探头托架及减振机构、保护门总成、热靶总成、温度传感器等。箱体采用 AES 增强塑料材质，具有防雨雪、防尘、防腐蚀等优点，同时可减小阳光辐射对扫描器内腔的升温作用。红外轴温箱扫描器俯视图如图 3 – 64 所示。

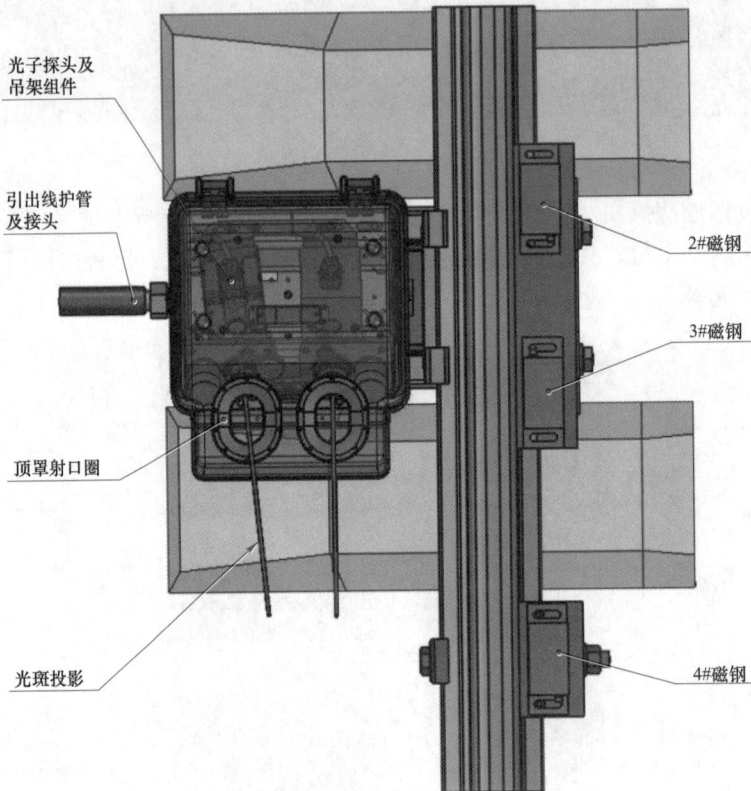

图 3 – 64 红外轴温箱扫描器俯视图

该型探头箱采用"双下探"的探测方式，可实现用一套扫描器完成客车和货车的兼探。探头箱内的主要部件如下。

（1）保护门总成

保护门总成由转角电机、保护门组成，新型总成还包括箱温传感器，安装在保护门中心处。保护门总成安装在室外探头箱的上箱体上，除了保护探头箱内的探头不被损坏外，它还有一个很重要的作用——探头校零。

（2）箱温传感器

箱温传感器一般安装在室外探头箱的上箱体侧壁或保护门上，作用是测量探头箱内的温度，以确定探头的工作环境温度和探头的校零温度。

（3）热靶总成

热靶是光子探头系统中对探头进行标定的一种热标准，标定时光子探头读取热靶不断均匀上升的温度，使光子探头得到一条与热靶温度相对应的电压幅值曲线，从而达到跟踪探头特性变化、转换光子探头输出值为绝对温度的目的。

热靶由印刷电路板、加热膜、铂电阻温度传感器、均热板、热辐射涂层组成。

① 印刷电路板：电路及其他组件的承载体。工作时由热靶电机带动。

② 加热膜：由电热阻丝构成，工作时由加热板提供加热电流，使热靶温度均匀上升。

③ 铂电阻温度传感器：在光子自适应系统测曲线时，实时测量热靶的温度值。

④ 均热板：通过薄铝板的良好导热性，使热靶表面的热分布均匀。

⑤ 热辐射涂层：提高热靶表面的热辐射率，使热靶的真实温度通过热辐射表现出来。

3）轴温探头

轴温探头是轴温探测的核心部件，按测温元件不同划分为热敏探头（敏感元件采用双浸没热敏电阻）和光子探头［敏感元件采用碲镉汞（HgCdTe）光子器件］。

热敏探头是一种非接触式轴温 – 电压换能器，它可以将运行列车轴箱的温度以电压的形式反映出来。热敏探头的换能元件有多种类型，目前广泛使用的是热敏电阻。与热敏电阻相结合的放大器分为交流和直流两种形式。采用交流放大器的轴温传感器称为交流探头，采用直流放大器的轴温传感器称为直流探头。无论何种探头，只要轴温与电压的关系是已知的，就能推算出温度的绝对值。

热敏探头的主要组成包括光学系统、热敏电阻、直流放大器、跟踪电源和自稳零电路。当没有列车通过时，热敏探头相对挡板进行自稳零校正，消除热敏元件及放大器的漂移。当列车压到开机磁钢时，热敏探头首先结束自稳零校正，然后打开保护门，再进行车辆轴承红外线辐射的探测。热敏探头如图 3 – 65 所示。

当热敏元件接收到外界物体所释放的辐射能量时，其自身温度将发生变化，接着导致自身电阻变化，另外一个平衡电阻由于被遮盖，输出端失去原平衡而产生电压信号输出。

光子探头主要由光学系统、传感器、桥电路、桥电源、前置放大器、半导体制冷器的控温电路、电源电路等组成。光子探头工作时，经光学系统聚焦，车轴红外线辐射能量被聚焦到探头的敏感元件上，从而引起元件电阻变化。通过桥电路将电阻变化量转化成电压变化量，经放大后，输出一个与红外线辐射能量成比例的电压信号，以达到测温的目的。光子探头如图 3 – 66 所示。

图 3 – 65　热敏探头

图 3 – 66　光子探头

4）磁钢（车轮传感器）

磁钢采用注塑密封的永磁感应线圈，使用专用卡具安装在钢轨上，能可靠地利用行驶中的车轮产生控制触发信号。当列车通过探测站时，轮缘从卡在钢轨内侧的磁头顶面通过，切割磁力线，线圈上产生感应电动势。车速越大，感应电动势越大，在时间轴上，波形先上升然后下降到零，再下降，最后上升，慢慢又回到零。我们对磁钢最关心的是它的过零点，即车轮和磁头的中心连线与轨道垂直的那个时刻，这个时刻的感应电压为 0 V，也称为物理中心时刻或者过零点。

THDS 每个探测方向设置 3 个或 4 个磁头磁钢，各磁钢的具体功能如下。

1#磁钢：让正向通过的列车开始"探测"，结合 3#磁头对反向来车"闭锁"（不上电、不探测），同时结合控制箱内的逻辑电路，给功率驱动电路上电、开保护门、关挡板、校零闭环"校零"。

2#磁钢：让主机开始测车速，结合 3#磁头测速度、测轴距和给 A/D 变换以信号定时测量轴温，同时让控制箱的逻辑处于校零开环"保持"状态，电机处于开挡板状态。

3#磁钢：配合 2#磁头让主机完成测速度、测轴距和给 A/D 变换以信号定时测量轴温，同时让控制箱的逻辑处于一定延时后关挡板、校零闭环"校零"状态，且当列车通过后，完成关挡板、关保护门、下电的功能。另外，配合 1#磁头完成对反向来车的"闭锁"功能。

4#磁钢：作为硬件冗余设置，与 2#磁头和 3#磁头相配合，当 2#或 3#磁钢发生故障时，用来正常接车，使系统处于正常的工作状态。

5）环温箱

环温箱内置一个环温传感器，对地面探测站环境温度进行实时监测。该传感器采用 P−N 结集成温度传感器，它把一次传感器和二次处理电路集成在一个芯片上，用标准工艺进行激光调整，其测温精度可达 ±0.3℃，线性度较好。环温箱一般置于轴箱扫描器附近的百叶箱内，置于探测站机房的通风背阴处。

6）室外天线

室外天线作为智能跟踪装置的室外部分，接收室内 RF 模块的射频输出信号。天线接收该信号，照射安装在车底的车号标签，标签向天线发送经射频调制的数据，天线接收到该数据后送回到室内 RF 模块，由此得到车号数据。

2. 室内设备及其工作原理

1）探测站主机

作为完成探测站控制、信号采集、数据处理、数据通信的主要计算机，探测站主机要求具备高速数据采集能力、高速数据处理能力，具备大的工作存储空间和数据存储器。THDS 采用工业控制计算机作为探测站主机，性能上满足单向双探 4 个探头、一套智能跟踪装置的控制和实时采集同时工作的要求，为实现轴温、磁头等信号的全信息采集，数据信息的高速处理提供了基础。

探测站主机配置 A/D 卡和 I/O 卡及多串口卡，完成数据的采集、设备的控制及通信功能。接车时 A/D 卡全程采集 4 路探头模拟信号和 4 路磁头模拟信号，空闲时循环采集箱温、环温和各模板电压参数等。多串口卡具有串口扩展功能，分别连接智能跟踪装置、控制箱通信接口、UPS 通信接口、远程通信设备等。

2）控制箱

控制箱是探测站主机和轨边设备之间的桥梁，接收轨边信号，包括探头信号、磁钢信号和各种温度信号，这些信号在控制箱内处理后传输到探测站主机。控制箱还接收探测站主机传输过来的控制信号，控制轨边设备，如控制探头箱门开闭、器件制冷、热靶加热、挡板开闭、校零等。控制板采用欧式总线、前插板方式的设计模式，内置多个功能模板，具体如下。

（1）信号整理功能

控制箱提供初级信号的整理功能，具有磁钢处理、信号调理及主、备板切换功能（即热备份）。控制箱插 2 块前放板，如果主板有异常，系统会自动将备板接入系统，使用时系统的可靠性得到大幅提高。

（2）设备控制功能

控制板接收主机发出的控制命令，向轨边设备发出控制动作，主要用于探头校零，保护门电机、热靶电机等的驱动。

（3）温控板

控制箱内的温控板分为加热控制板和制冷控制板。制冷控制板是控制碲镉汞光子器件温度的电路板，可实现对左右两个光子探头的制冷温度控制，具有自动恒温控制、恒流控制两种模式。加热控制板可实现对热靶加热的控制，实现光子探头校曲线功能。

3）电源箱

电源箱为控制箱和轨边设备提供电源，由前面板、后面板、箱体、电源组成。前面板提供上、下行两套电源的指示及检测端子，板上附有上、下行电源显示板，后面板提供上、下行两套电源的输出端子。电源箱可提供的电源类型有：制冷电源、加热电源、功率电源、信号电源、校零电源、逻辑电源。

4）车号智能跟踪装置

THDS 具备识别列车车号信息的功能，使热轴跟踪定位更加准确、方便。车号智能跟踪装置包括室外天线和 RF 射频装置。

（1）工作原理

标签接收原理：设备收到信号打开 RF 模块的射频信号输出，通过天线照射安装在车底的标签，标签向天线发送经射频调制的数据，天线接收到该数据，经过 RF 模块解调，送到解码单元解码后传到主控单元，主控单元对该数据进行检查、纠错和记录，最后主控单元通过通信单元将标签数据发送给标签数据处理设备进行处理。RF 射频装置的功能是产生微波信号和接收处理标签反射回来的已调微波信号并解调出数据信息。当 RF 射频装置接收到主机下达的命令后，开启天线，通过天线向外界发射微波信号，同时接收天线返回的带有标签的已调信号，经放大、滤波、解调后处理。

（2）功能单元

RF 单元：RF 单元与射频天线连接，当有列车经过时，打开功放开关，辐射微波信号，并接收标签返回的信息，解调后送到基带部分解码。

主控单元：在处理器的控制下其他单元协同工作，完成设备的所有控制和检测功能。

接口单元：主要完成 LED 指示驱动、微波检测数据的接收与处理、控制电路的接口等功能。

电源检测单元：检测系统各板卡所用电源的电压值，描述电源电压稳定程度及其跳变幅度，为用户提供监控系统电源工作情况的基本依据。

解码单元：使用可编程逻辑器件设计解码逻辑电路，可以对 RF 单元解调后输出的采用 FSK 或 FM0 编码方式编码的基带数据信号进行解码，并将解码后的数据通过总线接口输出给主控系统。

网络单元：设备的通信单元，实现智能跟踪装置设备与外部网络之间的正常通信。通过网络，后台计算机可以访问设备，实现对设备的远程监控、设置、程序升级等功能。

串口单元：设备的通信单元，实现智能跟踪装置与外部设备的串口通信。COM 口为通信串口，通过配套的定制串口线连接 5T 设备通信端。

5）远程电源管理箱

远程电源管理箱是探测站主机的辅助设备，通过远程通信和远程控制对设备输出电源进行切断和恢复。远程管理箱后面板有电源开关、电话输入插座、电话输出插座、RS-232 插座、电源输出和电源输入。电源开关是交流电开关。电源输入接交流电，电源输出共有 8 组线，可以选择接不同的外设。电话输入插座接探测站电话。RS-232 插座连接多串口卡扩展的串口，远程通信时使用。

6）电源防雷箱和信号防雷箱

（1）电源防雷箱

THDS 探测站机房供电均为双路单相电源，且大部分以架空形式入室，缺少外部防雷措施，如避雷针等，因此电源进线较易遭受雷击等电涌的影响。

电源电涌保护箱标称导通电压必须大于或等于额定电压的 2.2 倍，即 220 V 系统使用的电源电涌保护器标称导通电压应为 484 V 以上。标称放电电流 20 kA 的电源电涌保护箱的限制电压最高不得超过 1 500 V。

（2）信号防雷箱

THDS 磁钢、通信线缆紧挨着轨道安装、敷设，当轨道沿线遭受雷击后，会导致线路上感应到比较高的过电压，此类感应过电压也会威胁到传感器的正常工作，甚至影响探测站内其他敏感电子设备，故此类线路均需加装信号电涌保护器。信号电涌保护箱内各模块的放电电流通流能力要达到 5 kA。

7）不间断电源（UPS）

UPS 是英语"uninterruptible power supply"的缩写，它可以保障计算机系统在停电之后继续工作，为计算机系统提供不间断的电源。按工作方式不同，UPS 可分为后备式和在线式两类。后备式 UPS 的市电供电和逆变供电均采用同一个变压器，所以它的交流输出火线和零线的位置是固定的，用户在接线时必须遵守它们的接线关系，即 UPS 的交流输入线零线接零线，火线接火线。另外，后备式 UPS 不能进行频繁的启动和关闭操作，一般要求关闭与启动之间的时间间隔为 10 s 左右，否则 UPS 会处于不正常状态。在线式 UPS 的特点是：无论有无市电，都是由逆变器向负载提供交流流，逆变器始终处于工作状态。因此，它从根本上消除了来自市电的电压波动和干扰，真正实现了对负载无干扰、稳压稳频的供电。一般允许市电输入电压的变化范围为 180～250 V，输出电压稳定在 220（1±3%）V 以内，频率稳定在

50（1±1%）Hz 以内，输出正弦波波形失真系数小于 3%。另外，由于它的逆变器始终处于逆变工作状态，所以当市电中断时，由市电切换到蓄电池供电的切换时间为零。由于在线式 UPS 的带载能力高、保护功能强，能适应较宽的市电范围和频率范围，所以对于铁路沿线的恶劣供电质量，在线式 UPS 是首选。

UPS 工作原理如下。

整流器：即 AC–DC 变换，将电网来的交流电经整流、滤波变为直流电压，供给逆变电路。AC–DC 输入有软启动电路，可避免开机时对电网的冲击

逆变器：即 DC–AC 逆变电路，采用大功率 IGBT 模块全桥逆变电路，在输出动态范围内输出阻抗特别小，具有快速响应特性。由于采用高频调制限流技术及快速短路保护技术，无论是供电电压瞬变还是负载冲击或短路，均可安全可靠地工作。

控制驱动：是完成整机功能控制的核心，它除了提供检测、保护、同步及各种开关和显示驱动信号外，还完成正弦脉宽调制的控制。

3.3.4　探测站工作过程

1. 系统启动

探测站通电后，先启动 XPE 系统，然后自动运行探测站主程序。设备通电后开始运行初始化函数，并根据配置文件创建数据采集线程，传递配置信息。系统初始化如图 3–67 所示。

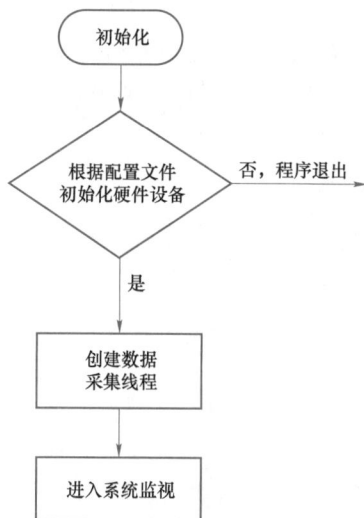

图 3–67　系统初始化

2. 等待接车

在没有列车通过的情况下，探测站系统将定时进行自检。如果监视到过车，则进入过车数据采集过程并处理。系统监视流程如图 3–68 所示。

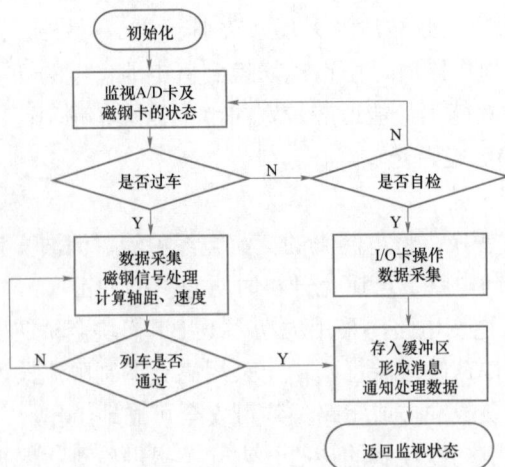

图 3 – 68   系统监视流程

3. 列车压至磁钢

当车轮压至 1#磁钢时，探测站主机首先判断是车轮信号还是干扰信号，当磁钢有效信号大于 3 次时，认为是来车信号，此时探测站主机系统向上位机发送一次正在过车报文，然后进入接车子程序，系统停止自检，探测站主机系统准备接车，处理来车的各种信息，为轴温采集做好准备工作。

"列车是否通过"主要是判断列车是否已通过，并发送列车已过消息。探测站在轴间距处理时为 1 字节，最大为 FF，换算成米为 25.5 m，通过计算两次磁钢信号间的时间间隔来判断列车是否通过。若时间间隔大于 $t=25.5/v$（v 为车速），则说明至少有 2 个轮子之间的距离大于 25.5 m，那么判断列车已过。得到列车已过信号后将过车期间采集的原始数据交给数据处理模块进行后期处理。磁钢中断处理流程如图 3 – 69 所示。

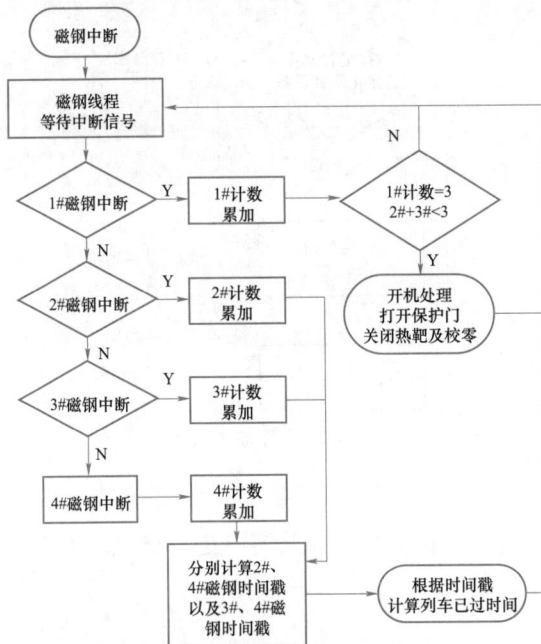

图 3 – 69   磁钢中断处理流程

任务 3.4　车辆运行品质动态监测系统

3.4.1　车辆运行品质动态监测系统研发背景

铁路货车的装载状态、车轮踏面损伤、车辆自身的运行状态对列车运行安全至关重要，它直接关系到铁路现代化管理、运输安全。20 世纪 90 年代末，随着铁路的提速，空载车辆脱轨事故频繁发生，引起了铁路各级管理部门的极大关注。然而，由于车辆自身运行状态仅凭人工和车辆静检难以得到准确判断，货车装载情况在各种称量设备未完全投入运用的条件下还不能得到有效控制，因此迫切需要研制开发一种能将货车超偏载、车辆运行状态检测、车号自动识别及信息传输集成在一起的车辆运行状态安全检测系统。

世界各国都在研制各种检测装置以期对车辆超偏载、车轮踏面损伤、车辆运行状态进行监控，但迄今还没有一种功能完备、能在较高行车速度条件下稳定准确地进行检测的系统。其根本原因如下。

① 在设置测量区的普通轨道上，难以消除轨道维修规范允许存在的轨道高低、水平等不平顺，这些不平顺势必引起被测车辆产生浮沉、点头、侧滚等振动，使轮载、轴载、转向架荷载本身都偏离静载值而增减变化，产生"附加动荷增量"。行车速度越高，引起的附加动荷增量就越大，"附加动荷增量"造成的误差也随之增大。当速度为 20～80 km/h 时，普通轨道上养护维修标准允许存在的轨道不平顺引起的"附加动荷载"可达静轮载的 5%～40%，因此即使测量传感器和二次仪表等的误差为零，也不可能测出准确的静轮载数值。

② 设置测区的普通轨道难以构成真正的支撑平面，不可避免地存在维修规范允许的轨道扭曲，即使当速度为零时，也会使转向架的 4 个车轮不在同一个轨道平面内而产生"轮重转移"，造成测得的轮载较实际静轮载有较大差异，可达 3%～10%，使测量精度大幅度降低。由于以上原因，设置在普通轨道上的传统检测装置由于有效检测长度短（300 mm 左右），只能检测出瞬时动荷载，因而得不出准确的静轮重，也不可能测得精度满足要求的偏载、减载率、平均轴重、通过总重，检测得到的超载值也必然含有很大的动载荷成分。

为了提高检测精度，通常采用增加有效测区长度来实现。增加测区长度的方法一般有两种：一种是增大轨枕间距来增长测区，这种方法在日本、美国和德国等都得到较普遍的应用。但轨枕间距不可能大幅度增加，因而测区长度也不可能大幅度延长，并且枕距增大后，人为地造成轨道不平顺，会直接影响检测结果的准确度（精度）和列车通过测试区的运行状态。此外，这种检测方法对车轮踏面损伤的捕获率仍然较低。另一种是在多跨轨枕间距内设置多个测区，以增多检测区的数量，但检测区只可能断续设置，因而无法获得连续的车辆动态运行状态参数。

20 世纪 80 年代末，我国也研制了类似国外在轨道上检测车辆超偏载状态的装置，其原理与国外大体相同，即在轨枕间隔之间组成剪力测试区来进行测试，某些铁路局科研所研制的"铁路货物列车动态称重"等装置在现场得到了部分运用。这类检测装置安装在普通碎石道床或沥青道床上，为了增加测区长度，与美国做法相同，把轨枕间距增大，并间隔布置两个测区，测区间断分布。

20 世纪 90 年代初，我国找到了国外超偏载检测装置在较高行车速度条件下，精度不能满足要求的根本原因和解决问题的技术关键，开发研制了"轨道负荷、车辆状态安全监测系统"，克服了国外已有检测装置的不足，大幅提高了检测精度。但这一检测装置在识别车辆运行状态方面还存在欠缺，主要表现为无法获得车辆在走行过程中各车轮作用于轨道的横向力，不能评价车辆横向运动性能。

基于对保障铁路行车安全的需要，我国在已完成的"轨道负荷、车辆状态安全监测系统"的基础上，不断扩充监测功能，并经过多年探索与试验，研制了新一代的实时多功能全自动货车运行状态地面安全监测系统，简称 TPDS。该系统主要用于监测直线段货车运动稳定性，兼有车轮踏面擦伤和车辆超偏载监测功能，通过对轮轨垂直力和横向力的连续测量获得轮轨相互作用变化特征，结合美国 FRA 关于车辆安全评定的动力学指标，基于网络综合评判来识别运动状态不良的车辆。车轮踏面擦伤识别是基于踏面擦伤车轮在轮轨间产生的冲击荷载大小，并修正不同行车速度和轴重所产生的影响。车辆超偏载测量是基于移动垂直力测量的新方法，采用高平顺性整体框架式测试平台，在测试平台上安装二维板式压力传感器，在钢轨轨腰处安装剪力传感器，组合成一个长度为 4.8 m 的轮轨垂直力和横向力的连续综合测区，从而获得通过车辆各车轮在钢轨上产生的连续的轮轨力及其变化特征。TPDS 集成铁路车号识别系统的车号信息，输出结果中各种数据与车号完全匹配。对车辆运行状态的评判采用多点综合、网络评判策略，所有探测站的检测信息通过网络传至基层、铁路局和国铁集团信息管理服务器，服务器专用软件完成统计分析、综合评判、结果查询和显示、列车跟踪、信息报警等工作。

3.4.2　TPDS 的组成

TPDS 主要由地面探测站、列检复示终端、铁路局监控中心、国铁集团查询中心组成，如图 3 - 70 所示。

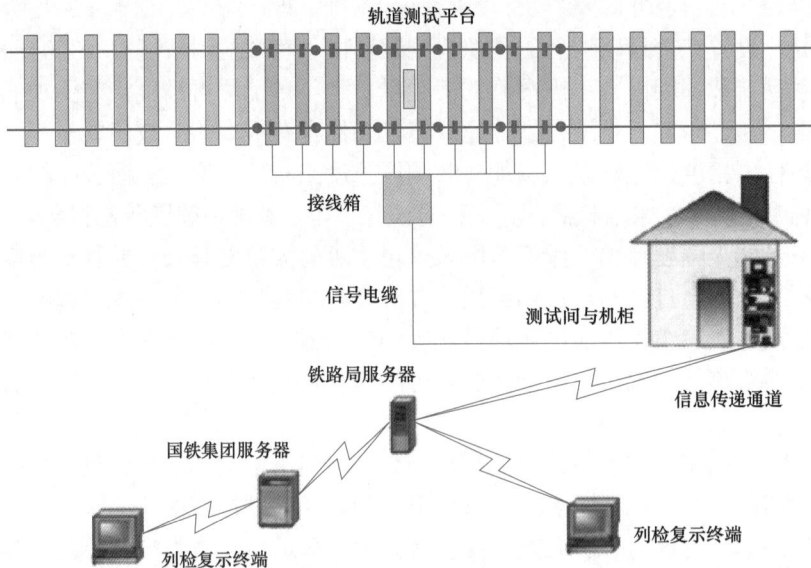

图 3 - 70　TPDS 的组成

1. 室外设备

（1）轨道测试平台

轨道测试平台可使连续有效检测区的长度根据需要设置（目前标准设置长度为 6 000 mm），一方面大幅度提高了检测精度，另一方面大幅度加长了连续测量区，可捕获车辆蛇行失稳波长的信息（测区长度还可根据需要加长或分区）。从试验效果来看，采用这一轨道测试平台可保证在 60 km/h 速度条件下超偏载检测精度满足国铁集团有关检定规程的要求，在 40 km/h 速度条件下称重计量可达到低速动态轨道衡的精度要求，同时显著提高了车轮踏面损伤的捕获率，在识别车辆运行状态方面可捕获车辆走行性能的主要特征。

（2）二维板式传感器

需要在有效测区内安装若干个同时测量轮轨作用垂向荷载和横向荷载的传感器，且传感器还必须是一个轨道部件，以保证对钢轨几何形位的控制和约束。TPDS 采用了二维板式传感器来实现测力和保持轨道几何形位。二维板式传感器是一种上部与钢轨紧固、下部与轨枕紧固、上下都有约束的新型传感器，它可同时测量轮轨相互作用的垂向荷载和横向荷载，且具有对钢轨的扣压力。二维板式传感器在保持轨道几何形位方面与普通轨道部件的作用相同，从而实现了对钢轨小翻、上浮及轨距扩大的控制，不用安装轨距拉杆和限位装置，传感器本身就是极好的限位装置。二维板式传感器如图 3 – 71 所示。

图 3 – 71　二维板式传感器

二维板式传感器具有精密的对称性、高精度，能承受剧烈的冲击振动，在日晒、雨淋、温度大幅度变化的条件下，稳定可靠，能长期保持完好。长期应用实践表明，这种传感器完全能够满足设计和使用要求，既实现了测力的准确性，又保证了轨道的高平顺性和检测系统的可靠性。

（3）不打孔式剪力传感器

剪力测量是 TPDS 进行轮轨垂直力测试的重要组成部分，在"移动垂直力测量新方法"中，剪力和压力的合成才能得到轮轨相互作用的垂直力。传统剪力传感器须在钢轨中和轴处打孔安装，这种方法虽然测力信号较大，且安装稳定、简单，但它破坏了钢轨断面和钢轨工作状态，对钢轨的使用寿命有一定影响。不打孔式剪力传感器在不破坏钢轨断面和工作状态的情况下，准确测量钢轨所受剪力，且可获得高精度剪力信号。不打孔式剪力传感器如图 3 – 72 所示。

图3-72 不打孔式剪力传感器

（4）接线箱及接线板

接线箱安装在路肩靠近测试平台中央的部位，里面放置传感器信号线接线板。接线板将传感器的信号中转连接到测试间二次仪表上，把传感器输出信号实时准确地传送至信号调理单元。

（5）车号天线及开机磁钢

车号天线安装在整个测试平台的中心位置，负责获取通过列车的标签信息，并通过电缆将信息传至车号主机。开机磁钢位于测试平台前方，其信号通过专用电缆直接传至信号调理采集设备。

（6）雨量桶

雨量桶安装在轨边机房一侧端墙上部（尖顶房）或机房防水层上（平顶房），用于收集雨天雨量情况，其信号线连接在机房内雨量计主机专用接口。

2. 室内设备

室内设备主要包括监测工况机、测点服务器、信号调理采集设备、AEI主机、UPS、雨量计主机、数据远传单元。

（1）监测工况机

监测工况机完成与数据采集仪通信，实时判轴测速计辆，车辆动力学指标计算，超偏载计算，车轮踏面损伤识别及读取车号、UPS信息，测试结果以文件形式通过网络传递给测点服务器。

（2）测点服务器

测点服务器负责实时接收监测工况机监测结果文件，并将结果文件入库，进行车辆运行状态综合评判、车辆装载超偏载评判，采集雨量计信息，通过局域网将数据和报警信息上传至基层节点服务器。

（3）信号调理采集设备（数据采集仪）

信号调理采集设备一方面对传感器进行供电，另一方面完成对传感器信号的采集、调理、放大、滤波与A/D转换、零漂调整及与计算机通信，实现检测信号的全自动处理。其中，信号调理模块完成各种传感器输出信号的放大、滤波和纠偏。A/D转换模块完成对信号调理模块输出信号的模数转换，并通过AD1和AD2接口与主控计算机通信。

（4）AEI 主机

AEI 主机完成与地面 AEI 设备通信，获得通过列车机车和车辆标签信息，通过数据采集仪的车号口传输给监测工况机进行数据处理。

（5）UPS

UPS 为探测站设备提供稳定可靠的电源，并通过串口向监测工况机传输市电供电情况、UPS 主机状态、电池状态、电源输出情况等信息。

（6）雨量计主机

雨量计主机实时读取雨量桶采集的雨量数据，并通过串口将雨量数据传至测点服务器。

（7）数据远传单元

数据远传单元是指网络交换机或集线器，它完成监测工况机与测点服务器之间的网络连接，传输监测工况机监测结果至测点服务器，同时完成测点服务器与基层节点服务器之间的网络连接与数据传输工作。

3.4.3　TPDS 功能及原理

1. TPDS 的功能

由于 TPDS 在测试技术、传感器研制等方面取得重大突破，从而实现了在一个检测系统中完成多项检测功能，即识别运行状态不良车辆，监测车辆总重、前后转向架重、轴重、轮重及车辆超偏载，识别车轮踏面损伤（擦伤、剥离、碾堆、失圆、多边形等），统计轨道负荷当量通过总重。检测结果可为铁路运输安全管理、掌握轨道实际承载状态提供重要信息。

（1）识别运行状态不良车辆

在我国铁路干线列车的全面提速中，发现有为数不少的货运车辆在空载状态、运行速度达 70 km/h 左右时出现蛇行失稳现象，并曾导致多次列车脱轨事故。蛇行失稳车辆是危及行车安全的严重隐患。TPDS 采用了较长的高平顺性测试平台和连续测量轮轨垂直、横向荷载技术，根据测试的轮轨力波形、量值大小可捕获蛇行失稳车辆的主要动力学特征，如蛇行失稳导致车轮侧摆和车辆侧滚引起轮载交替增减载变化、车辆侧摆引起的横向力增大等，可为监视和控制蛇行失稳车辆提供重要信息。TPDS 采用"分散检测、集中报警"的方式，具体过程包括探测站数据采集、参数计算、探测站评分和联网评判 4 个步骤。

由于 TPDS 已把轨道不平顺对车辆振动的激扰作用降到最低水平，所以测试结果能较真实地反映车辆自身的动力学特性，使检测结果的可靠性大大提高。通过对测试数据的处理分析，对动力学指标出现超限的车辆进行报警，有关部门可采取扣车修整处理等措施制止超标车辆在线路上运行或限速运行，确保行车安全。

（2）监测车辆总重、前后转向架重、轴重、轮重及车辆超偏载

偏载是造成列车在曲线圆缓点区等轨道扭曲较大的部位脱轨的重要原因。货车超载、偏载会加剧轨道结构和车辆损坏，降低轨道部件和车辆的使用寿命，严重时将危及行车安全。为了保障行车安全，必须对货车的装载情况进行监测管理，识别偏载、超载车辆，纠正严重偏载、超载状态。TPDS 具有较高的计量精度，可在列车运行过程中实时获得车辆总重、前后架重、轴重和车辆超偏载情况，并将监测信息及时传递给铁路货运管理部门，减少对车辆、线路、桥梁等基础设施的破坏。

（3）识别车轮踏面损伤

TPDS 由于采用了长测量区，可对车轮全周长范围内的踏面损伤进行检测，踏面损伤捕获率较已有检测设备高，同时可有效检测多边形车轮及其阶数。又由于是直接测量踏面损伤引起的轮轨冲击力（而非测加速度），所以通过数据处理可以采用当量概念来量化车轮踏面损伤的严重程度，当量值的大小可作为对有严重踏面损伤车辆报警的依据。另外，建立车轮踏面损伤的数据库，可得到车辆现状分析和铁路安全管理的重要信息。

（4）统计轨道负荷当量通过总重

TPDS 可将具体线路通过的列车数量、列车总重等基础数据进行统计，并将车轮踏面损伤冲击力换算为当量通过重量，从而为铁路部门获得准确的通过总重、当量通过总重、平均轴重等重要信息提供手段，为线路的科学管理、养护维修投入、工务计费收费等提供必要的技术依据。

2. 测试原理

（1）系统垂直力测试原理

为满足检测要求，TPDS 克服目前国内外检测装置的缺点，采用了在较高速度条件下提高检测精度的技术路线和一种全新的"移动垂直力综合检测新方法"，如图 3 - 73 所示。

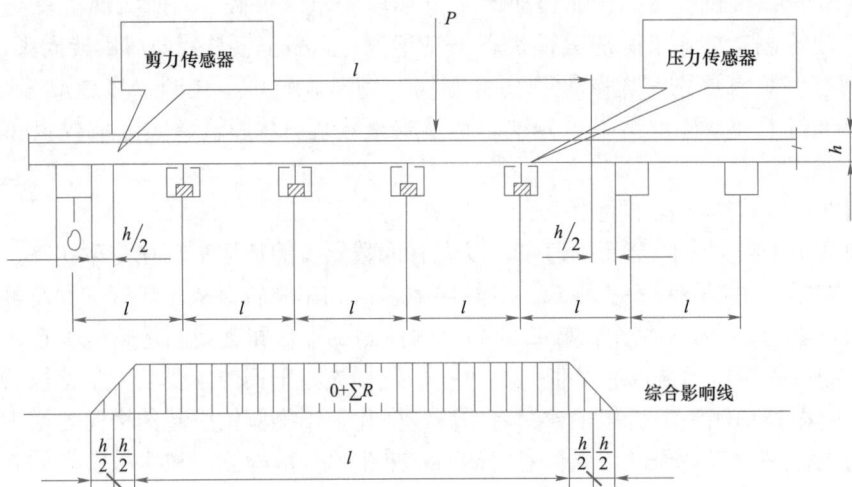

图 3 - 73 移动垂直力综合检测新方法

技术措施：大幅度加长连续测量区，用长测量区内轮载波动变化曲线的平均值代替"瞬时值"，大幅度降低了"附加动荷载"误差的影响，从而大大提高了检测精度和识别车轮踏面损伤的准确性。"移动垂直力综合检测新方法"在不增加轨枕间距、不恶化轨道平顺性的条件下，大幅度增加了有效检测区长度。

基本原理：在两个剪力传感器之间设置若干个轨下垂直压力传感器，组成一个综合检测区，两种传感器采集的数据通过计算机合成处理，得到测试区内的垂直力之和。由于有较长的连续检测区，便能测得一段较长时间内车轮垂直力增减变化过程数据的平均值，而不是波动过程的某个瞬时值，这不仅提高了检测精度，还大大提高了装置适用的速度范围。同时，新方法还彻底打破了常规检测装置检测功能单一性的局限，使得同时测量车辆超载、偏载、平均轴重、通过总重、车轮踏面损伤成为可能。

（2）系统横向力测试原理

轮轨之间横向作用力的测试是系统评判车辆自身横向运动状态的重要方面。具有代表性的传统的测试轮轨横向荷载的方法是剪力法、轨腰弯矩差法，这两种方法都是在钢轨上粘贴应变片来实现的。这样，钢轨轨型、磨耗情况必然会对测量结果产生影响，同时其使用寿命也远远达不到系统长期稳定可靠的要求。此外，剪力法是在两轨枕之间的钢轨上在一个长度范围内测量横向力，属于有效长度很短的间断测量。轨腰弯矩差法虽一般认为是横向力连续测量法，但实际上仍是间断测量，只是采用了多点横向力测量的组合，近似连续测量。轨腰弯矩差测量方法的横向力标定困难，数据处理烦琐，测试精度远远达不到系统的精度要求，且占用数据采集通道多，不利于较长测试区段连续测量横向力，更不适合在要求长期稳定可靠工作的监测系统中应用。

由于识别车辆横向动力学性能需获得反映车辆横向运动状态的横向轮轨作用力的主要特征，即需要检测到足够长时间的轮轨横向荷载，因此实现轮轨横向力连续测量是监测系统完成车辆自身横向运动状态评判的关键。

TPDS 采用了在较高速度条件下检测精度高、适应长期稳定可靠工作要求的实现横向力连续检测的技术措施和测试原理。

技术措施：摒弃传统的在钢轨上粘贴应变片测量轮轨横向荷载的方法，因为在钢轨上粘贴应变片测量轮轨横向荷载难以解决连续、高精度测量问题，同时在钢轨上粘贴的应变片也难以保证测试的长期稳定性（或寿命），在保持统一稳定的灵敏度，不受外界电磁场、温度、湿度影响等方面均没有可靠的保证，也将会导致整个系统的稳定性无法保证；充分利用框架式轨道测试平台的结构特点，并考虑轮轨横向荷载在轨道部件间的传递特性，借用测试轮轨垂向荷载方法的基本思想，将钢轨视为传递轮轨横向荷载的载体，而在钢轨的支承点上测量钢轨受车辆作用施加在框架结构中轨枕上的作用力大小；测量钢轨支承点处横向荷载与测量垂向荷载的位置相同，采用能同时测量垂向荷载和横向荷载的传感器，从而保证横向荷载的测试具有与垂向荷载测量相同的相位和长期稳定性。

测试原理：根据轮轨作用横向荷载在钢轨上的受力影响线，通过标定获得钢轨支承点处实际承受横向荷载的比例，再依据车轮在测试区的位置，由钢轨支承点处承受横向荷载的组合，得到车轮在整个测试区连续横向荷载及变化情况。

3. 传感器

监测系统采用两种传感器完成车辆与轨道相互作用的垂直力和水平力测试，即二维板式压力传感器和剪力传感器。两种传感器均为应变式、惠斯通电桥自补偿测试电路，其电气结构如图 3-74 所示。

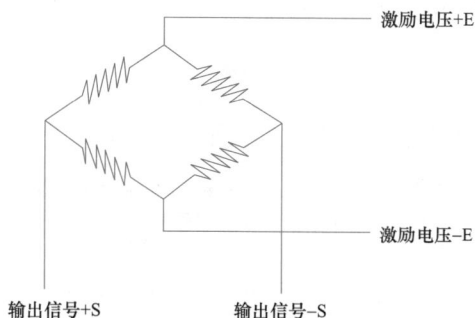

图 3-74　传感器电气结构

4. 二次仪表

监测系统二次仪表完成传感器信号的调理放大、滤波、偏移纠正、信号 A/D 转换及与计算机通信。信号调理放大、滤波和偏移纠正由电位器和集成电路芯片完成，电位器 1 可调整放大倍数，电位器 2 可纠正信号偏移。调理后的信号输入 A/D 转换器，信号 A/D 转换由板载 DSP 完成，并按 EPP 并口通信协议与计算机通信。图 3-75 为信号调理流程。

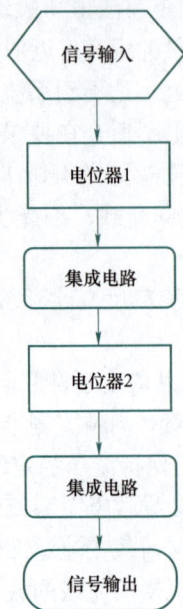

图 3-75 信号调理

5. 系统电气结构

系统电气结构如图 3-76 所示。

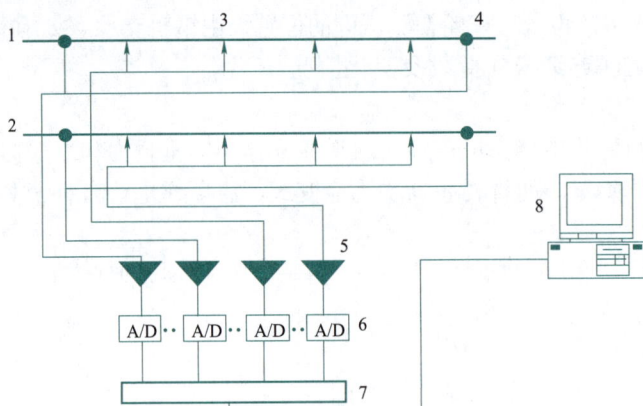

1—右轨道；2—左轨道；3—二维板式传感器；4—剪力传感器；5—放大器；
6—A/D 转换器；7—接口电路；8—计算机。

图 3-76 系统电气结构

6. 机柜中设备连接

① 数据采集仪与监测工控机通过两根高速数据电缆连接。

② 数据采集仪通过串口 1 与车号主机串口连接。

③ 数据采集仪通过串口 2 与监测工况机（com1）连接。

④ 数据采集仪通过 5 针航空插头与 AEI 设备开机磁钢连接。

⑤ 数据采集仪通过 2 针航空插头与室外接线板供电电源连接。

⑥ 数据采集仪通过 25 针插头与室外接线板信号线连接。

⑦ 监测工况机通过网卡和网线经交换机或 HUB 与测点服务器连接。

⑧ 监测工况机通过标准串口电缆（com3）与 UPS 连接。

⑨ 测点服务器通过标准串口电缆与雨量计主机连接。

⑩ AEI 天线通过专用电缆与车号主机连接。

⑪ 测点服务器通过网卡和网线经交换机或 HUB 将监测结果传至基层节点服务器。

任务 9　　　　　　任务 10　　　　　　任务 11　　　　　　任务 12

项目 **4**

客车与动车组运行状态安全监测系统

知识目标

- 熟悉 TCDS 的工作原理及功能，掌握系统运用与管理及设备检修要求；
- 熟悉 TVDS 设备功能、组成及原理；
- 熟悉 TEDS 设备功能、组成及原理。

技能目标

- 能够熟知 TCDS 的操作过程，能对系统进行故障查找，能够进行设备检修与维护；
- 掌握 TVDS 检修流程，熟知系统故障及其检修流程；
- 掌握 TEDS 检修流程，熟知系统故障及其检修流程。

素质目标

- 培养学生严谨认真的学习态度；
- 培养学生认真细致的实践能力；
- 培养学生爱岗敬业的工匠精神；
- 养成良好的现场操作行为习惯。

任务 4.1　客车运行安全监控系统

4.1.1　客车运行安全监控系统简介

客车运行安全监控系统（TCDS）是实时监测客车运行状态，指导客车检修，保障客车运行安全的重要系统，已成为 5T 系统的重要组成部分，推动了车辆设备检测由结果控制向实时过程控制、由人控向机控的巨大转变，减少了诸多危及行车安全事故的发生。

TCDS 是一个覆盖客车、客列检、客整所（整备所）、车辆段、铁路局、国铁集团的计算机网络信息系统。TCDS 将货车的"4T"功能集于一身并直接随车运行，实时监测车辆运行状态，属于车载监控系统。TCDS 针对车辆关键部件进行实时监测，并对数据进行存储和诊断，同时通过无线网络及有线网络，将监控信息同步传回地面，保证车辆系统各级管理部门及时掌握车辆运行状态，实现专家远程指导乘务员采取紧急措施以保障运行安全；停车时通过下载数据指导维修，对车辆进行质量动态控制。TCDS 架构如图 4-1 所示。

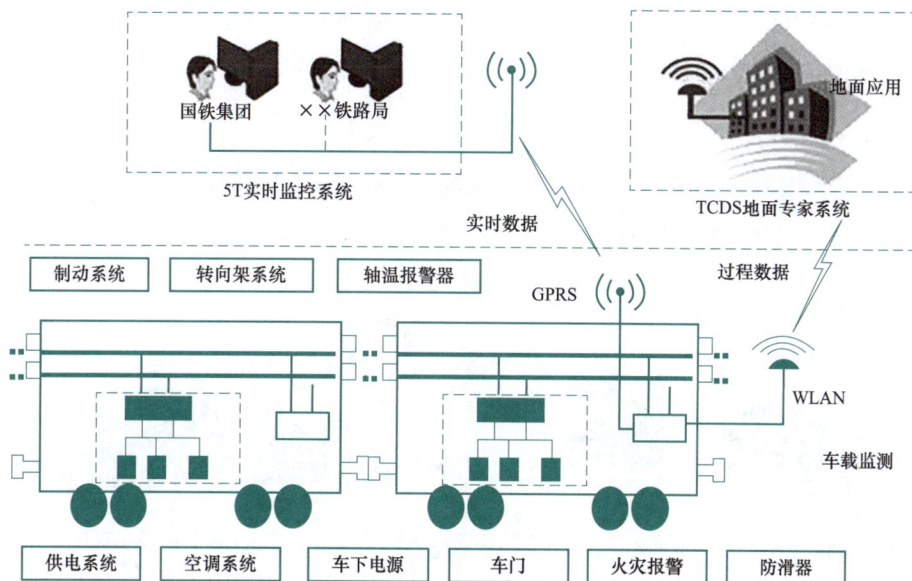

图 4-1　TCDS 架构

车载实时监测诊断系统由车厢级主机、列车网络、列车级主机等组成，如图 4-2 所示。车厢级主机通过安装在本节车厢的传感器及防滑器等设备，实时采集列车运行状态信息，进行车厢级诊断，并将诊断的结果及过程数据通过列车网络上传到列车级主机；列车级主机通过列车网络实时接收全列各节车厢的故障及过程数据，综合全列运行状态信息，进行列车级诊断。

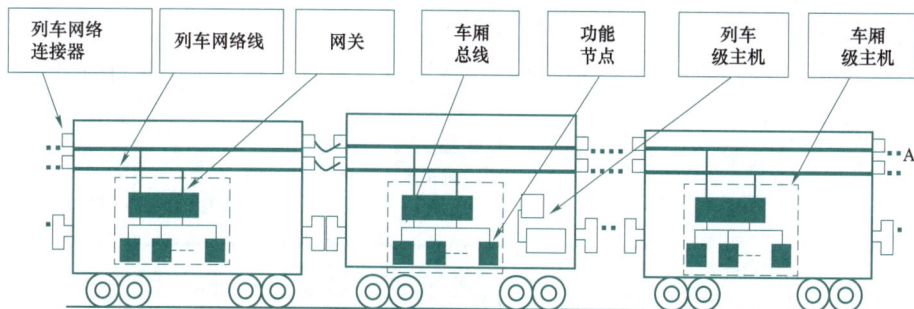

图 4-2　车载实时监测诊断系统

车载无线传输装置将车载实时监测诊断系统诊断的实时故障、报警等重要信息通过

GPRS 实时传输到地面；每个交路结束后，TCDS 过程数据在车辆段或客整所通过 WLAN 设备自动下载到地面专家系统服务器。

随着 TCDS 运用的深入，地面数据积累越来越多，自动化、智能化的大数据分析平台的开发迫在眉睫，TCDS 地面专家系统应运而生。TCDS 地面专家系统（以下简称专家系统）是一种用数据和量化的方法分析、诊断车辆故障的工具，具有处理数据量大、速度快等特点。专家系统具有保存、检索和统计分析历史数据的功能，主要用于车辆故障地面综合诊断、故障统计、车辆故障演变趋势跟踪，为车辆运用进行动态质量控制提供信息平台。

4.1.2 TCDS 组成及原理

1. 系统总体组成

TCDS 由车载实时监测诊断系统、车地无线通信（或移动存储器下载）系统、地面专家系统三部分组成，如图 4-3 所示。

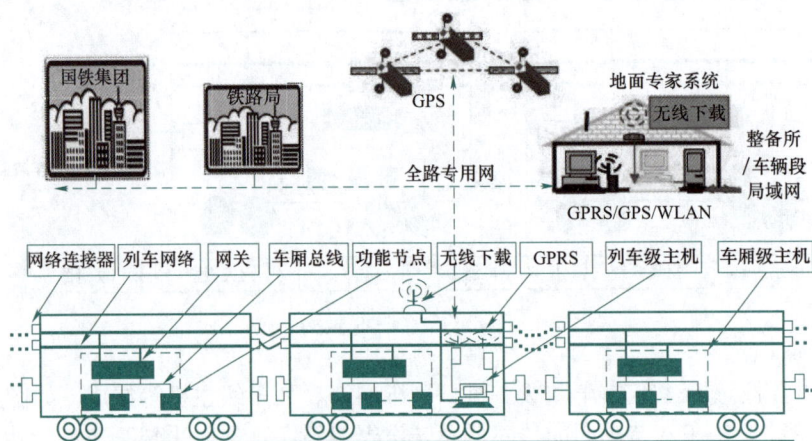

图 4-3　TCDS 组成

（1）两级网络和两级监测诊断

车载实时监测诊断系统为两级总线式网络结构的列车通信网络系统，由连接同一列车上不同车厢的列车网络（列车总线，TBUS）和连接同一车厢内不同功能级监测诊断子系统的车厢网络（车厢总线，VBUS）所组成。TCDS 分为功能级监测诊断子系统和列车级综合监测诊断系统，由列车级给出实时诊断报告。系统两级网络、两级监测诊断示意图如图 4-4 所示。

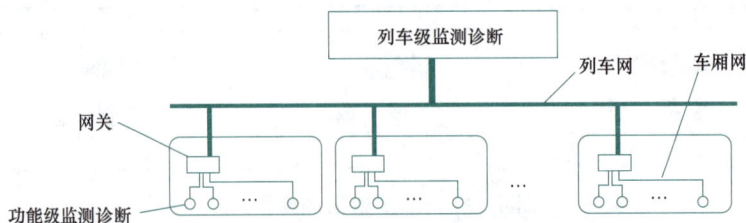

图 4-4　系统两级网络、两级监测诊断示意图

（2）车厢级网络系统

车厢级网络系统采用背板式 LonWorks 现场总线技术，由 3 个功能级监测诊断子系统、1 个显示节点和车厢网关通过 LonWorks 车厢总线组成。各功能级子系统诊断报告与过程数据通过显示节点显示，并通过车厢级网络变量传输到车厢级网关。每辆车的车厢级网关将本车的监测诊断报告和过程数据通过列车总线传送到列车级主机。列车级主机实现全列车综合诊断、集中显示、报警、记录和车–地通信等功能。系统两级网络、两级监测诊断功能框图如图 4–5 所示。

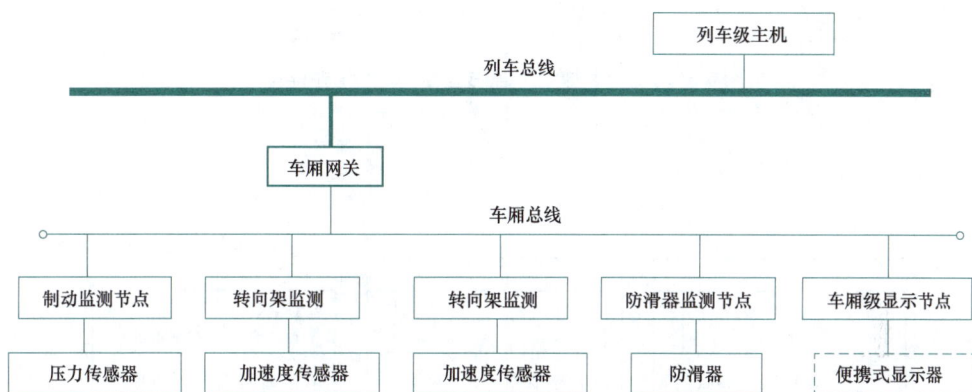

图 4–5　系统两级网络、两级监测诊断功能框图

（3）车厢级主机

车厢级各监测诊断子系统通过车厢级主机下面的端子排与外围设备、传感器、列车网连接，布局如图 4–6～图 4–9 所示。

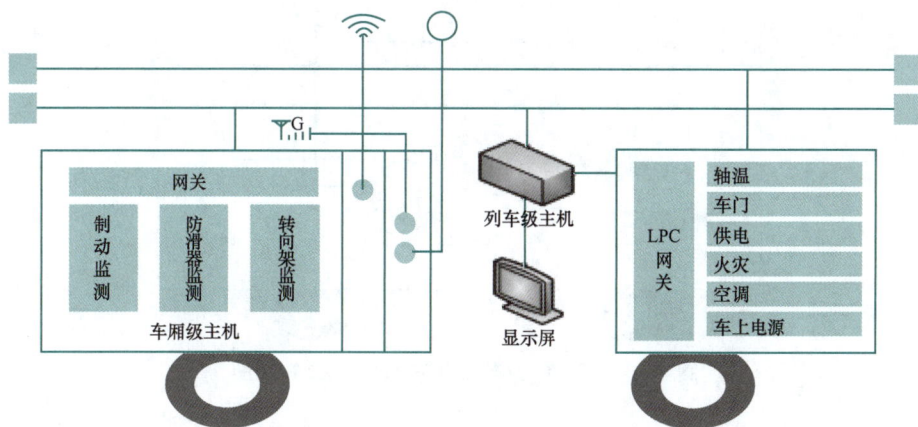

图 4–6　25T 型车工程师车布局图

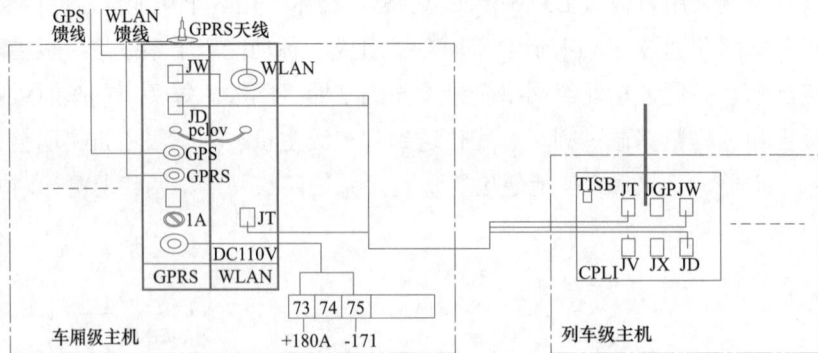

图 4 – 7 25T 型车工程师车 TC – CZ1 接线图

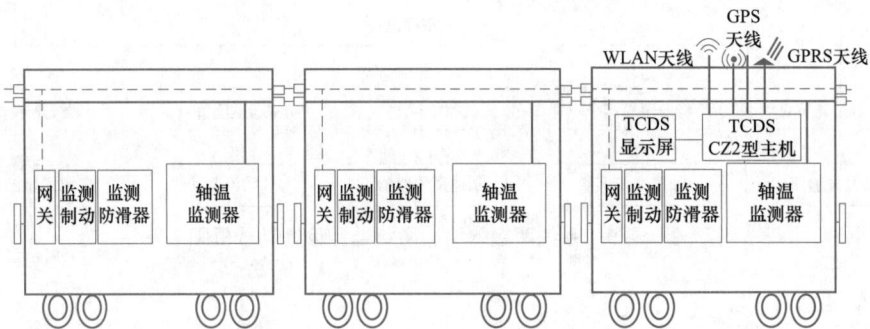

图 4 – 8 25G/K 型车工程师车布局图

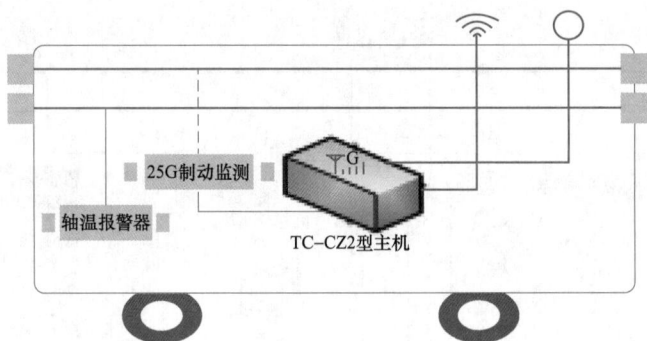

图 4 – 9 25G/K 型车发电车 TC – CZ2 布局图

（4）列车级主机

列车级主机负责双列车通信网络的运行管理、列车级双向数据通信、列车级综合诊断、集中显示与报警、各功能节点诊断报告和过程数据的记录、"人-机"交互，并完成"车-地"无线通信、无线下载和移动存储器下载功能。

（5）防滑器监测子系统

防滑器监测子系统是客车运行安全监测系统的主要组成部分。一方面客车运行安全监测系统的列车级主机对全列车的防滑器工作状态进行监测，另一方面防滑器监测子系统为客车运行安全监测系统中的其他子系统提供速度、里程等公共信息。

2. TCDS 制动监测系统

TCDS 制动监测系统由列车级和车厢级两级监测诊断系统构成，车厢级主机根据本车厢采集的列车管压力、制动缸压力及防滑器采集的列车运行速度等信息进行本车厢制动系统故障诊断，并将诊断的结果及过程数据通过列车网络实时上传到列车级主机；列车级主机通过列车网络实时接收全列各节车厢诊断的故障及过程数据，实现全列车综合诊断、集中显示、报警、记录和车－地通信。TCDS 制动监测系统两级监测诊断结构如图 4－10 所示。

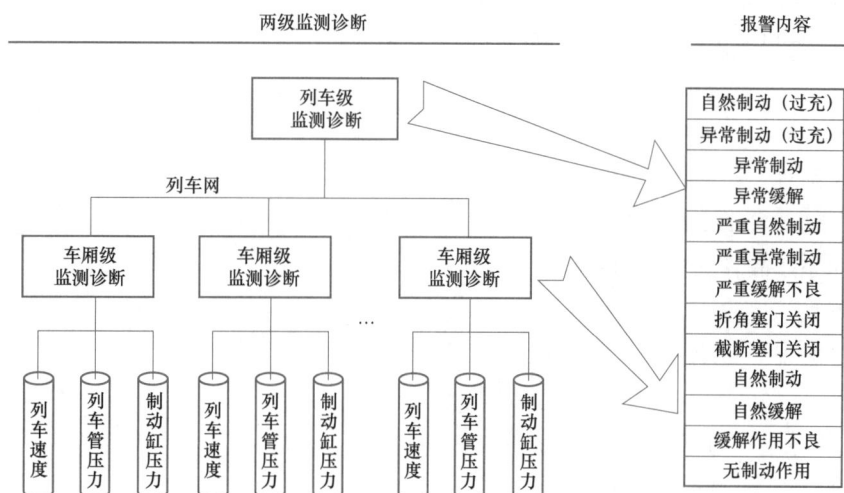

图 4－10　TCDS 制动监测系统两级监测诊断结构

（1）常见制动系统故障

车辆制动系统故障在行车过程中经常发生，随着列车速度的提高，制动系统故障已成为危及行车安全的重大隐患。引起制动系统故障的因素较多，经过调研，以下故障较多见。

① 在现场运用中，一些偶然因素使列车制动管的压力产生了较大的波动，当这种压力波动超过车辆分配阀的稳定性时，会出现司机未施行制动却出闸的不正常现象。列车在山区中运行，由电力机车牵引列车，意外抱闸问题时有发生，而且有些分配阀制动后长时间不缓解。当列车速度较高、制动缸压力较高、抱闸时间过长时，会造成制动盘冒烟起火，严重危及列车运行安全。此问题是在列车运行过程中出现的，车上的司乘人员很难察觉，有关部门对此虽然进行过多次试验和调查，但始终未能得到圆满解决。

② 即使列车制动管的压力变化正常，车辆制动系统有时也会出现作用异常。这种情形往往在车辆运行中偶然出现，在停车后按规范做单车制动试验或列车制动试验时却又复现不出来。

③ 折角塞门、截断塞门和制动缸排气塞门的误关，也是产生制动事故的原因之一。为此，有些运用部门采用铁丝捆绑塞门的方式来解决，但误关塞门现象仍时有发生。

因此，对旅客列车制动系统在运行状态下采用实时安全监测诊断技术，不但对确保列车运行安全、实现库检作业信息化的动态质量控制和检修管理具有现实必要性，而且具有推动客车检修体系网络化、信息化的深远意义。

（2）制动监测子系统的设计目的

① 识别车辆制动系统故障，通过列车网络系统将故障报警信息和过程数据集中显示，对危及行车安全的严重故障给予警示，以防行车事故的发生。

② 对车辆制动实行车厢级、列车级两级在线实时诊断报警，记录行车过程的制动数据，并通过地面分析系统进行历史数据回放。

③ 系统提供的制动系统的监测数据信息应包括列车运行全过程的列车制动管、制动缸压力数值。制动监测子系统在监测过程中做出的实时诊断报告，应包括列车制动管、制动缸压力随时间变化的压力曲线及实时列车速度曲线。

（3）各级监测子系统需完成的功能

车厢级：

① 传感器数据的采集；

② 制动系统工作状态判断；

③ 列车制动管指令状态判断；

④ 制动系统故障的自动识别；

⑤ 监测系统自检；

⑥ 通过网络通信线向列车级发送数据和故障报告。

列车级：

① 显示车厢级上传的数据和报警信息；

② 判断制动系统的严重故障；

③ 判断列车制动管管系的故障；

④ 全程记录车厢级上传的数据和报警信息；

地面制动监测分析系统：

① 显示下载的制动监测数据和报警信息；

② 报表生成、打印；

③ 故障查询统计。

（4）制动监测子系统传感器的安装位置

车辆制动监测子系统的监测成本和监测效果应综合考虑，用尽量少的传感器解决问题。通过反复论证和试验，比较优化的方案是在车辆制动系统中安装两个压力传感器，即列车制动管压力传感器和制动缸压力传感器。列车制动管压力传感器安装在截断塞门与分配阀间的管路上，监测列车制动管压力。制动缸压力传感器安装在制动缸排气塞门与防滑排风阀间的管路上，监测制动缸压力。这两个测点的压力，反映了制动系统的输入与输出特性，可用最少的传感器实现监测目标。通过在大量装车现场中的运用，证明此方案是合理的。目前，客车空气制动系统的常见故障都能通过车厢级和列车级两级诊断准确报警。制动监测压力传感器连接布置如图4-11和图4-12所示。

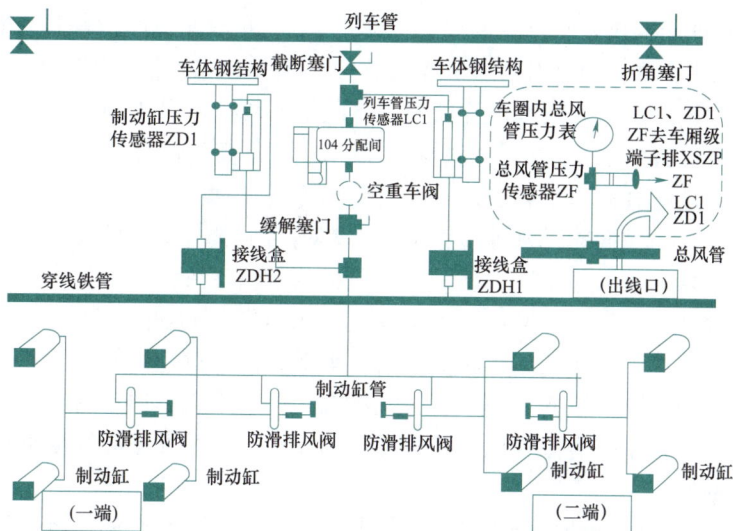

图 4-11　25T 型车制动监测压力传感器连接布置

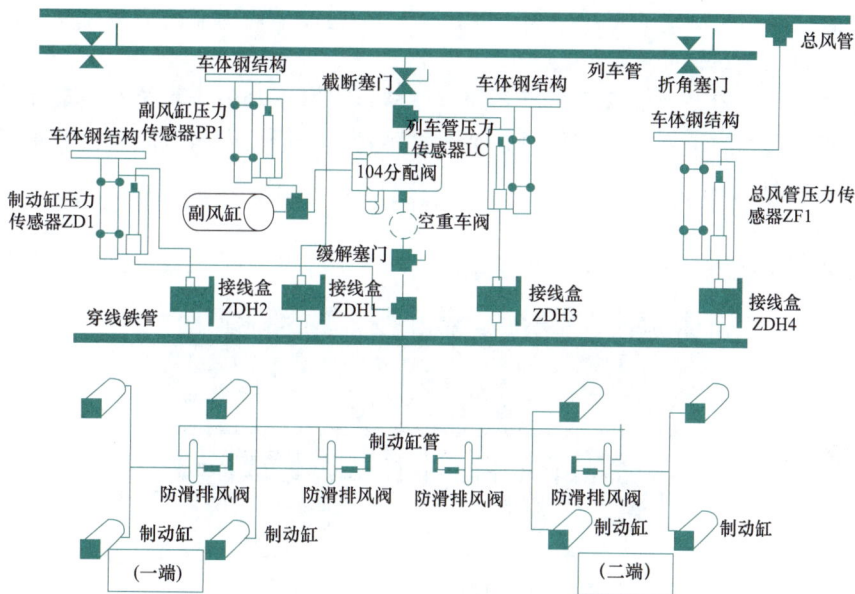

图 4-12　25G 型车制动监测压力传感器连接布置

3. 转向架振动监测子系统

对运营的铁道车辆转向架状态进行监测并对车辆运行状态进行评估，是对车辆实行质量控制与动态管理的重要举措。车辆的转向架状态只有在动态过程中记录与评估，才能发现关系到车辆运行安全的转向架的维修与养护情况是否良好，而结合动态的记录与评估建立的专家系统，可以对车辆动力学系统的性能变化态势进行预测，实行基于定量分析的质量控制与动态管理，从根本上防止动力学问题及相关问题产生，实现车辆的无病态或微病态运行。

实行质量控制与动态管理可以减小车辆系统磨耗，使整个车辆运营的力学环境更加符合要求，可以降低车上各种设备的故障发生率，提高旅客运营的舒适性，为整个铁路的运营带来综合的经济效益与社会效益。

利用车体、构架上的信号监测轮轴与一系悬挂系统，根据车体的信号监测整个车辆系统的状态。系统的总体考虑是：通过对铁道车辆动力学系统的加速度输出的监测，同时计算系统的时间历程的特征数据，对车辆系统进行评估。将此特征数据经由 LonWorks 网络传输到列车管理器上，然后通过特定的系统对车辆的状态及车辆状态变化过程进行进一步的判断。

因此，系统的功能分为两个方面：一是车厢功能级实时监测与状态评估，具体包括监测车辆构架及车体横向、垂向振动加速度，报告本车前转向架/后转向架、一系/二系、横向/垂向振动情况；二是转向架失稳情况评估，具体包括判断轮轴系统是否工作正常，车轮踏面是否异常（擦伤/剥离），一系悬挂故障、空气弹簧系统故障诊断与报警等。

列车级诊断可完成不同转向架的相关分析及聚类分析，对超出常规状态的车辆进行识别及诊断，同时列车级诊断可以完成车载特征数据的存储、下载。通过将特定时间段的下载数据导入维修建议系统，系统会报告此时间段车辆的状态，并对维修部位给出建议。

（1）监测诊断原理

通过车辆系统输出的振动信号来评价车辆状态是一个非常复杂的问题，目前国内外没有完全成熟的先例可以借鉴。通过多年的动力学试验及相应的信号分析与处理、动力学系统仿真工作，我们认识到在特定的工况下（速度、线况），通过车辆的输出信号可以评价车辆的状态，同时也可以识别车辆的某些故障。

车辆系统是一个复杂的非线性振动系统。在特定工况下，车辆系统的特定部位的输出信号在特定分析域内是有一定分布规律的，通过这种特定分析域内信号能量的分布变化情况可以识别车辆系统的状态。

（2）系统组成设计

转向架监测传感器安装如图 4-13 所示。

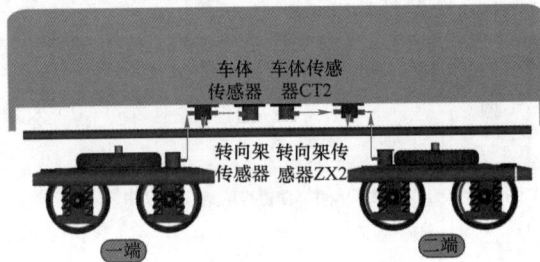

图 4-13　转向架监测传感器安装

车辆转向架状态监测的流程：由 A/D 采集经过信号调理、放大、滤波后的构架横向、垂向等信号，再经过信号预处理、特征抽取、状态识别与诊断，最后得到诊断结果报告。车辆走行部状态监测流程如图 4-14 所示。

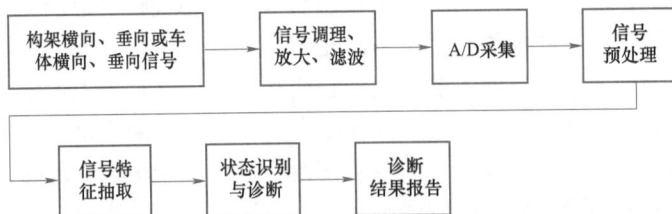

图 4-14　车辆走行部状态监测流程

4. 防滑器监测子系统

（1）防滑器监测子系统的组成

防滑器在车辆运行的制动过程中可适时地调节制动力，使制动力不超过当时的黏着力，达到既避免车轮踏面擦伤，又能利用当时的最大黏着力而得到当时黏着状况下较短制动距离的目的，是保护客车轮对踏面在制动过程中不被擦伤的重要安全保证设备。

按现行车辆运行标准，防滑器发生故障的车辆不允许出库，因此防滑器发生故障后如果能及时排除，对保证车辆安全准时出库将起到重要作用。在没有安装客车运行安全监测系统之前，只能靠人工逐辆检查、排除故障。安装客车运行安全监测系统之后，防滑器监测子系统实现了联网，可报告本车厢防滑器执行防滑保护动作的情况和工作状态，若有故障，则指出故障部位。这样，一方面全列车的防滑器信息能实时地反映到列车级主机，集中显示报警，大大方便了检修人员的工作，减轻了车辆运行中列检人员的工作量；另一方面通过列车级主机的实时记录，将数据下载到地面数据库、专家诊断系统进行查询，可以客观地对防滑器的工作情况进行评价。

由于防滑器具有来自轮对转动的脉冲信号，所以利用防滑器可以将车厢的运行速度（参考速度）通过网络变量传送给其他子系统（作为故障判断的输入条件之一），并通过车厢网关传输到列车级，由列车级主机综合计算出列车运行速度。

防滑器监测子系统是客车运行安全监测系统的主要组成部分。一方面，客车运行安全监测系统的列车级主机对全列车的防滑器工作状态进行监测；另一方面，防滑器为客车运行安全监测系统中的其他子系统提供速度、里程等公共信息。防滑器监测子系统能满足 TFXI 型防滑器和进口防滑器的接口与通信要求。

（2）防滑器监测子系统的功能

TFXI 型防滑器是由铁道科学研究院机车车辆研究所研发的。在客车运行安全监测系统的网络通信中，该子系统与车厢级网络的通信是通过读写双口 RAM 来完成的。

车厢级主机内网关通过 LonWorks 总线与国产防滑器联网，车厢网络变量将防滑器状态信息传送到车厢级网关，进口防滑器则通过 RS-485 串行口与车厢级主机联网。

① 报告各车厢防滑器的各轴速度传感器、防滑排风阀有无故障，若有故障，则指出故障部位。

② 实时报告各车厢防滑器执行防滑保护动作的情况。

③ 向车厢总线发送本车车辆速度和每一百米里程信号。

④ 向车厢总线发送允许车门关闭及防滑器当前的命令状态信息。

⑤ 检查防滑器与车厢级主机和列车级主机通信是否正常。

⑥ 通过列车级主机综合计算列车当前运行速度。

⑦ 实现防滑器全列车联网，列车级主机屏幕上实时报告全列车车厢防滑器系统的工作情况，并实时记录。

5. 车电系统

25T 型空调客车列车监控系统能够自动监测车厢的各种参数，以确保设备和车辆运行安全。列车监控系统由位于各车厢的综合控制柜、智能节点和位于随车工程师办公席的主控站及通信网线组成。综合控制柜主要由供电控制、空调控制、防滑器、轴温报警器等组成。智能节点主要有烟火报警器、车门控制器、逆变器、充电机等部件。监控网络主要由与相应控制器相连的网关组成。

TCDS 车电系统针对所有故障区分了故障等级及信息共享等级，并使用车厢触摸屏、控制柜的指示灯、主控站、TCDS 车电地面专家系统、网页等分级提示故障信息，提醒随车人员和地面检修人员关注。

（1）车门系统

车门系统主要检测车门是否关闭或关闭是否到位，防范列车在运行过程中由于车门未关闭到位而引起的安全问题。

车门系统的报警包括：5 km/h 速度信号故障、左门未关闭到位、右门未关闭到位、左门未锁闭、右门未锁闭、左门 98%开关故障、右门 98%开关故障、左门锁闭机构故障、右门锁闭机构故障、左门开门故障、右门开门故障、左门供气压力<450 kPa、右门供气压力<450 kPa、左门防挤压压力开关故障、右门防挤压压力开关故障、左门外操作开关故障、右门外操作开关故障、左门内紧急锁被操作、右门内紧急锁被操作、左门内操作开关未复位、右门内操作开关未复位、集控开门信号故障、集控关门信号故障、左门隔离锁故障、右门隔离锁故障。车门系统的检测原理如图 4-15 所示。

图 4-15　车门系统的检测原理

（2）空调系统

空调系统的报警包括：制冷 I-1 故障、制冷 I-2 故障、制冷 II-1 故障、制冷 II-2 故障、制暖 I-1 故障、制暖 I-2 故障、制暖 II-1 故障、制暖 II-2 故障、冷凝风机 I 故障、冷凝风机 II 故障、强风机故障、弱风机故障。空调的检测原理如图 4-16 所示。

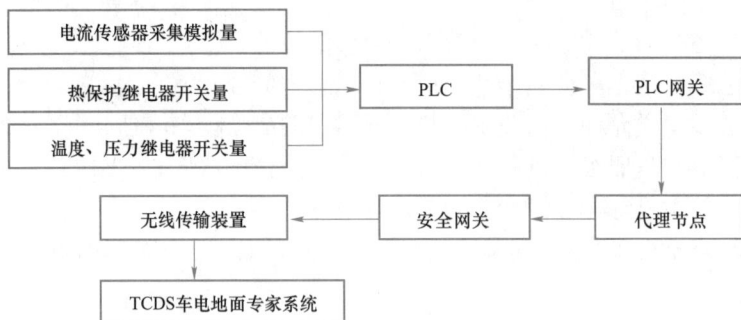

图 4-16　空调的检测原理

（3）供电系统

供电系统的报警包括：I 路供电故障、II 路供电故障、漏电故障、600 V 过压、运行过程中 DC600 电压等于 0 的时间持续 5 min 及以上。供电系统的检测原理如图 4-17 所示。

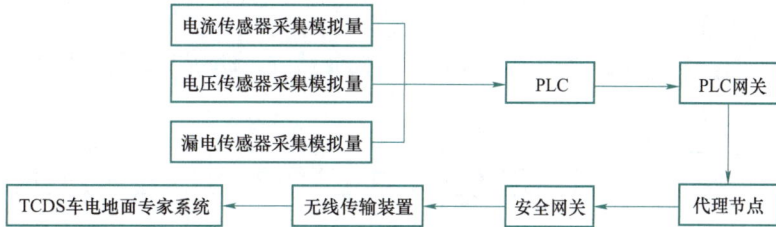

图 4－17　供电系统的检测原理

（4）车下电源系统

车下电源系统的报警包括：输入过压、输入欠压、输出过压、输出欠压、输出过流、输出过载、IGBT 故障、散热器超温、限流充电失效、温度补偿、传感器故障、预充电故障、内部故障、输入输出接触器故障。车下电源系统的检测原理如图 4－18 所示。

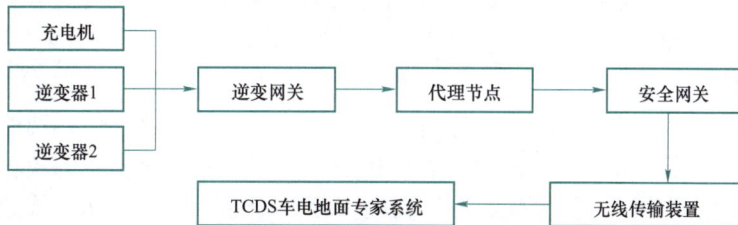

图 4－18　车下电源系统的检测原理

（5）火灾探测系统

火灾探测系统的报警包括火警、传感器故障，重点防范火灾事故。火灾探测系统的检测原理如图 4－19 所示。

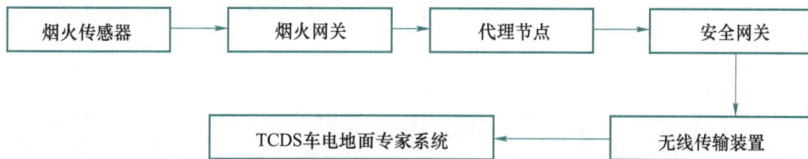

图 4－19　火灾探测系统的检测原理

（6）轴温探测系统

轴温探测系统的报警包括超温报警、传感器故障，重点防范热轴事故。

TCDS 列车级主机在列车运行过程中，将轴报器发送的报警实时传回地面，同时将报警和过程数据存储在 CPU 板卡上，在列车到站后，通过 WLAN 下载到地面服务器。TCDS 车电地面专家系统就是利用 WLAN 下载的过程数据进行综合智能诊断的。轴温探测系统的检测原理如图 4－20 所示。

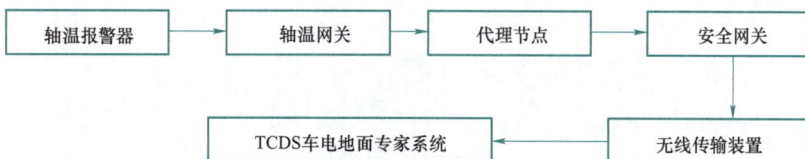

图 4－20　轴温探测系统的检测原理

（7）防滑器系统

防滑器系统的报警包括速度传感器故障、排风阀故障。防滑器系统的检测原理如图4-21所示。

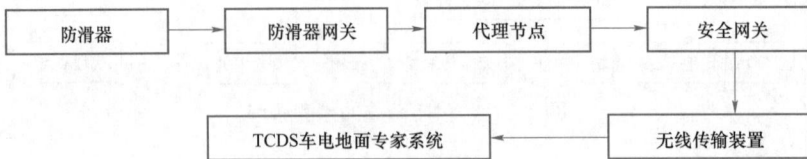

图4-21 防滑器系统的检测原理

4.1.3 TCDS 设备使用

客车运行安全监测系统应用于客车运行中的实时监测与诊断，系统设计严格遵守"故障导向安全"和"任何设备故障不影响客车正常运行"的原则。

1. 显示屏界面

列车级主机显示器以简明的显示界面，将实时获得的数据以方便直观的形式呈现给用户。显示器为触摸式显示屏，通过触摸屏幕相应位置即可完成对系统的各种操作。人机交互界面包括5个主要页面：主页面、车厢监测页面、子系统监测页面、修改车号页面、查看记录页面。

（1）主页面

主页面包含了本次列车所有车厢的综合信息，触摸"主页面"即显示此页面。主页面信息包括：左上方为列车速度表及速度变化曲线；右上方为列车管压力表及头尾车列车管压力变化曲线；下方的表格概括了所有车厢监测各子系统的状况，横向为车厢号，纵向为监测系统名称，纵、横相交的方格中以不同的颜色表示对应车厢的相应子系统状态。主页面如图4-22所示。

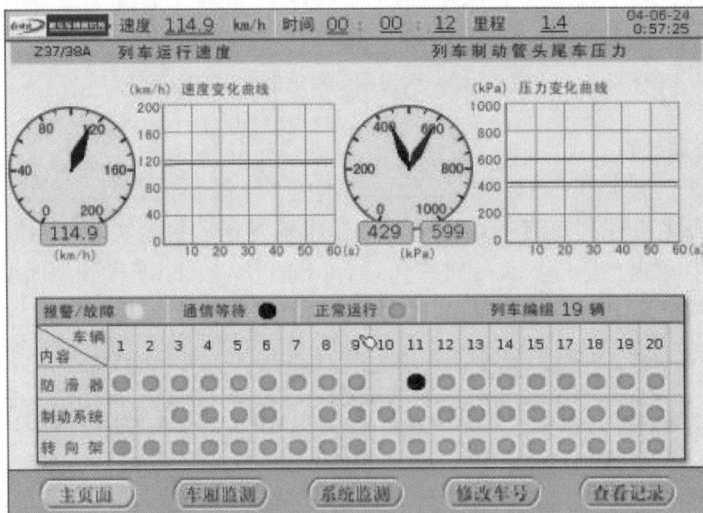

图4-22 主页面

（2）车厢监测页面

单节车厢各子系统的监测数据包括防滑器系统、制动系统、转向架系统。页面上方设有各车厢号按钮，按钮的颜色为黄色时表示该车厢有一个或多个报警/故障，触摸相应按钮可以直接切换至该车厢的监测页面。制动系统监测内容包括：制动系统工作状态、制动机状态、列车管压力、制动缸压力。防滑器系统监测内容包括：四根轴的速度传感器、防滑排风阀状态。转向架（一、二端）系统监测内容包括：车体横向振动状态，车体垂向振动状态，二系、空簧状态，轮对工作状态，构架横向状态及构架垂向传感器的监测信息。车厢监测页面如图 4-23 所示。

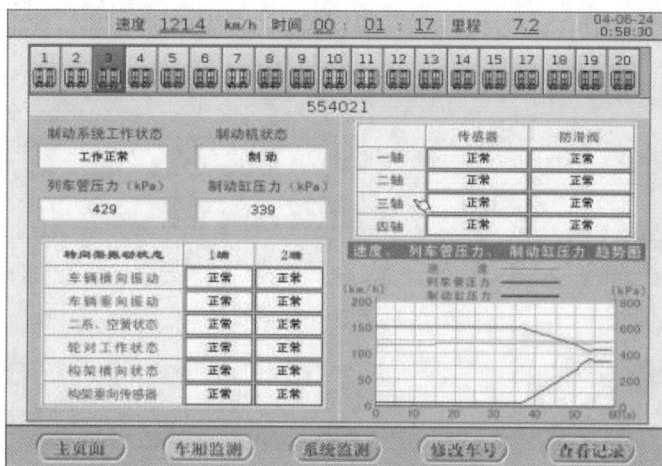

图 4-23　车厢监测页面

（3）子系统监测页面

该页面按各子系统显示监测数据，由防滑器系统、制动系统、转向架系统 3 个子页面组成，触摸下方的切换按钮可切换至相应的子系统监测页面。页面的前三项分别为车厢号、车辆制造号及通信状态。子系统监测页面如图 4-24～图 4-26 所示。

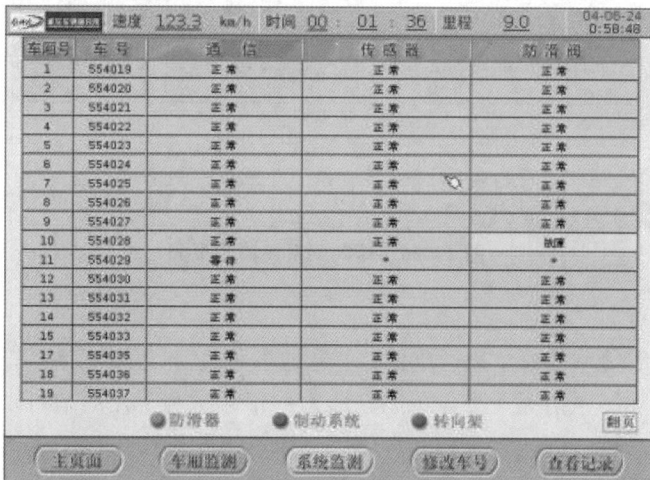

图 4-24　防滑器系统监测页面

速度 105.7 km/h　时间 00：02：24　里程 13.3　04-06-24 0:59:36

车厢号	车号	通信	制动系统状态	制动机状态	列车管压力	制动缸压力
1	554019	正常	工作正常	制动	429	339
2	554020	正常	工作正常	制动	429	339
3	554021	正常	工作正常	制动	429	339
4	554022	正常	工作正常	制动	429	339
5	554023	正常	工作正常	制动	429	339
6	554024	正常	异常缓解	缓解	429	0
7	554025	正常	工作正常	制动	429	339
8	554026	正常	工作正常	制动	429	339
9	554027	正常	工作正常	制动	429	339
10	554028	正常	工作正常	制动	429	339
11	554029	正常	工作正常	制动	429	339
12	554030	正常	工作正常	制动	429	339
13	554031	正常	工作正常	制动	429	339
14	554032	正常	工作正常	制动	429	339
15	554033	正常	工作正常	制动	429	339
17	554035	正常	工作正常	制动	429	339
18	554036	正常	工作正常	制动	429	339
19	554037	正常	工作正常	制动	429	339

●防滑器　　●制动系统　　●转向架　　翻页

主页面　车厢监测　系统监测　修改车号　查看记录

图 4－25　制动系统监测页面

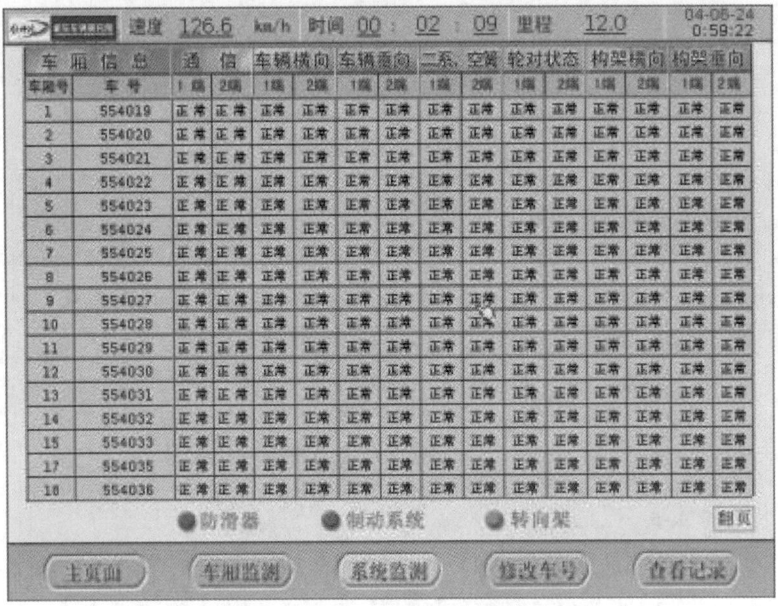

速度 126.6 km/h　时间 00：02：09　里程 12.0　04-06-24 0:59:22

车厢信息		通信		车辆横向		车辆垂向		二系、空簧		轮对状态		构架横向		构架垂向	
车厢号	车号	1端	2端	1端	2端	1端	2端	1端	2端	1端	2端	1端	2端	1端	2端
1	554019	正常	正常	正常	正常	正常	正常	正常	正常	正常	正常	正常	正常	正常	正常
2	554020	正常	正常	正常	正常	正常	正常	正常	正常	正常	正常	正常	正常	正常	正常
3	554021	正常	正常	正常	正常	正常	正常	正常	正常	正常	正常	正常	正常	正常	正常
4	554022	正常	正常	正常	正常	正常	正常	正常	正常	正常	正常	正常	正常	正常	正常
5	554023	正常	正常	正常	正常	正常	正常	正常	正常	正常	正常	正常	正常	正常	正常
6	554024	正常	正常	正常	正常	正常	正常	正常	正常	正常	正常	正常	正常	正常	正常
7	554025	正常	正常	正常	正常	正常	正常	正常	正常	正常	正常	正常	正常	正常	正常
8	554026	正常	正常	正常	正常	正常	正常	正常	正常	正常	正常	正常	正常	正常	正常
9	554027	正常	正常	正常	正常	正常	正常	正常	正常	正常	正常	正常	正常	正常	正常
10	554028	正常	正常	正常	正常	正常	正常	正常	正常	正常	正常	正常	正常	正常	正常
11	554029	正常	正常	正常	正常	正常	正常	正常	正常	正常	正常	正常	正常	正常	正常
12	554030	正常	正常	正常	正常	正常	正常	正常	正常	正常	正常	正常	正常	正常	正常
13	554031	正常	正常	正常	正常	正常	正常	正常	正常	正常	正常	正常	正常	正常	正常
14	554032	正常	正常	正常	正常	正常	正常	正常	正常	正常	正常	正常	正常	正常	正常
15	554033	正常	正常	正常	正常	正常	正常	正常	正常	正常	正常	正常	正常	正常	正常
17	554035	正常	正常	正常	正常	正常	正常	正常	正常	正常	正常	正常	正常	正常	正常
18	554036	正常	正常	正常	正常	正常	正常	正常	正常	正常	正常	正常	正常	正常	正常

●防滑器　　●制动系统　　●转向架　　翻页

主页面　车厢监测　系统监测　修改车号　查看记录

图 4－26　转向架系统监测页面

（4）修改车号页面

该页面显示列车组网信息（车辆数目、车号与车厢号），可对网络各车厢节点的车厢号进行修改，使其与实际编组情况一致。页面左边为列车编组情况，右边可以为选择的车厢修改车厢号，确认无误后按"确认"按钮。针对同一车次出现多个工程师车的情况，为方便数据下载管理，可以单击"车次信息"旁边的字母，改变并确定该工程师车名称的唯一性。修改车号页面如图 4－27 所示。

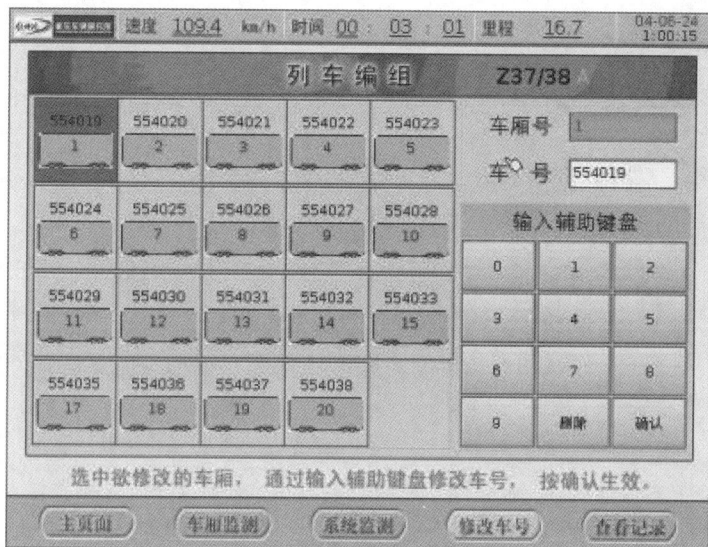

图 4-27　修改车号页面

（5）查看记录页面

该页面提供列车本次上电运行后发生的所有报警/故障事件记录，系统最多记录 1 000 条。若超过 1 000 条，系统会自动删除前 500 条并在其后继续记录。查看记录页面如图 4-28 所示。

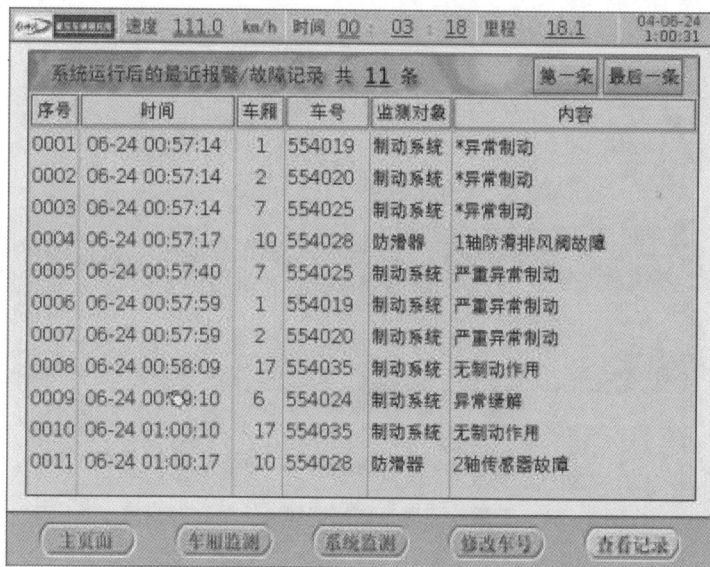

图 4-28　查看记录页面

2. 严重故障显示与报警界面

当系统诊断出监测对象严重故障，影响运行安全时，对应报警提示变为红色，并自动弹出严重故障报警对话框，提示车辆工程师及时处理。当需要查看数据、确认故障时，按"隐藏"按钮可以隐藏对话框，并最小化至左上角。严重故障显示与报警界面如图 4-29 所示。

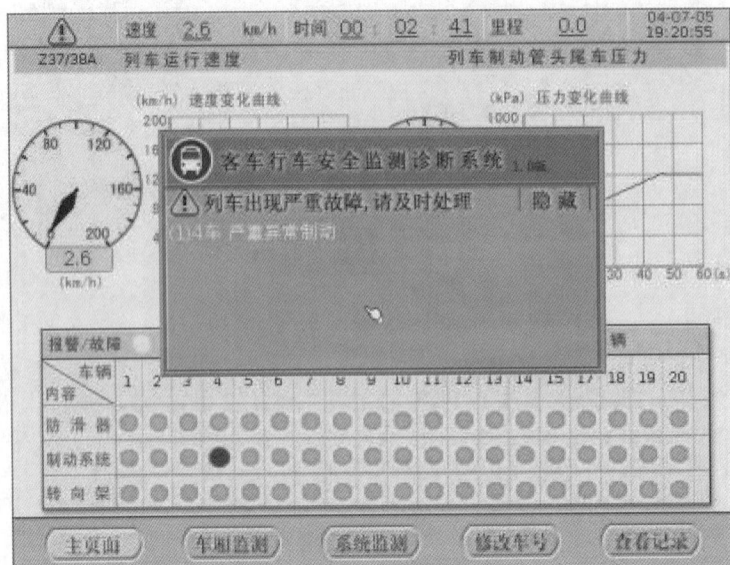

图 4-29 严重故障显示与报警界面（弹出对话框）

严重故障出现并按"隐藏"后的界面如图 4-30 所示。

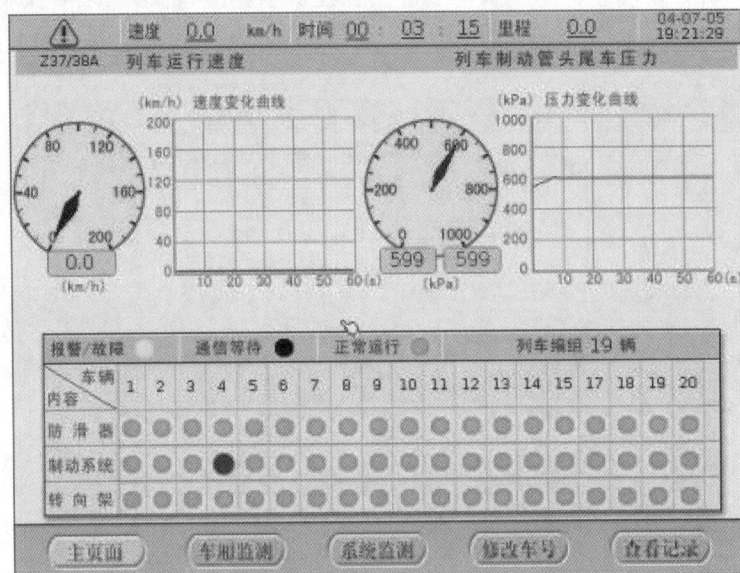

图 4-30 严重故障显示与报警界面（隐藏对话框）

触摸闪烁的黄色三角形报警标志，可还原严重故障报警对话框。

3. 车辆级网络

通过主页面上的"本车网络"触摸开关可以查询本车轴温报警器、防滑器、烟火报警器、车门的详细信息。如果显示信息不是"离线"，则说明通信正常。如果显示信息是"离线"，则应检查控制电源、通信口、网关、网线等是否正常。各信息页面如图 4-31～图 4-36 所示。

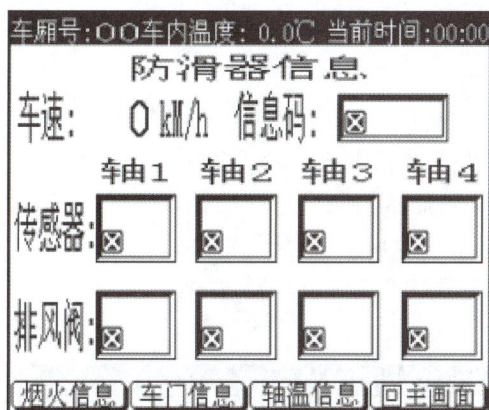

图 4-31　本车防滑器信息页面

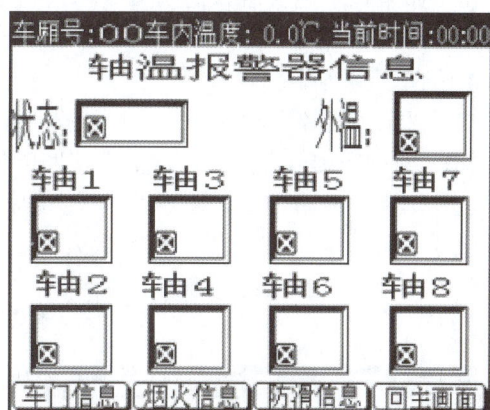

图 4-32　本车轴温报警器信息页面

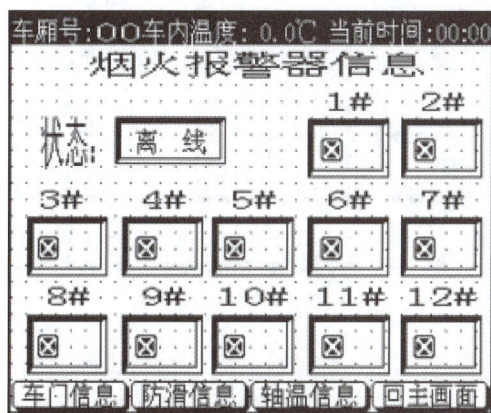

图 4-33　本车烟火报警器信息页面

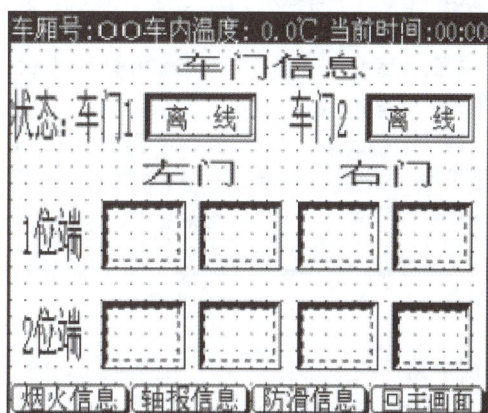

图 4-34　本车车门信息页面

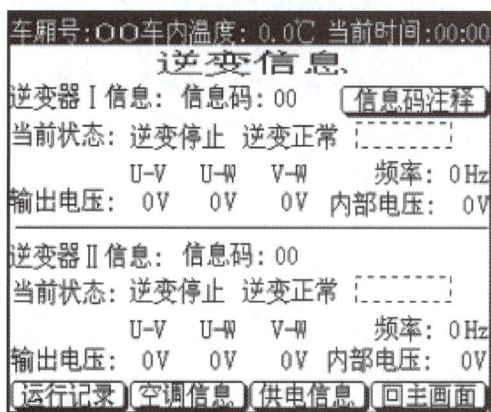

图 4-35　本车逆变信息页面

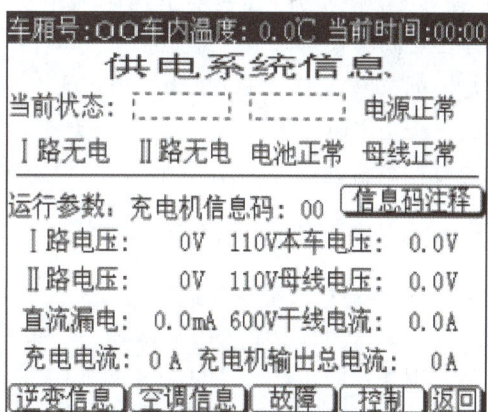

图 4-36　本车供电系统信息页面

通过主页面上的"逆变信息"触摸开关切换到逆变信息页面,页面显示目前车下逆变器的状态及参数;按下"运行参数"触摸开关切换到供电系统信息页面,页面显示目前充电机的状态及参数。如果显示逆变器、充电机故障代码不是"FE",则说明与逆变器、充电机通信正常。如果显示逆变器、充电机故障代码是"FE",则应检查逆变器、充电机控制电源、通信口、网关、网线等是否正常。

4. 列车级网络

按下"全列监控"触摸开关,可切换到全列监视页面。轻触监视车厢号数字,调出"键盘",输入监视车厢号并回车,被监视车厢的信息即可显示出来。按下"防滑"触摸开关,显示被监视车厢的防滑信息,按下"轴报"触摸开关,显示被监视车厢的轴报信息,按下"烟火"触摸开关,显示被监视车厢的烟火信息,按下"车门"触摸开关,显示被监视车厢的车门信息。全列监视页面如图4-37所示,全列控制页面如图4-38所示。

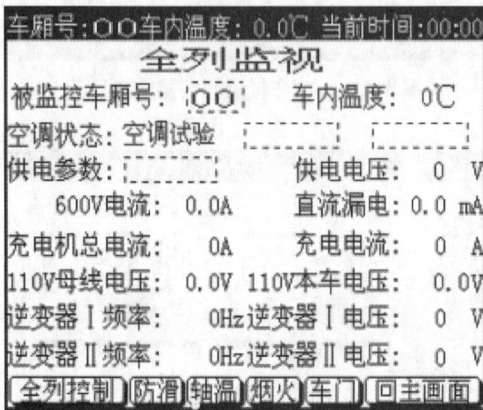

图4-37 全列监视页面

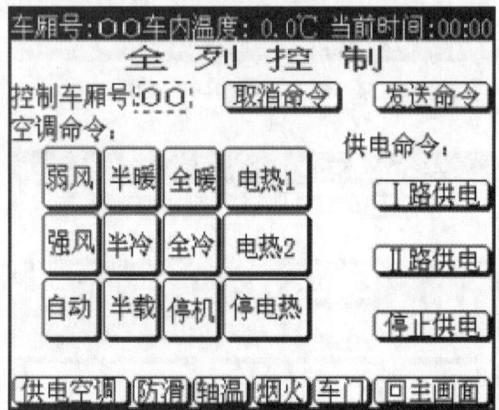

图4-38 全列控制页面

在全列监视页面,按下"全列控制"触摸开关,调出全列控制页面。根据页面上的触摸开关及提示,如果想控制其他车厢电源转换,可按下电源控制区内的触摸开关;如果想控制其他车厢空调机组转换工况,可按下空调控制区内的触摸开关(触摸开关变黑为选中)。按下"取消命令"触摸开关,可以取消选择;确认命令正确无误后,再按下"发送命令"触摸开关,可向受控车厢发送命令。

如果列车网络工作异常,应检查网络选择开关位置是否正确、39芯连接器是否插好、列车网线是否(贯通、无交叉、无短接、无接地、有终端电阻)正常、代理节点LSV是否闪亮、车厢号设置是否重号、对方控制电源是否正常。

4.1.4 TCDS 常见故障及处理办法

1. 列车级主机故障及处理

(1)列车级主机 PW 卡电源故障

故障现象:指示灯、"ON-OFF"灯亮而"PD"灯不亮。

处理方法:首先,检查电源线是否已经正确接入,主机输入电压应在 48 V(行李、邮政车)或 110 V(25T)的规定范围之内,对应线号为+123B 和-111B。若以上正常而故障仍存在,检查电源开关是否已经打开,电源开关打开后若故障仍然存在,检查主机 PW1、PW2 模块上保险管是否已经熔断,如果已经熔断就更换保险管,主机保险管规格为 48 V/3 A(行李、邮政车)或 110 V/2A(25T)。如果经上述处理后故障仍然存在,则更换主机电源卡。

（2）列车级主机与显示屏之间通信中断故障

故障现象：列车运行过程中通信突然中断，主机显示屏上部中间的时钟不再显示时间，或在显示屏启动时通信中断，显示屏长时间提示正在初始化。

处理方法：首先检查主机与显示屏之间的通信线是否已经正确连接，正确的连接方法是主机侧接在 JX 端口上，显示屏侧接在 COM1 端口上。如果正确连接故障仍然存在，则检查通信线是否正常，如果通信线正常，而且已经正确连接，且故障仍然存在，则检查主机供电是否正常，若主机供电正常，故障仍然存在，则检查主机 CPU 卡是否正常工作。在主机供电正常的情况下，把主机校验仪插入主机 CPU 卡的 JT 端口，如果 LED 灯闪烁，说明主机仍然在工作，如果 LED 灯不闪烁，说明主机停止工作，此时可以关闭电源后重新开机。重启后如果故障仍然存在，说明 CPU 卡已经发生故障，则关断主机电源后更换 CPU 卡。

2. 列车网络故障与处理

故障现象：从列车级显示器上看不到任何车厢或看到的车厢数目比实际的少。

处理方法：首先，检查主机工作是否正常，如果主机工作正常，说明网络有故障。可能的原因有：列车级主机箱内网卡 LG1、LG2 有故障，可关断主机电源后更换网卡 LG1、LG2。

3. 车厢级主机故障及处理

（1）车厢级主机电源故障

车厢级主机的 PW 卡从端子排的 +123 A 和 −111 A 输入 110 V 或 48 V 电源，经过干扰处理及 DC/DC 转换后，为主机内部各板卡提供 24 V 电源。PW 卡的"ON−OFF"是带来电显示功能的电源开关，来电时亮，如果该灯熄灭，表示车厢及端子排未送电，"PD"灯亮表示 PW 卡已送出 24 V 电源。如果"PD"灯熄灭，"ON−OFF"灯亮，说明 PW 卡电源有故障，可检查卡上熔丝（110 V/2 A；48 V/3 A），如果熔丝已断，检查输入电源是否在波动范围之内，如果电源正常，可更换熔丝。经上述检查处理后，如果"PD"灯仍不亮，则应更换 PW 卡。

（2）故障指示灯故障

各个功能板卡均有故障指示灯指示故障信息，常见指示灯故障信息如表 4−1 所示。

表 4−1　车厢级主机板卡的功能和指示灯故障信息

板卡代号	板卡功能	指示灯代号	意　义	正常状态	故障状态
PW	DC110 V/48 V 电源转换为 24 V	"ON−OFF" "PD"	"ON−OFF"：来电 "PD"：24 V 正常	"ON−OFF"：亮 "PD"：亮	"ON−OFF"不亮：未来电 "PD"
FH	进口防滑器联网接口	D1 D2	D1：板卡电源指示 D2：进口防滑器接收数据状态显示	D1：一直亮 D2 亮：接收进口防滑器数据有效	D1 熄灭：板卡电源故障 D2 长灭：与进口防滑器通信故障

板卡代号	板卡功能	指示灯代号	意义	正常状态	故障状态
WG	网关，实现列车网络与车厢网络之间的数据交换	D1	电源状态指示灯	开机后常亮	熄灭，板卡电源故障
		D2	运行状态指示灯	开机后连续闪烁	熄灭，板卡通信故障
		D3	列车网 SP 灯	开机后闪烁一下就灭	开机不闪烁或连续闪烁
		D4	车厢网 SP 灯	开机后闪烁一下就灭	开机不闪烁或连续闪烁
		D11	电源状态指示灯	开机后长亮	熄灭，说明无电源，
		D22	运行状态指示灯	开机后连续闪烁	熄灭，板卡通信故障
		D33	列车网 SP 灯	开机后闪烁一下就灭	开机不闪烁或连续闪烁
		D44	车厢网 SP 灯	开机后闪烁一下就灭	开机不闪烁或连续闪烁
ZX1（ZX2）	1 端转向架系统监测（2 端转向架系统监测）	D1	电源状态指示灯	主机电源打开后，D1～D6 全部闪烁，然后 D1 亮，D2～D6 熄灭	D1 熄灭：板卡电源故障 D2～D5 亮：板卡故障 D6 亮：传感器故障
		D2	存储区指示灯		
		D3	先进先出存储区指示灯		
		D4	网卡指示灯		
		D5	电子盘指示灯		
		D6	传感器指示灯		
ZD	制动系统监测	D1	运行/传感器/诊断报告功能指示灯	1 s 间隔连续闪烁	0.5 s 间隔连续闪烁为传感器故障 0.2 s 间隔连续闪烁为诊断报警 不亮和常亮不闪烁为板卡故障
XS	车厢级调试用显示模块	LD	显示车厢号	显示车厢号	熄灭无显示或显示非法代码

任务 4.2 客车故障轨旁图像检测系统

4.2.1 客车故障轨旁图像检测系统的研制背景和发展历程

随着我国铁路客车车型的不断更新，铁路客运安全保障工作变得越来越复杂，尤其是历经六次大提速后，客车运行速度显著提高，客运量加大，客车编组站停时间减少，交路延长，列检保证区段延长，站台高度提升，隐蔽部件较多，使得铁路客车安全监控面临极大挑战。提速后检车作业十分密集，列车隐蔽故障明显增多，传统的以人为主的列检方式容易造成漏检，检车作业质量和效率难以得到保证，增加了发生列车运行安全事故的概率。

由于已经有货车探测系统的技术基础，很多关键技术已经在货车 TFDS 中实施和运用，并且通过在货车探测系统中不断对技术进行完善和改进，使得客车故障轨旁图像检测系统的研制在技术上有了根本性的保证。

2008 年 8 月，铁道部运输局装备部管验处组织各铁路局专家及设备厂家在武汉铁路局召开了"关于制定旅客列车 TFDS 探测设备技术标准研讨会"。会上，各铁路局专家在听取了各设备厂家技术人员的设备方案汇报后，制定了《客车故障轨旁图像检测系统（TVDS）暂行技术条件》。随后，由京天威公司、北京康拓公司等参与，根据《TFDS 客车探测系统技术标准（审议稿）》，开启了 TVDS 的联合研制工作，并在南昌铁路局南昌车辆段安装了第一套 TVDS。

2010 年开始，各厂家分别在各路局开展第一代 TVDS 统型样机的现场安装及试用工作。但第一代 TVDS 设备因为资金、技术及试用效果等方面的原因未在全路大范围使用。2015 年，中国铁路总公司组织各相关部门进行了新的 TVDS 技术标准的制定，印发了《铁路客车故障轨旁图像检测系统（TVDS）探测站设备暂行技术条件》（铁总运〔2015〕243 号）。自 2015 年底开始，全路开始对 TVDS 设备进行安装使用。

4.2.2　TVDS 设备功能

（1）车辆信息采集功能

能够采集 AEI 主机车号信息，并通过采集车轮传感器信号，实现自动计轴计辆、测速，形成完整的客车运行信息。

（2）图像采集功能

标准配置设备能够对客车底部及侧下部可视部件进行线阵图像采集，并按规则命名存储。采集范围主要包括车底（相机位于两钢轨中间，由下向上拍摄）、车体两侧（相机位于轨外侧，由外向内拍摄车体侧下部）可视部位的外观图像（主要包含列车钩缓装置、制动装置、车体底架、车端连接部位、转向架、车体侧下部）。图像采集范围需满足《中国铁路总公司关于印发〈铁路客车故障轨旁图像检测系统（TVDS）探测站设备暂行技术条件〉的通知》（铁总运〔2015〕243 号）的要求。

设备能够对客车顶部可视部件进行线阵图像采集。采集范围主要包括车顶两侧（相机位于轨外侧，由上向下拍摄车顶两侧）可视部位的外观图像。

（3）车号识别索引功能

系统配备 AEI 设备，能够实现车号与车次的自动索引，建立车辆部件图像与车号的对应关系。

（4）图像实时传输功能

图像采集后立即存入服务器，以保证图像数据的安全，同时也便于图像数据集中管理，当列车通过探测站时即可立即进行图片浏览。

（5）图像浏览、调整功能

系统具备采集图像的显示浏览及图像调整功能，可对采集图像进行图像放大、亮度控制、对比度控制等操作，能够对细小部件进行放大显示。

（6）列车信息显示功能

系统能够显示获得列车的通过时间、编组辆数、平均速度、车号信息等。

（7）故障标记功能

系统能提供故障标记工具，用于在故障部位准确标注，并在故障图片中显示车次、车号、图片部位、标记时间、标记人、故障名称等信息，以便于故障图片的管理。

（8）报表打印功能

系统能够打印故障部位图像、车次、车号、车速、总辆数、辆序、通过时间、处理结果等相应报表。

（9）查询统计功能

系统采用 B/S 结构，各部门通过网页可实时浏览列车各部位图像，对系统采集的数据进行查询、分析和统计。

（10）预留故障自动识别接口功能

系统预留故障识别接口，为今后故障图像的自动识别提供条件。

（11）抗风雪雨雾、沙尘及阳光干扰功能

在风雪雨雾、沙尘及强烈阳光条件下，系统能正常进行图像采集。

4.2.3 TVDS 设备组成及原理

TVDS 的总体架构如图 4-39 所示，系统主要由三部分构成：轨边设备、探测站设备和集中监控中心设备（需单独配置）。轨边设备安装在探测站机房附近轨下及轨两侧，用于实现列车及车辆信息的探测和采集功能，主要包括保护箱体、线阵相机、补偿光源等。探测站设备安装于轨边机房内，主要包含车辆信息采集计算机、图像信息采集计算机、控制箱（为室外设备提供电源输出，如门电机，风机等）及 AEI 室内设备。集中监控中心设备主要有服务器机房和列检室，服务器机房内的主要设备是服务器，列检室内主要有终端计算机和打印机等。列检中心设备与探测站设备之间通过光缆连接。

图 4-39　TVDS 的总体架构

1. 标准配置相机布局

（1）线阵相机

线阵相机总计 5 台，分别安装于轨内及钢轨两侧。线阵相机布局如图 4-40 所示。

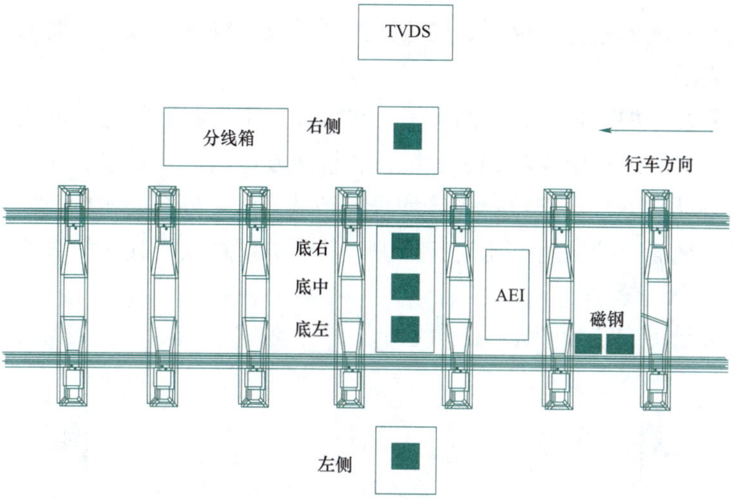

图 4-40　线阵相机布局

（2）补偿光源

线阵相机的补偿光源总计 6 台，底中相机采用双灯模式同时进行光照补偿，其余每个相机配备 1 套补偿光源。补偿光源阵列照度满足图像清晰可辨的要求，灯光颜色不使机车司机发生误判。

（3）磁钢（车轮传感器）

磁钢安装标准如下。

① 1#、2#磁钢安装在距沉箱（来车方向）120 m 以外处，1#、2#磁钢之间距离（270±2）mm。

② 3#、4#磁钢安装在探测站沉箱（来车方向）一侧的钢轨上，3#、4#磁钢之间距离（270±2）mm。

③ 磁钢需用卡具固定在钢轨内侧，根据钢轨的型号，使用相应的卡具。磁钢安装尺寸应保证磁钢顶面与轨面距离：50 kg/m 轨，（35±2）mm；60 kg/m 轨，（37±2）mm；75 kg/m 轨，（45±2）mm。

（4）轨边沉箱

轨边沉箱主要用于底部线阵相机的安装及防护，箱体里共安装 3 个成像装置，能够保证在沙尘雨雪及冬季环境下正常工作，并设有排水口。

（5）轨边侧箱

轨边侧箱主要用于侧部线阵相机的安装及防护，箱体里各放 1 个成像装置，能够保证在沙尘雨雪及冬季环境下正常工作。

（6）轨边分线箱

轨边分线箱主要用于红外线性光源驱动电源的安装及防护，分线箱内带有加热、散热防尘装置，能保持箱内温度相对稳定。

（7）监控设备

监控设备主要用来监控探测站轨边设备的运行状态和过车情况。监控设备采用红外一体高清彩色摄像头，探测距离可达 30 m。

（8）除尘清洁装置

每个相机保护盒均安装有除尘清洁装置，主要有除尘风机，用于相机盒镜头清洁。在列车通过时，自动开启风机除尘，也可通过远程控制风机装置进行镜头表面清洁。

（9）电缆、光纤

轨边电缆型号及防护要求：相机图像信号传输线采用千兆网传输，网线采用 6 类标准安普网线；磁钢信号传输线采用 4 芯铠装电缆；相机触发线采用 4 芯防油防冻双绞屏蔽线；电源线采用 2 芯防油防冻双绞屏蔽线；光纤均采用铠装光纤，外套防护管。其中铠装电缆可直接埋入地沟，露出地面部分采用高压胶管防护。其余电缆均采用高压胶管防护。

2. 车顶拍摄轨旁设备

车顶拍摄轨旁设备安装如图 4-41 所示。

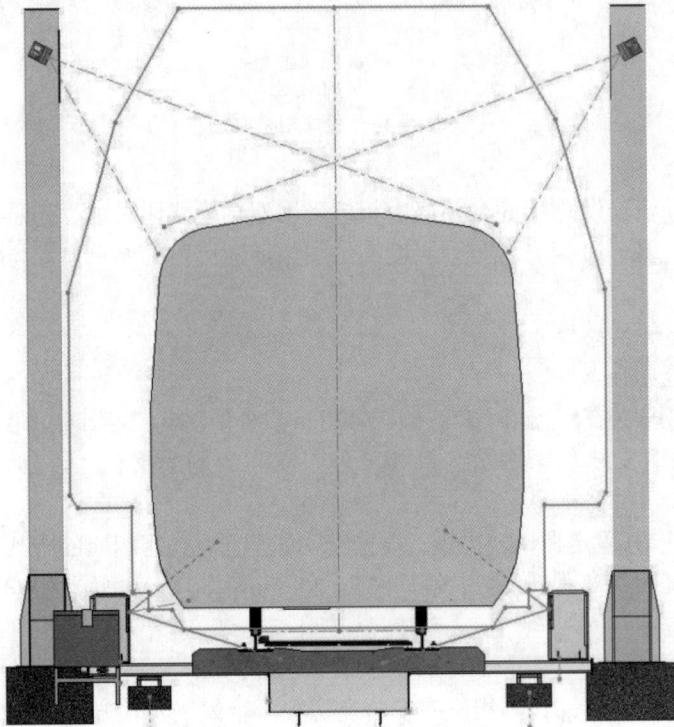

图 4-41　车顶拍摄轨旁设备安装

（1）线阵相机

相机安装于顶部相机支架上，分为左、右两侧，分别拍摄车顶两侧图像。

（2）补偿光源

每个车顶相机配备 1 套补偿光源，补偿光源阵列照度应满足图像清晰可辨的要求，灯光颜色不应使机车司机发生误判。

（3）顶部相机支架

顶部相机支架主要用于车顶线阵相机的安装及防护。顶部相机支架安装应符合铁路限界规定，支架底部采用混凝土基础固定，并保证支架牢固，且不侵入安全限界，能在强风、沙尘、雨及冬季环境下正常工作。

3. 机房设备布局

机房整体布局如图 4－42 所示。

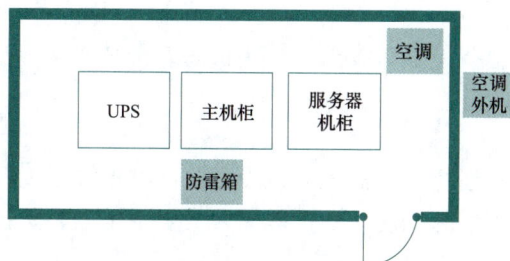

图 4－42　机房整体布局

（1）车辆信息采集计算机

车辆信息采集计算机采用研华工控机，用于接收车轮传感器智能处理装置的信号，计轴计辆、测速，控制补偿光源和保护门的开启和关闭，并给相机提供外部触发控制信号。车辆信息采集计算机具有防尘功能，机器内部加装控制卡，控制卡能够采集 8 路车轮传感器信号，实现信号定时计数功能。

（2）图像处理计算机

图像处理计算机主要用来采集过车过程中的部件图像，并通过千兆网络设备上传。

（3）AEI 主机

AEI 主机主要用来获取车辆的车号信息，并把车号信息传输至车号采集程序。

（4）设备控制箱

设备控制箱主要用来控制轨旁设备的各种动作，同时给相机、门等提供电源；在过车时配合采集设备完成图像和车号信息的采集。

（5）数据存储服务器（含磁盘阵列）

采用双机备份服务器，确保服务器的高容错性和高可用性。

（6）KVM

KVM 用于设备调试和检修。KVM 具有 8 个通道，可用于切换采集设备和控制设备的计算机显示器屏幕。

（7）车轮传感器处理装置

车轮传感器处理装置至少能同时处理 8 路车轮传感器信号，并且适应车速范围为 5～160 km/h。

（8）不间断电源

每套 TVDS 设备配备一套不间断电源（UPS），容量不低于 10 kVA，供电时间不小于 2 h。

（9）信号防雷设备和电源防雷设备

机房设备配备信号防雷设备和电源防雷设备。

（10）远程维护装置

远程维护装置可通过网络实现探测站机房设备的远程维护。

（11）空调

机房配备一台专用空调，自动调节室内温、湿度等，保持机房温度在 10～30℃。

4.2.4 TVDS 设备检修和维护

1. 时间安排

线上设备需申请天窗上线检修、维护，严格按照天窗时间安排按时上下线，原则上巡检周期为半个月。

2. 人员需求

人员需求应满足《车辆运行安全监控系统设备检修维护管理规则》（TG/CL 210—2015）的规定。上线作业时，根据实际情况，安排驻站人员至少 1 名、防护人员至少 1 名、作业人员至少 1 名。

3. 工装配备（检修工具）

具体如表 4-2 所示。

表 4-2 检修工具

序号	名称	单位	数量	备注
1	维护工具	套	1	
2	组合扳手	把	1	
3	万用表	台	1	
4	网线钳	把	1	
5	螺丝刀	套	1	
6	电烙铁套装	套	1	
7	钢丝钳	把	1	
8	斜口钳	把	1	
9	管钳	把	1	
10	网线测试仪	台	1	
11	高级镜头纸、毛刷	盒	2	
12	鼓风机	台	3	
13	防雷模块测量仪	台	1	
14	磁钢尺	把	1	

4. 检修内容

① 设备运行状态检查。检查最近 1 列车辆图像质量；检查最近 5 列车号信息采集状态。

② 沉箱、侧箱检查。保护门及传动状态检查；补偿光源状态检查；高速摄像机状态检查；除尘、雪装置检查；箱体线路检查。

③ 车号天线检查。车号天线安装状态检查；车号天线性能测试。

④ 磁钢、卡具检查。磁钢、卡具安装状态检查；磁钢性能测试。

⑤ 分线箱检查。分线箱安装状态检查；接线端子及箱内装置检查。

⑥ 轨边监控设备检查。监控设备安装状态检查；摄像机外观检查。

⑦ 机柜检查。机柜摆放整齐、牢固；底线连接正常。

⑧ TVDS 采集计算机及 KVM 检查。检查软件运行状态；检查计算机硬件性能指标；检查计算机网络连接状态；检查 KVM 切换状态；检查计算机后部配线连接状态。

⑨ 电源控制箱检查。检查各指示灯状态；检查电源箱后部配线连接状态。

⑩ 磁钢板检查。检查各指示灯状态；检查磁钢板后部配线连接状态。

⑪ 车号智能跟踪装置检查。检查车号智能跟踪装置自检指示标识；检查车号智能跟踪装置后部配线连接状态。

⑫ 防雷装置检查。防雷计数器检查；防雷模块检查；防雷连接线状态检查。

⑬ 供电检查。不间断电源检查；双路切换电源箱检查；供电电压检查；供电线路及各端子状态检查。

⑭ 过车测试检查。数据入库、图像采集、网络通信、光源、风机、轨边机械传动装置等全面复核检查。

5. 检修标准

① TVDS 设备运行状态：查看最近 1 列车过车图像，成像清晰，拍摄位置准确；查看最近 5 列车车号数据，丢签率符合标准。

② 沉箱、侧箱：外观清洁，各部件转动良好；电机运转正常、无异响，电机连接线缆紧固，箱内清洁，箱体连接螺栓紧固；相机保护罩及镜头清洁无尘，风机运转正常；补偿光源正常。

③ 卡具：卡具清洁，无锈蚀；卡轨器不受钢轨及渣石挤压；卡具在钢轨上紧固良好。

④ 分线箱：外观清洁，运行状态正常，安装牢固，各接插口连接牢固。

⑤ 轨边监控设备：清洁干净，安装牢固；拍摄位置正确，画质清晰。

⑥ 机柜：清洁，无尘；摆放整齐，稳固；地线连接牢固。

⑦ 工控机及 KVM 切换器：清洁，无尘；网络连接正常；软件运行正常；硬件检测正常；各个连接线缆连接紧密；KVM 切换器运行正常。

⑧ 电源控制箱：清洁，无尘；各指示灯正常；各接插口连接紧密。

⑨ 车轮传感器主机（磁钢板）：清洁，无尘；各指示灯正常；连接电缆无损坏，插座插头无氧化，牢固。

⑩ 电源：机房输入双路电源，输入电压为 176～253 V，输出电压为 210～230 V；双路切换正常；接线端子无松动。

⑪ 过车测试：采用模拟过车软件测试或直观检查现车过车数据，设备运行正常。

任务 4.3　动车组运行故障动态图像检测系统

4.3.1　动车组运行故障动态图像检测系统的研制背景和发展历程

动车组运行故障动态图像检测系统（trouble of moving EMU detection system，TEDS）是利用轨边摄像装置采集、传输在线运行的动车组车体底部、侧部裙板、连接装置、转向架等可视部位图像，采用线阵图像采集、3D 成像、图像识别等技术自动对比分析，实现对动车组底部及侧部可视部件状态监控的系统。

TEDS 与货车运行故障动态图像检测系统（TFDS）、客车故障轨旁图像检测系统（TVDS）等，同为 5T 设备中的图像类检测产品。相比其他图像检测系统，TEDS 配有故障自动识别模块。

为了加强动车组行车安全保障工作，国铁集团在全路车辆系统安全风险管理工作中，明确要求配备动车组运行故障图像检测系统。

TEDS 经过了几个发展阶段：试验开发，线阵、面阵等各种技术路线并存；全路首次招标，正式安装运行（2013 年）；线面结合，统型设备（2014—2015 年）；TEDS－3D，增加 3D 模块（2015 年底）。

4.3.2　TEDS 设备功能

① 车辆信息采集功能。能够采集 AEI 主机车号信息，并通过采集车轮传感器信号，实现自动计轴计辆、测速，形成完整的动车组车辆信息。

② 线阵图像采集功能。能够对动车组底部及侧部可视部件进行线阵图像采集，采集范围主要包括：底部可视部件（车体底部及转向架制动装置、传动装置、牵引装置、轮轴、车钩装置、电务车载设备车底部件及底部其他可视部位）、侧部可视部件（侧部裙板、转向架及轴箱、车端连接部等可视部位）。

③ 3D 采集成像功能。能够对动车组底部及侧部可视部件进行 3D 数据采集，形成列车可视部件的 3D 数据模型，并可对 3D 数据模型进行多角度查看。采集范围主要包括：底部可视部件（车体底部及转向架制动装置、传动装置、牵引装置、轮轴、车钩装置、电务车载设备车底部件及底部其他可视部位）、侧部可视部件（侧部裙板、转向架及轴箱、车端连接部及侧部其他可视部位）。

④ 图像自动识别报警功能。能够自动对采集到的动车组图像进行分析和故障识别，对图像中异常的部位进行分级报警提示，对重复报警进行跟踪辨识；能够分别按转向架、车体裙板、车体连接处和底板 4 个部位对图像进行分析识别，对异常情况按部位及类型报警。

⑤ 车号识别功能。能够自动识别动车组车组号、车辆号、车次，实现车辆部件图像与车辆号及位置的匹配。

⑥ 外部数据交互功能。能够根据需要与其他信息系统进行信息交互。

⑦ 自检及远程维护功能。能够定时对轨边设备和专用通道进行自检，记录自检信息并及时进行故障报警。维护人员可远程监控探测站设备状态，并可通过远程控制方式维护探测站中的服务器、计算机等设备。

⑧ 抗雾雨雪、沙尘及阳光干扰功能。在雾雨、冰雪、沙尘及强烈阳光条件下，系统能正常进行图像采集。

⑨ 输出报表。能自动统计输出通过车信息报表、车辆信息报表、故障信息报表、车辆故障报告、车辆运行班志报表、系统发现故障排名报表、检修日志报表、车辆运行故障日报表和故障按部件统计报表等。

⑩ 探测站功能。探测站对通过的动车组进行探测，能够自动计轴计辆、测速，自动屏蔽客车，自动采集车号、车次信息，自动拍摄动车组底部及侧下部的部件图像，采集的动车组车辆、车号及图像信息通过光纤通道传输至检测站服务器。

⑪ 检测站功能。检测站存储探测站采集的动车组、车号及图像信息，并显示在部件信息浏览终端，值班人员通过对动车组分级报警图像异常部位进行分析和故障识别，判断动车组故障，故障信息能够自动存储到服务器并上传到基层节点、铁路局、国铁集团双机集群服务器。

⑫ 铁路局车辆处运行安全监测站功能。实时接收并存储全局 TEDS 探测设备探测的动车组车辆信息、车号信息及车辆故障信息，并以网页形式实时显示，能够对存储的信息进行查询、统计、分析，实时监控全局 TEDS 探测设备运行状态，能够反查 TEDS 探测设备存储的动车组图像信息。

⑬ 国铁集团查询中心设备功能。实时接收并存储全路 TEDS 探测设备探测的动车组信息、车号信息及动车组故障信息，并以网页形式实时显示，能够对存储的信息进行查询、统计、分析，实时监控全路 TEDS 探测设备运行状态，能够反查 TEDS 探测设备存储的动车组图像信息。

4.3.3　TEDS 设备组成

TEDS 探测站主要由轨边设备和机房设备两部分组成。

1. 轨边设备

轨边设备包括线阵图像采集模块、3D 成像模块、激光光源模块、AEI 天线、车轮传感器，以及轨边安装的防护装置（轨内底箱、轨外底箱、侧箱、分线箱）、吹风除尘排水装置、视频监控装置、电缆、光纤等。轨边成像模块布局如图 4-43 所示。

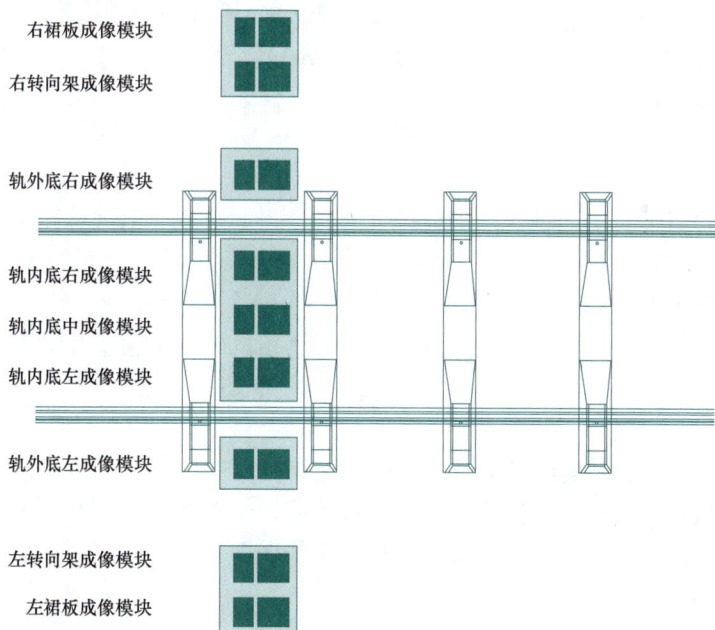

图 4-43　轨边成像模块布局

（1）轨边设备防护箱体

防护设备由一个沉箱、两个侧箱构成，包括保护门、风机除尘装置、相机保护盒等，对相机和补偿光源起防护作用，只有在列车通过时才打开。防护设备具有抗振性，具有防水和防尘功能。

（2）分线箱

TEDS 设备的分线箱主要用于摆放激光器、穿接光纤及轨边配套电缆。分线箱分为上、下两层，下层为 4 个 DC 15 V 的直流开关电源和 2 个 DC 7.5 V 的直流开关电源，上层为 11 个激光器和 2 个散热风扇。

（3）高速图像采集设备

高速图像采集设备由线阵相机和 3D 相机两部分组成。

线阵相机部分由工业线阵相机、镜头及光源镜头三部分组成，其中工业线阵相机主要完成对运行中的列车扫描拍摄，光源镜头配合红外线性激光光源，为线阵相机提供稳定的拍摄光源。

3D 相机部分由 3D 相机、镜头及补偿光源三部分组成，其中 3D 相机与补偿光源采用结构光扫描拍摄的方式，将运行中的列车侧部、底部形成 3D 图像，可供图像自动识别使用。

（4）光源补偿设备

线阵相机补偿光源，采用红外线性激光光源，其发出的光线与线阵相机每线拍摄区域重合为一条直线，对线阵相机进行光源补偿。

（5）车轮传感器

车轮传感器（即磁钢）是系统实现接车、测速、计轴计辆、图像定位等功能的基本设备。

每个来车方向均有两组磁钢工作，分别为近端磁钢和远端磁钢。其中，远端磁钢距离采集系统约 80 m，用于列车探测，当列车经过远端磁钢时，系统进行接车准备，进入接车状态，进行车型匹配，匹配成功后，系统开门；近端磁钢距离采集系统约 5 m，系统根据近端磁钢信号对列车进行测速、计轴计辆、车辆信息采集、补偿光源控制、相机拍摄时机及扫描速率控制。

（6）除尘风机

除尘风机主要用于清理相机盒防护玻璃上的异物，如灰尘、雨雪等，保证相机可以在恶劣的室外环境中正常工作。

（7）轨边配套电缆

轨边配套电缆主要包括电机电缆、风机盒电缆、相机电源及触发线电缆。

2. 机房设备

（1）图像采集计算机

TEDS 共有 7 台图像采集计算机，每个采集计算机配备了多个千兆网口，每台计算机的一个网口用来连接交换机组网，其余千兆网口每个连接 1 台相机。计算机内安装有图像采集软件和相机驱动程序，用来完成接收高速相机采集的图像信息、相机拍摄参数的设置、图像信息的处理和传输等工作。

（2）车辆信息采集计算机

车辆信息采集计算机主要用于接收车轮传感器的信号，计轴计辆、测速，控制补偿光源和保护门的开启和关闭，由 1 台高性能工业控制计算机及 3 块 NI 采集控制板卡组成。

（3）KVM 切换器

简单来说，就是让系统管理员可以通过一组键盘、显示器和鼠标，控制多台服务器或主机的计算机外围设备。

（4）控制箱

系统配置了一套控制箱，主要用来控制室外防护设备、探测设备的各种动作，配合采集设备完成图像和车号信息，控制面板上的手动控制按钮可以单独控制相应设备。

（5）车轮传感器处理装置

至少能同时处理 8 路车轮传感器信号，并且适应车速范围为 5～250 km/h。

（6）电源防雷设备

机房设备配备了电源防雷系统。

（7）UPS

机房配备 UPS，容量不低于 10 kVA，供电时间不小于 2 h。

（8）空调

机房配备空调，保持机房温度在 10～30 ℃。

（9）信号防雷设备

机房设备配备了信号防雷系统。

（10）远程维护装置

远程维护装置可通过网络实现探测站机房设备的远程维护。

（11）数据存储服务器

使用双机热备技术，确保服务器的高容错性和高可用性。

（12）图像自动识别服务器

对采集到的动车组图像进行分析和故障识别，对图像中异常的部位进行分级报警提示。

4.3.4　TEDS 工作过程

TEDS 工作过程如下。

① 设备开机，等待接车。

② 列车经过时，收到远端磁钢信号，设备开始计轴计辆并判断车型，车型匹配成功后，开始接车。

③ 打开鼓风机、保护门，风机除尘，补偿光源。

④ 列车经过近端磁钢，车辆采集软件计算轴距及车速，根据车速确定线阵相机扫描频率，同时根据车型拍摄部位确定变频时机，控制相机扫描拍摄。

⑤ 2D 线阵相机和 3D 成像模块采集图像，压缩后传送至服务器。

⑥ 车辆信息采集计算机同时上传车辆信息至服务器。

⑦ 服务器根据图片来源将各部件图片进行转换拼接，并将车辆基本信息入库，自动识别车号信息。

⑧ 浏览终端显示车辆信息及图像信息，检车员通过浏览图像对动车侧下部和底部图像进行自动故障确认及检测。检车员发现故障并确认后，系统将及时通知动车作业人员进行重点检查，同时将故障图像信息上传服务器存储，动车图像和故障图像也可以通过网络复示至车辆段、铁路局各级管理部门。

⑨ 检车员浏览图像检车时，系统的图像识别服务器自动对当前的所有车辆图像进行分析和比对，对异常的图像或温度进行主动报警和提示，并且可以通过 3D 成像模块建模，可针

对疑似故障进行反查,以此确认故障的存在,最大限度地减少故障漏检的概率。

⑩ 最后一辆车通过近端磁钢后超过延时时间,系统认定过车完毕,停止拍摄,关闭补偿光源、除尘风机、保护门等设备。

⑪ 重新进入等待接车状态。

4.3.5 TEDS 设备检修和维护

1. 时间安排

线上设备需申请天窗上线检修、维护,严格按照天窗时间安排按时上下线,原则上巡检周期为半个月。

2. 人员需求

人员需求应满足《车辆运行安全监控系统设备检修维护管理规则》(TG/CL 210—2015)的规定。上线作业时,根据实际情况,安排驻站人员至少 1 名、防护人员至少 1 名、作业人员至少 1 名。

3. 工装配备(检修工具)

检修工具如表 4-3 所示。

表 4-3 检修工具

序号	名称	单位	数量
1	维护工具	套	1
2	组合扳手	把	1
3	万用表	台	1
4	网线钳	把	1
5	螺丝刀	套	1
6	电烙铁套装	套	1
7	钢丝钳	把	1
8	斜口钳	把	1
9	管钳	把	1
10	网线测试仪	台	1
11	高级镜头纸、毛刷	盒	2
12	鼓风机	台	3
13	防雷模块测量仪	台	1
14	磁钢尺	把	1
15	模拟信号发生器	台	1
16	故障检测仪	台	1

4. 检测流程

(1)准备工作

① 班前准备。按规定时间到达班组;换好统一规定的带反光条的工作服、防滑鞋,戴好

黄色工作帽，佩戴胸牌，正面向外；携带《岗位资格合格证书》；携带作用良好的对讲机。

②　参加施工前预备会。由施工负责人（以下统称室外主修）组织，全体维修人员列队参加施工前预备会，学习上道作业安全注意事项、作业指导书及上级文件精神，明确本次天窗作业任务，完成人员分工。与室外主修检查、测试对讲机，对讲机电量充足、频率正确。严禁酒后上岗，班中饮酒。

③　准备工具仪表、材料配件。预备会结束后，室外主修对照工具清单一览表，准备工具仪表、材料配件；检查确认照明灯、工具仪表、材料配件状态良好，照明灯电量充足，通信设备性能良好；将工具清单一览表要求准备的工具仪表和材料配件放到检修汽车上，充分做好设备检修前的准备工作。此外，要注意检查仪器仪表定检未过期。

④　出发前往驻站地点及探测站。探测站机房在线路防护栅栏外的：检修人员全部前往探测站机房，将手机、《岗位资格合格证书》放在机房手机存放处；在探测站室内对照工具仪器仪表材料列表，检查工具、仪器仪表、材料是否齐全、良好；在设备巡检台账"检修人"栏签名。室外维修及现场防护人员在现场防护员的带领下，携带检修工具前往规定栅栏门等候命令下达。

探测站机房在线路防护栅栏内的：室内外检修人员及现场防护人员在现场防护员的带领下，前往在探测站最近栅栏门等候命令下达。

⑤　下达检修作业命令。驻站联络员"天窗"调度命令下达后，现场防护员接到准许上线作业命令后，方可上线开始检修作业；探测站机房在栅栏内的，室内外检修人员在现场防护员的带领下进入探测站机房，存放好手机，检查好仪器仪表与工具。

注意：未经现场防护员同意，严禁擅自上线作业

⑥　准备作业。接到现场防护员到达防护位置通知后，室外主修询问现场防护员"线路是否安全"，在现场防护员答复"线路安全，可以上道作业"后开始作业；室外主修对照工具清单检查、清点携带工具、仪器仪表、材料，并在工具清单上填写记录。

（2）室外部分检修内容

①　沉箱和侧箱。清洁相机盒防护玻璃及箱体表面；检查沉箱、侧箱有无破损，保护门开关状态是否正常，各转动部件转动是否灵活；检查各连接电缆有无损坏，插头有无氧化，是否牢固；检查箱体内部各个部件是否牢固；检查相机和光源状态。

②　磁钢及夹具。清洁磁钢及磁钢架，用布擦拭干净，无铁屑；检查磁钢外观无缺损、无裂纹，磁钢输出线根部无裂纹老化，卡轨器、磁钢托架受力均匀，无裂纹、损伤，磁钢线的防护蛇皮管或高压胶管良好、无损坏；检查各螺栓紧固无松动、丢失，磁钢的顶丝有备母；核查安装尺寸，磁钢中心距为（270±2）mm，磁钢顶面与轨平面距离为（37+2）mm，磁钢外沿与轨内侧距离为 85～90 mm。

③　分线箱。清洁分线箱；检查分线箱内接线端子是否松动；检查分线箱内温度有无异常，检查散热风扇与加热器工作是否正常；检查光纤与激光器连接是否紧固；检查激光器表面温度有无异常。

（3）室内部分检修内容

①　设备外观。清洁设备，检查机柜及各部件外观有无破损。

②　工控机。检查系统工作是否正常，检查控制软件及图像采集软件是否正常运行。

③　控制箱。检查控制箱各航空插头、电源连接是否牢靠；检查控制保护门、补偿光源、

风机是否正常工作。

④ 系统网络。检查光纤收发器、交换机指示灯显示是否正常；用"ping"命令测试网络传输是否畅通。

⑤ 接口插件、显示器。检查各接口插件有无脱落、松动；检查显示器是否正常工作。

⑥ 信号防雷箱。检查箱体是否牢固，配线端子接触是否良好，防雷器件安装是否牢固，外观无损坏、无氧化。

⑦ 检修后测试。所有检修结束后，检查设备状态；查看过车设备状态，确认通信是否良好。

最后，检修人员还需要填写检修记录，字迹要清晰，格式要正确，并签字确认。

5. 检修标准

① 卡具：表面清洁，无锈蚀；卡轨器不受钢轨及渣石挤压；卡具在钢轨上紧固良好。

② 沉箱：外观清洁；各转动、滑动部件转动良好；箱内清洁；箱体连接螺栓紧固；相机保护罩及镜头清洁无尘；相机各个接插头连接紧固；风机、电机运转正常；补偿光源正常。

③ 侧箱：外观清洁；各转动、滑动部件转动良好；电机运转正常，无异响；电机连接线缆紧固；箱内清洁；箱体连接螺栓紧固；相机保护罩及镜头清洁无尘；相机各个接插头连接紧固；补偿光源正常。

④ 分线箱：外观清洁；安装牢固；箱内设备（散热风机）运行状态正常；箱内接线紧固良好。

⑤ 视频监控：清洁；安装牢固；拍摄位置正确，画质清晰。

⑥ 机柜：清洁、无尘；摆放整齐、稳固；机柜内设备网络、电源、地线连接良好。

⑦ 联网设备：网络交换机指示灯正常，工作正常；光纤收发器指示灯正常，工作正常。

⑧ 图像采集计算机：清洁、无尘；网络连接正常；图像采集软件正常。

⑨ 车辆信息采集计算机：清洁、无尘；网络连接正常；车辆采集软件正常；各个连接电缆连接紧密；各板卡运行正常；控制箱各指示灯正常；控制箱各接插口连接无松动。

⑩ KVM 设备：KVM 运行正常。

⑪ 数据存储服务器：清洁、无尘；网络连接正常；软件运行正常，无病毒。

⑫ 自动识别服务器：清洁、无尘；网络连接正常；软件运行正常，无病毒。

⑬ 磁钢板：清洁、无尘；各指示灯正常；连接电缆无损坏，插座插头无氧化、牢固；运行正常。

⑭ 磁盘阵列：清洁、无尘；指示灯状态。

⑮ 供电设施：UPS 机头显示正常；配电箱连接线良好；双路切换功能正常。

⑯ 防雷设备：接插牢靠。

⑰ 空调：清洁、无尘；各项功能良好。

任务 13

参 考 文 献

[1] 陈伯施，刘瑞扬. 地对车安全监控体系 5T 系统信息整合与应用[M]. 北京：中国铁道出版社，2006.

[2] 刘瑞扬. 铁路货车运行故障动态图像监测系统（TFDS）原理及应用口. 中国铁路，2005（5）：26-27.

[3] 熊小青，张维. 车辆检测技术[M]. 北京：中国铁道出版社，2011.

[4] 铁路职工岗位培训教材编审委员会. 铁路探伤工：车辆探伤[M]. 北京：中国铁道出版社，2014.

[5] 张维，李新东，于文涛. 铁路无损检测与地面安全监测技术[M]. 成都：西南交通大学出版社，2008.

[6] 刘瑞扬，王毓民. 铁路货车运行状态地面安全监测系统（TPDS）原理及应用[M]. 北京：中国铁道出版社，2005.

[7] 王婷，赵柏阳，翟士述. 车辆检测技术[M]. 成都：西南交通大学出版社，2017.

[8] 万升云. 超声波检测技术及应用[M]. 北京：机械工业出版社，2017.

[9] 中国机械工程学会无损检测分会. 磁粉检测技术[M]. 北京：机械工业出版社，2005.